Die Schule des Managements

C(

Mark H. McCormack ist Begründer, CEO und Chairman der International Management Group (IMG). Er vermarktet weltbekannte Stars wie die Tennisspieler Martina Hingis und Andre Agassi sowie berühmte Sportveranstaltungen wie das Tennisturnier von Wimbledon. Er hat maßgeblich zum Umsatzboom in der gesamten Sportbranche beigetragen.

McCormack ist Autor der bei Campus erschienenen Bücher *Die Schule des Verkaufens* und *Die Schule des Verhandelns*.

Mark H. McCormack

Die Schule des Managements

Aus dem Englischen
von Maria Bühler

Campus Verlag
Frankfurt/New York

Die Originalausgabe erschien 1995 unter dem Titel »Mark H. McCormack on Managing« bei Century Ltd.

Copyright © 1995 by Mark H. McCormack Enterprise Inc.
All Rights Reserved.

Die Deutsche Bibliothek – CIP-Einheitsaufnahme

MacCormack, Mark H.:
Die Schule des Managements / Mark McCormack. Aus dem Engl.
von Maria Bühler. – Frankfurt/Main ; New York : Campus Verlag, 1998
Einheitssacht.: Mark H. McCormack on managing ⟨dt.⟩
ISBN 3-593-35893-X

Copyright © 1998 Campus Verlag GmbH, Frankfurt/Main
Umschlaggestaltung: Guido Klütsch, Köln
Satz: Typo Forum Gröger, Singhofen
Druck und Bindung: Media-Print, Paderborn
Gedruckt auf säurefreiem und chlorfrei gebleichtem Papier.
Printed in Germany

Inhalt

Einführung
Es geht auch ohne Modewörter!

Ich bin gewiß kein Managementguru, zumindest nicht in dem Sinne, daß ich eine heilbringende Botschaft anzubieten hätte, die in jedem Unternehmen Wunder wirkt. Wenn überhaupt, dann bin ich ein Antiguru. Ich schalte automatisch auf Abwehr, sobald ich höre, daß jemand mit Begriffen wie »Paradigma«, »Reengineering« oder »Empowerment« um sich wirft.

Dabei will ich nicht einmal abstreiten, daß diese Modewörter in der Realität der Unternehmenswelt von Bedeutung sind. Sie haben durchaus ihre Berechtigung – aber nur dann, wenn man sich klarmacht, daß selbst das treffendste Schlagwort letztlich einen unberechenbaren Filter passieren muß – den Menschen. Das beste Managementkonzept ist wirkungslos, wenn die Manager nicht gleichzeitig auch über eine exzellente Menschenkennntnis verfügen.

Noch vor wenigen Jahren war der Begriff »Führerschaft« in aller Munde. Der ideale Manager war demnach ein starker, allwissender Führer, der durch die schiere Kraft seines Willens und seiner Persönlichkeit die Beschäftigten dazu motivierte, an der Umsetzung der vorgegebenen Vision zu arbeiten.

Bald darauf wurde »Führerschaft« durch »Empowerment« ersetzt. Plötzlich sollten Manager viel mehr tun als nur führen, sie sollten nämlich ihre Mitarbeiter ebenfalls in starke Führer verwandeln. Zu diesem Zweck sollten sie ihnen immer mehr Entscheidungsbefugnisse übertragen. Angeblich war dies der beste Weg, um gute Führungskräfte heranzuziehen und eine leistungsfähige Infrastruktur aufzubauen.

Gegen dieses Konzept läßt sich auf den ersten Blick kaum etwas einwenden. Wer würde schon bestreiten, daß man gute Führungskräfte braucht? Was mich jedoch stört, ist die Unterstellung, daß das »Empowerment«-Prinzip etwas Neues sei. In Wahrheit ist Empowerment lediglich ein anderes Wort für Delegieren. Und Delegation gehört zu den zentralen Aufgaben eines Managers.

Aber mich stört noch etwas viel Entscheidenderes an den Modewörtern: Sie schließen den Faktor Mensch, der in den meisten Führungssituationen die Hauptrolle spielt, einfach aus. Einen neuen Begriff für Führungsaufgaben zu prägen, bedeutet lediglich, alten Wein in neuen Schläuchen zu verkaufen. Die neue Verpakkung mag zunächst Aufmerksamkeit erregen, aber sie ist nicht allzu lange interessant. Bald erscheint wieder eine »neue« Verpakkung, die noch besser ist. Diejenigen Konzepte, die sich dauerhaft durchsetzen, basieren dagegen nicht auf einem Modewort. Sie basieren auf einem echten Verständnis der Menschen.

So ist auch beim Empowerment-Konzept nicht schwer zu erkennen, wie eine an sich einfach zu bewältigende Aufgabe durch die menschliche Natur – den Faktor Mensch – zu einer schwierigen Angelegenheit gemacht wird. Wenn ein Vorgesetzter seinen Mitarbeitern zusätzliche Entscheidungsfreiräume verweigert, läßt sich dies fast immer auf sein Ego – beziehungsweise seine Probleme damit – zurückführen.

Dabei fällt mir ein Gespräch ein, das ich vor kurzem mit dem europäischen Chef einer Fernsehgesellschaft führte. Der Sechzigjährige befand sich in Begleitung eines 20 Jahre jüngeren Mannes, den er als »meine Nummer zwei« vorstellte. Der Chef hatte offenbar Großes mit seinem Begleiter vor, denn er ließ sich mehrere Minuten lang darüber aus, wie intelligent dieser sei und mit welch harten Bandagen er gekämpft habe, um ihn einem Konkurrenten abzuwerben. Ich mußte mich auf diese Aussagen über die Brillanz des Mannes verlassen, denn während des Treffens hatte ich keine

Gelegenheit, mir selbst ein Bild davon zu machen. Der Chef ließ ihn außer »Guten Tag« und »Auf Wiedersehen« kein Wort sagen! Nach dem Treffen fragte ich mich, warum er den Jüngeren überhaupt mitgebracht hatte. Was hätte sein Chef zu verlieren gehabt, wenn er sich einfach zurückgelehnt und seinem Schützling das Wort überlassen hätte? Dieser hätte wertvolle Erfahrungen sammeln können, und der Chef wäre in meiner Achtung sehr gestiegen. Der wichtigste Effekt wäre aber der gewesen, daß auch der Chef etwas zur Steigerung seiner Effektivität getan hätte. Denn nachdem ich seine Nummer zwei kannte, wäre seine Teilnahme an den folgenden Gesprächen gar nicht mehr erforderlich gewesen, und er hätte mehr Freiraum gehabt, um andere Chancen zu verfolgen. Das wäre echtes Empowerment gewesen! Unglaublich einfach, unglaublich effektiv. Aber sein Ego stand ihm im Weg.

Ich fühle mich verpflichtet, diese Bemerkungen schon am Anfang dieses Buches zu machen, als eine Art »Wahrheit in der Werbung«. Sie sind als offizielle Warnhinweise an meine Leser gemeint – denn wenn Sie die neuesten, schön verpackten Konzepte aus der Schmiede weltmännischer Berater oder redegewandter Professoren der amerikanischen Business Schools suchen, dann werden Sie sie hier bestimmt nicht finden.

Dafür finden Sie in den folgenden Kapiteln eine Fülle hart erkämpfter Erfahrungen, die ich im Lauf meines Berufslebens gemacht habe. Meine Ratschläge betreffen Fragen, in denen jede Führungskraft kompetent sein muß: Es geht darum, sich Autorität zu verschaffen, fundierte Entscheidungen zu treffen, die richtigen Mitarbeiter einzustellen, die Kosten zu kontrollieren, Krisen vorauszuahnen und zu bewältigen, effektive Meetings durchzuführen und für ein kontinuierliches Wachstum zu sorgen.

An dieser Stelle sollten Sie sich fragen, wie ich eigentlich dazu komme, Ihnen Ratschläge zur Führungsarbeit zu erteilen.

Als Empfehlung für mich kann ich eigentlich nur anführen, daß ich eine Sportmarketingfirma leite, die ich vor 35 Jahren mit einem Startkapital von 500 Dollar in Cleveland in Ohio gründete. Sie heißt International Management Group, oder einfach IMG.

Wir haben bisher Hunderte von bekannten Sportlern wie

Arnold Palmer (mein erster Kunde), Jackie Stewart, Jean-Claude Killy, Björn Borg, Martina Navratilova, Alberto Tomba und Andre Agassi vertreten. In den vergangenen Jahren haben wir unser Spektrum in Richtung klassischer Musik erweitert und vertreten Künstler wie Itzhak Perlman, James Galway und Sir Neville Marriner.

Wir initiieren und organisieren Veranstaltungen aller Art, sei es das Toyota World Match Play in Wentworth, ein José-Carreras-Konzert in Singapur, der Detroit Grand Prix, *Jesus Christ Superstar* in Sydney oder das Dubai Snooker Classic.

Wir vertreten die Nobel-Stiftung. Wir haben dazu beigetragen, das Tennisturnier von Wimbledon und den Royal and Ancient Golf Club von St. Andrews kommerziell zu entwickeln.

Im TV-Bereich hat unser Tochterunternehmen Trans World International die internationalen Übertragungsrechte für die Olympischen Spiele, die Europa- und die Weltmeisterschaften im Eiskunstlauf, die National Football League, alle großen Golf- und Tennismeisterschaften, das 24-Stunden-Rennen von Le Mans sowie andere wichtige Sportereignisse repräsentiert. Außerdem ist Trans World International der weltweit größte unabhängige Produzent im Sportfernsehen.

Nachdem ich zu Beginn meiner Laufbahn als Rechtsanwalt in einer großen, renommierten Kanzlei noch keine nennenswerten Führungsfähigkeiten besaß, bemerkte ich nach meinem Sprung in die Selbständigkeit sehr schnell, daß ich mir ein paar grundsätzliche Gedanken über das Management meines Unternehmens machen mußte, wenn ich dauerhaft im Geschäft bleiben wollte.

Als ich 1984 mein erstes Buch *Was Sie an der Harvard Business School nicht lernen* schrieb, hatte IMG weltweit 500 Beschäftigte in 19 Büros, die mehrere hundert Millionen Dollar Umsatz erwirtschafteten. Heute haben wir 2000 Beschäftigte und 67 Büros in 26 Ländern, und unser Umsatz hat die Milliardengrenze überschritten. Im Lauf dieser Zeit habe ich den Eindruck gewonnen, daß ich viele Situationen erlebt habe, vor denen auch andere Manager immer wieder stehen und die man mehr oder minder geschickt bewältigen kann.

Daher stammen alle Beispiele in diesem Buch aus meiner persönlichen Erfahrung, oder anders ausgedrückt: Sie sind echt. In manchen Fällen mache ich darin eine gute Figur, in anderen eine weniger gute. Ich erzähle von meinen Triumphen mit der gleichen Ehrlichkeit wie von meinen Niederlagen, damit Sie erstere nachahmen und letztere vermeiden können.

Einen einzigen Vorbehalt möchte ich noch, wie in den beiden vorangegangenen Bänden dieser Reihe (*Die Schule des Verhandelns* und *Die Schule des Verkaufens*), vorbringen: Der vorliegende Leitfaden hat nämlich einen Anfang, eine Mitte und ein Ende. Im Gegensatz dazu ähneln meine früheren Bücher eher »Popcorn-Tüten«: Sie können einfach hineingreifen und finden immer etwas zum Kauen. Dieses Buch ist jedoch anders. Es beginnt mit den grundlegenden Werkzeugen, die jede Führungskraft beherrschen muß, und führt dann zu immer schwierigeren Situationen und fortgeschritteneren Techniken. Es ist so angelegt, daß Sie es von Anfang bis Ende lesen sollten.

Mit diesem Vorbehalt im Hinterkopf wollen wir nun zur Sache kommen.

Kapitel 1

Was funktioniert bei mir?

Genau betrachtet, gibt es eigentlich nur *ein* Führungsprinzip, das immer funktioniert: »Was du nicht willst, das man dir tu, das füg auch keinem anderen zu.« So lautete seit jeher die goldene Regel, die uns schon in der Kindheit eingebleut wurde. Leider hapert es meist mit der Umsetzung dieses Grundsatzes, den wir in unseren Sonntagsreden so gerne predigen.

Zu den wichtigsten Gründen dafür gehört wohl, daß nur wenige Führungskräfte sich einmal überlegt haben, welche Art von Management bei ihnen selbst am besten funktioniert. Und selbst wenn sie eine Liste mit den idealen Führungsverhaltensweisen erstellen würden, bestünde vermutlich immer noch ein tiefer Graben zwischen ihren Erwartungen an ihre Vorgesetzten und ihrem eigenen Verhalten als Vorgesetzte.

Ich selbst habe mich nie zu der Selbsttäuschung verleiten lassen, daß ich diese goldene Regel jederzeit praktizieren könnte. Niemand ist perfekt. Aber wenn Sie einen soliden Anhaltspunkt zur Bewertung Ihrer Führungsqualitäten suchen, dann ist es ein guter Anfang, wenn Sie die Kluft ausloten *zwischen der Führung, die bei Ihnen selbst am besten funktioniert,* und *der Führung, die Sie anderen angedeihen lassen.* Aber dazu müssen Sie zunächst einmal wissen, wie Sie gerne behandelt werden möchten.

Im folgenden erfahren Sie, wie ich gerne geführt werden möchte.

1. Seien Sie berechenbar

Führungskräfte möchten, daß ihre Untergebenen berechenbar und zuverlässig sind. Wenn sie eine Anweisung erteilen, müssen sie sich darauf verlassen können, daß sie ausgeführt und weder vergessen noch auf die lange Bank geschoben wird. Diese Erwartung, ohne die eine vernünftige Führungsarbeit nicht möglich ist, gibt es auch in umgekehrter Richtung: Untergebene wünschen sich von ihren Vorgesetzten Berechenbarkeit und Zuverlässigkeit.

Wer mich gut kennt, weiß beispielsweise, daß Zeit für mich eine eminent wichtige Rolle spielt. Wo andere in Tagen oder Stunden rechnen (»Ich rufe Sie am Donnerstag an«), plane ich in Minuten und Sekunden (»Kommen Sie um 11.20 Uhr zu mir«).

Diese Eigenschaft ist für mich als Manager immer ein zweischneidiges Schwert gewesen. Einerseits garantiert sie, daß ich effizient arbeite und andere sich an meiner Effizienz orientieren. Andererseits ist es sehr frustrierend für mich, wenn ich es mit Menschen zu tun habe, die einen viel großzügigeren Zeitbegriff als ich haben. Manchmal beurteile ich andere dann sehr hart und ungerecht, nur weil ihre innere Uhr anders läuft als meine.

Aber in meiner Zeitbesessenheit steckt auch eine verborgene Tugend. Neulich sollte ich einen unserer Manager am Sonntagmorgen um 7.30 Uhr anrufen, und ich verspätete mich um zehn Minuten. Ich vermute, daß die meisten Menschen in dieser Situation den Telefonanruf einfach dann erledigt hätten, wenn sie dazu gekommen wären. In den meisten Terminplänen steckt genug Luft für eine Verzögerung von zehn Minuten. Aber ich wußte ja nicht, was dieser Mann für den Rest des Vormittags geplant hatte. Also rief ich ihn um Punkt 7.30 Uhr an und sagte ihm, daß ich erst in zehn Minuten so weit sei. Einerseits war es mir etwas peinlich, weil ich fürchtete, mich mit meiner Zeitbesessenheit in den Augen des Managers lächerlich zu machen. Aber er dankte mir für den Anruf und sagte mir, daß mein spezielles Zeitmanagement für ihn eher einen Luxus als ein Ärgernis darstelle – denn er wisse, daß ich mich an meine Ankündigungen ganz genau halte. Zumindest war ich für ihn also berechenbar.

Was halten Sie dagegen von einem Chef, der verspricht, Sie um zehn Uhr anzurufen, und dann den ganzen Tag nichts von sich hören läßt? Zwei Tage später ruft er an, hält es kaum für nötig, sich zu entschuldigen, und sagt: »Ach, ich habe den Anruf ganz vergessen. Es war auch nicht so wichtig.«

Ich würde mir meinen Reim darauf machen. Ich möchte jedenfalls lieber von einem Chef geführt werden, der seine Versprechen hält und berechenbar ist.

2. Setzen Sie klare Ziele

Zeigen Sie mir auch, was ich davon habe, wenn ich Ihre Vorgaben und Erwartungen erfülle.

Viele Führungskräfte bringen es in der zweifelhaften Kunst, sich vage und zweideutig zu äußern, zu wahrer Meisterschaft. Sie artikulieren ihre Vorstellungen nicht deutlich, weil ihre Untergebenen lernen sollen, selbst zu denken. Das mag in Situationen funktionieren, in denen Probleme gelöst werden müssen und jeder seine eigenen Ideen einbringen sollte. Aber wenn Sie bei der Vorgabe von Zielen und Leistungsanforderungen keine eindeutigen und konkreten Aussagen treffen, ist das Chaos vorprogrammiert. Kein Untergebener kann etwas mit schwammigen Andeutungen darüber anfangen, was Sie von ihm erwarten.

Ein Vorgesetzter, der meine Ziele genau definieren und mir gleichzeitig auch noch das Gefühl vermitteln würde, daß ich von der Erfüllung dieser Ziele profitiere (Gehaltserhöhung, Beförderung, zusätzlicher Urlaub), könnte mich sehr leicht führen.

3. Bieten Sie mir vernünftige mittelfristige Karrierechancen

Ich würde niemals von einem Vorgesetzten erwarten, daß er mir sagt, welche Position ich in zehn Jahren innehaben könnte. In zehn Jahren kann zu viel geschehen. Allerdings würde ich erwarten, daß er mir meine Chancen für einen Zeitraum von etwa zwei Jahren aufzeigt. Ist er dazu nicht in der Lage, muß ich daraus schließen, daß ich auf mich selbst gestellt bin. So möchte ich allerdings nicht geführt werden.

4. Geben Sie mir viel Freiraum (aber lassen Sie mich nicht allein)

Die meisten Manager verfolgen einen von zwei Extremkursen. Die einen sind die Kontrollbesessenen, die alle Aktivitäten ihrer Mitarbeiter genauestens überwachen. Sie kümmern sich um die Anzahl ihrer abgeleisteten Stunden, darum, mit wem sie telefonieren, wie sie ihre Briefe abfassen und sogar darum, in welcher Kleidung sie zur Arbeit erscheinen. Dieser Zuchtmeisterstil funktioniert manchmal sogar. Das andere Extrem stellen die Laissez-faire-Manager dar, die völlig ergebnisorientiert sind und keine Fragen stellen, solange sie die gewünschten Resultate erhalten. Sie lassen ihren Beschäftigten sehr viel Freiraum.

Ich persönlich ziehe einen Vorgesetzten vor, der mir viel Freiraum gibt, dies aber aus Verantwortungsgefühl und nicht aus mangelndem Interesse oder Faulheit tut. Ich wünsche mir einen Chef, der sagt: »Es ist mir egal, wann Sie morgens kommen, solange Sie Ihre Arbeit tun. Lassen Sie es mich aber vorher wissen, wenn Sie Kundengespräche führen, und nicht nachher. Vielleicht könnte ich Ihnen helfen.« Dagegen wäre ich weniger davon angetan, wenn mein Chef mir völlig freie Hand ließe, *ohne* mir die geringste Unterstützung anzubieten.

5. Sagen Sie es mir, wenn Sie unzufrieden sind

Ich möchte es sofort erfahren, wenn mein Chef unzufrieden ist – und warum. Und ich möchte, daß er es mir direkt sagt, ohne daß ich erst lange rätseln muß.

Leider haben viele Vorgesetzte Probleme damit, ihre Kritik zu äußern. Sie spüren ihre Unzufriedenheit ganz deutlich und hoffen trotzdem, daß sie von alleine verschwindet. Oder sie verhalten sich etwas reservierter als sonst und nehmen an, daß ihre Untergebenen Gedanken lesen können. Aber meistens funktionieren diese Methoden nicht. Wenn ein Vorgesetzter seine Unzufriedenheit nicht äußert, wird sie sich einnisten und immer weiter an ihm nagen.

Wenn ich einen Fehler mache, dann möchte ich, daß mein Chef mich so bald wie möglich darauf hinweist. Es würde mich fuchsteufelswild machen, wenn er mich lange Zeit gewähren ließe ohne einzugreifen, dann aber einen Tobsuchtsanfall bekäme, wenn ich denselben Fehler zum zehnten Mal mache.

Dann hätte nicht nur ich dumm gehandelt. Und so möchte ich nicht geführt werden.

6. Geben Sie mir das Gefühl, daß das Unternehmen auch mir gehört

Nicht jeder kann ein Unternehmen sein eigen nennen. In manchen Firmen darf es aus rechtlichen Gründen nicht einmal mehrere Teilhaber geben. Aber als Mitarbeiter möchte ich gerne das Gefühl haben, daß das Unternehmen auch mir gehört (selbst wenn dies nicht der Fall ist).

Viele Führungskräfte reagieren auf dieses Bedürfnis mit einer einfachen Antwort. Wenn die Geschäfte gut laufen, zeigen sie sich bei den Gehaltszahlungen wenig zimperlich. Sie teilen die Früchte des Erfolgs, wenn sie es sich leisten können.

In meinen Augen beweist sich ein Chef eigentlich erst dann, wenn die Lage nicht so rosig ist. Bringt er dann dieselben Opfer – Gehaltskürzung, Einsparungen, längere Arbeitszeiten –, die er auch von mir verlangt? Macht er bei sich selbst Ausnahmen, nachdem er verkündet hat, daß die Ausgaben um zehn Prozent gesenkt werden müssen? Oder hält er sich daran, auch wenn er die Autorität und die Mittel hätte, um nach Gusto zu handeln?

Ein Chef, der die guten wie die schlechten Zeiten mit mir teilt, kann mich jederzeit führen.

Kapitel 2

Das Handwerkszeug

Kernüberzeugungen jedes guten Managers

Es gab einmal eine Zeit, da brauchte sich ein Manager nur um drei Dinge zu kümmern: um die *Menschen*, die ihm unterstellt waren, um die *Arbeit*, die sie verrichteten und um das *Geld*, das in der Firma verdient wurde. Man konnte diese Liste noch um einen vierten Posten erweitern – das geschäftliche *Wachstum* –, aber solange schwarze Zahlen geschrieben wurden, war das Wachstum in der Regel kein Thema.

Heute ist das längst nicht mehr so einfach. Die Führungskräfte haben den Punkt längst überschritten, an dem sie Meister aller Managementdisziplinen samt ihren Unterdisziplinen sein könnten.

Es reicht nicht mehr aus, ein guter Menschenkenner zu sein. Die Führungskräfte von heute brauchen das theoretische Wissen eines Betriebspsychologen, den Sachverstand eines Personalexperten und die Schlichtungsfähigkeiten eines Rechtsanwalts.

Dasselbe gilt für den Umgang mit Geld. Heute ist es für einen Manager fast unabdingbar, daß er sich mit Banken und Finanzen, im Rechnungswesen und in steuerlichen Fragen gleichermaßen auskennt.

Was die Arbeit selbst angeht, so dürfte es heute keine Arbeitsplätze mehr geben, an denen der Chef auf PC-Kenntnisse verzichten könnte.

In Anbetracht der extremen Komplexität und Spezialisierung der Arbeitswelt kann kein Manager mehr sämtlichen Anforderungen gewachsen sein. Aber jeder braucht einen Komplex zentraler Einstellungen. Deshalb ist es so wichtig, daß man sich von Zeit zu Zeit selbst durchleuchtet und die persönlichen Grundlagen der Führungsarbeit hinterfragt. Im Lauf dieses Prozesses kristallisiert sich heraus, welche Führungskonzepte für einen selbst geeignet sind und von welchen man die Finger lassen sollte. Wenn Sie ohnehin nicht auf allen Hochzeiten tanzen können, dann sollten Sie wenigstens den eigenen Ansprüchen gerecht werden. Ich selbst vertrete als Manager die folgenden zentralen Einstellungen:

1. Arbeiten Sie härter als alle anderen

Aus diesem Grund habe ich kein allzu schlechtes Gewissen, wenn ich einen unserer Manager morgens um halb sechs Uhr anrufe oder Mitarbeiter am Wochenende ins Büro bitte. Alle in der Firma wissen, daß ich dieselben Opfer bringe. Ich stehe ebenso früh wie sie auf (häufig rufe ich aus einer anderen Zeitzone an, wo ich noch früher aufgestanden bin), und an den Wochenendbesprechungen nehme ich ebenfalls teil.

Härter als alle anderen zu arbeiten (oder mindestens so hart) verleiht einem Manager Glaubwürdigkeit. Ohne Glaubwürdigkeit kann man keine Menschen führen. Mit Glaubwürdigkeit gewinnt man treue Gefolgsleute.

2. Leiten Sie an, ohne zu gängeln

Ich habe schon immer gerne Vorträge gehalten. Nach meiner juristischen Ausbildung habe ich einen Teil meiner Wehrdienstzeit als Juradozent abgeleistet. Meine Managementbücher entwickelten sich aus Referaten und Diskussionen, die ich in unserem Unternehmen regelmäßig hielt. Nicht jeder Manager hat diesen didaktischen Zug. Aber nachdem ich ihn nun einmal habe, wäre ich dumm, ihn nicht in meine Arbeit einfließen zu lassen.

Wenn ich also der Ansicht bin, daß ich etwas besser kann als andere, dann sage ich das. Doch einen Fehler versuche ich dabei zu vermeiden: Ich stehe nicht ständig hinter meinen Leuten und zeige ihnen dieselbe Sache immer wieder. Ich zeige sie ihnen einmal (wenn sie schwierig ist, vielleicht auch zweimal), und dann gehe ich davon aus, daß sie selbst zurechtkommen.

Ich betrachte den pädagogischen Aspekt der Mitarbeiterführung als ein zentrales Prinzip, denn in unserer Branche, in der persönliche Dienstleistungen erbracht werden, muß man ständig daran arbeiten, das Serviceniveau zu verbessern. Wenn ich anderen etwas zeige, erhöhe ich die Wahrscheinlichkeit, daß sie den Vorgang tatsächlich nach meinen Vorstellungen erledigen.

Gleichzeitig muß ich darauf achten, ihnen nicht im Weg zu stehen. Dabei kann man leicht herausfinden, welches die talentiertesten Nachwuchskräfte sind: Wer lernbereit ist und eine schnelle Auffassungsgabe hat, fällt in jedem Unternehmen auf.

3. Halten Sie sich heraus, wenn Sie nichts beitragen können

Dies ist eine logische Konsequenz aus dem oben genannten Grundsatz der pädagogischen Mitarbeiterführung. Wenn Führungskräfte nicht allen Ansprüchen genügen können, können sie auch nicht überall gleichzeitig sein. Deshalb müssen sie unterscheiden, wann sie eingreifen müssen und wann sie sich heraushalten sollten.

Mein persönliches Kriterium für die Entscheidung dieser Frage lautet: »Nützt mein Eingreifen in dieser Situation?« Das funktioniert nicht immer, denn manchmal überschätze ich den Nutzen meiner Intervention. Gerade diejenigen Situationen, aus denen ich mich heraushalte, zeigen mir oft, daß meine Mitarbeiter ohne mich besser zurechtkommen als vermutet.

4. Konzentrieren Sie sich auf ausgewählte Bereiche

Wenn Sie nicht auf allen Hochzeiten tanzen können, müssen Sie sich eben für eine entscheiden. Anders ausgedrückt: Sobald Ihr Unternehmen eine gewisse Größe erreicht hat, ist es unmöglich, jedes Detail jeder Situation, für die Sie verantwortlich sind, zu kontrollieren. Ich habe diese Schwelle vor etwa zwölf Jahren erreicht, als ich bemerkte, daß ich nicht mehr alle Beschäftigten in unserem Unternehmen kannte und daß ich nicht mehr jede Entscheidung in jeder Abteilung beeinflussen konnte.

Also hörte ich auf zu glauben, daß ich stets über sämtliche Angelegenheiten informiert sein könnte, und beschränkte mich auf eine einzige Sache.

In meinem Fall habe ich mich erbarmungslos auf die Kosten gestürzt. Ich bin jederzeit bereit, mich bis in das letzte Detail unserer Ausgaben zu vertiefen – von den Reisekosten über Bestellungen bis zu den Lieferantenverträgen – und das mit einer Intensität, mit der ich mich nur wenigen anderen Führungspflichten widme. Wenn unsere Kostenstrukturen endlich so sind, wie ich sie haben möchte, dann suche ich mir wahrscheinlich einen anderen Bereich, den ich gnadenlos bearbeiten werde. Ich bin als Manager fest davon überzeugt, daß es besser ist, sich detailliert mit einem Problembereich zu befassen, als halbherzig an der Oberfläche einer ganzen Fülle von Angelegenheiten herumzustochern. Im ersten Fall können Sie brauchbare Lösungen finden, während Sie im letzteren Fall vermutlich gar nichts erreichen.

5. Demonstrieren Sie in Krisenzeiten gute Laune

Wir wollen der Wahrheit ins Gesicht sehen: Ein Manager braucht Sinn für Humor, und sei es nur deshalb, weil Humorlosigkeit die Arbeit erstens öde macht und weil es zweitens bei der Arbeit nun einmal oft etwas zu lachen gibt.

Eine Prise Humor ist besonders dann angebracht, wenn die Führung wie die Beschäftigten unter sehr starkem Streß stehen.

Ein Witz zur richtigen Zeit, eine treffende Bemerkung oder einfach ein Lachen über eine bestimmte Entwicklung der Situation – all das wird die Krise sicherlich nicht beheben, aber Ihre Mitarbeiter werden sich besser fühlen, wenn sie sehen, daß Sie sich nicht unterkriegen lassen.

Wie entstehen Bürokratien?

Wenn Sie zwei Seelen in meiner Brust finden möchten, dann brauchen Sie nur das Thema der Bürokratien anzuschneiden. Ich befasse mich mit diesem Thema wahrscheinlich mehr als mit allen anderen Aufgaben, die ich als Manager habe.

Einerseits hasse ich Bürokratien. Wenn ich mich in meinem Unternehmen umsehe, muß ich feststellen, daß ich nicht sämtliche 2000 Mitarbeiter persönlich kenne. Das bereitet mir Sorgen. Ich blicke mit etwas Wehmut auf die Anfänge des Unternehmens zurück, als ich mit vier oder fünf Beschäftigten in ein paar Büroräumen in Cleveland arbeitete. Von interner Regelungswut, Ausschüssen, Titeln, Ertragsprognosen und einer Flut von Memos war damals nicht die Rede. Ich war ein Allround-Manager – denn sämtliche Angelegenheiten liefen über meinen Schreibtisch. Ich hatte das Gefühl, über alles informiert zu sein, was in unserem Unternehmen geschah. Wenn ein Klient am Wochenende ein Turnier gewann, dann machten sich die Beschäftigten am Montag mit deutlich gesteigerter Energie und mehr Elan an die Arbeit – und ich bekam das hautnah mit.

Andererseits brauche ich Bürokratien. Allein schon die Tatsache, daß ich nicht mehr jeden Unternehmensangehörigen kenne, erfordert die Einrichtung von Regeln, Ausschüssen und Prozeduren, die letztlich zur Entstehung einer Bürokratie führen. Bürokratien geben mir ein Gefühl der Kontrolle über eine Organisation, die ich in Wahrheit längst nicht mehr kontrollieren kann.

Ich vermute, daß ich meine Ambivalenz in Bezug auf Bürokratien mit jedem Manager eines wachsenden Unternehmens teile. Wir alle möchten die Flexibilität der Anfangszeit bewahren, während wir gleichzeitig immer mehr und schnelleres Wachstum anstreben. Aber um der Bürokratie Einhalt zu gebieten, die sich um uns herum ausbreitet, müssen wir zuerst wissen, wie Bürokratien entstehen.

Traditionen in Frage stellen

Traditionen sind ein großartiger Nährboden für Bürokratien. Als unser Unternehmen noch sehr klein war, lasen ich sowie andere Manager der oberen Führungsebenen sämtliche Dokumente, Memos und Telexnachrichten, die täglich eintrafen. Es war eine gute und praktikable Methode, um uns umfassend zu informieren. Aber die Zahl der Dokumente wuchs unaufhaltsam. Es wurde ein ausgefeilter Mechanismus entwickelt, um Unterlagen zu sortieren und zu kopieren, damit wir all diese Dokumente weiterhin erhielten, obwohl das meist gar nicht mehr notwendig war und sie oft sogar ungelesen im Papierkorb landeten.

Ich selbst beispielsweise erhielt lange Zeit eine Kopie jeder Faxmitteilung, die in unserer Zentrale einging oder abgeschickt wurde. Es hat länger gedauert, als ich jetzt zugeben möchte, bis ich erkannte, daß ich diese Unterlagen wirklich nicht benötigte. Meist ging es lediglich um die alltäglichen Details des Kundenmanagements. Aber genau das ist das Problem mit Traditionen. Man gewöhnt sich an bestimmte Verfahren und Abläufe und hält an ihnen fest, obwohl sie ihren eigentlichen Sinn schon längst verloren haben.

Niemand hält rechtzeitig inne, um Traditionen in Frage zu stellen – und bevor man sich versieht, sorgt eine ausgefeilte Maschinerie für die Erledigung einer Aufgabe, die eigentlich überflüssig ist.

Vorsicht vor der internen Regelungswut!

Der fruchtbarste Nährboden einer Bürokratie ist die interne Regelungswut. Eine neue Vorschrift herauszugeben, die für alle Situationen gilt, ist eine sehr bürokratische Methode der Problemlösung. Anstatt flexibel zu sein und für ein individuelles Problem eine vernünftige Lösung zu finden, tendieren Bürokratien zu Pauschallösungen, die nicht immer sehr realitätsnah sind. So kommt es unweigerlich zur falschen Anwendung oder gar zum Mißbrauch von Vorschriften.

Wir haben beispielsweise die Regelung eingeführt, daß diejenigen Beschäftigten, die keiner leitenden Ebene angehören (Sekretärinnen, Angestellte etc.) und länger als bis zwanzig Uhr arbeiten, das Taxi für die Heimfahrt bezahlt bekommen. Nach einer gewissen Zeit stellte sich jedoch heraus, daß manche Mitarbeiter, die ihre Arbeit um 19.15 Uhr oder 19.30 Uhr beendet hatten, noch bis zwanzig Uhr an ihrem Schreibtisch sitzen blieben, nur um sich ein Taxi nehmen zu können. Eine Regelung, die als Geste der Rücksichtnahme für diejenigen gedacht war, die Überstunden machten, wurde auf diese Weise ins Gegenteil verkehrt, nämlich in eine Rücksichtslosigkeit gegenüber dem Unternehmen.

Ich versuche jedes Jahr eine oder zwei Vorschriften zu finden, die zum Zeitpunkt ihrer Erstellung nützlich waren, aber mittlerweile keinen sinnvollen Zweck mehr erfüllen. Wenn ich auf eine solche Vorschrift stoße, verändere ich sie. Es ist die einzige Methode, um zu verhindern, daß die Bürokratie außer Kontrolle gerät.

Wenn Sie wissen möchten, wie es um Ihre Bürokratie bestellt ist, werfen Sie einen Blick auf einige scheinbar unwichtige betriebliche Regelungen. Sie werden vielleicht überrascht sein, wie sie von den Mitarbeitern interpretiert werden.

Ständige Wachsamkeit

Ständige Wachsamkeit ist die einzige Möglichkeit, sich vor einer wuchernden Bürokratie zu schützen.

Damals wollte ich all die Dokumente in unserem Unternehmen auch deshalb lesen, weil ich fand, daß interne Memos sehr viel über die jeweilige Bürokratie aussagen.

Ich versuche immer zwischen den Zeilen zu lesen und herauszufinden, ob es Anzeichen für Konflikte, vor allem für Spannungen zwischen den Beschäftigten und den Führungskräften in der Linie gibt.

Vor kurzem hielt ich ein Memo in den Händen, in dem ein Buchhalter einen jungen Linienmanager angriff, weil er bestimmte formale Vorgaben für die Dokumentierung eines Geschäftsabschlusses nicht eingehalten hatte.

Derartige Konflikte zwischen Linie und Stab machen mir Sorgen, weil sie auf bürokratischen Wildwuchs hindeuten. Rein formal gesehen hatte der junge Manager tatsächlich Fehler gemacht: Er hatte einige Kästchen nicht angekreuzt und Buchstaben nicht eingekreist. Das einzige Problem dabei war, daß er auf einen Mitarbeiter im Stab getroffen war, der für das Ankreuzen von Kästchen und das Einkreisen von Buchstaben verantwortlich war.

Andererseits ist es auch nicht überraschend, daß es zu solchen Vorfällen kommt. Wenn Ihr Unternehmen immer komplizierter wird, müssen Sie einfach zusätzliches Supportpersonal einstellen wie Buchhalter oder EDV-Fachleute. Sie brauchen diese Mitarbeiter, damit sie Informationen verarbeiten und Kontrollfunktionen wahrnehmen. Sie sind das Herz und die Seele einer jeden Bürokratie.

Aber leider haben viele dieser Beschäftigten im Stab das bemerkenswerte Talent, auf ihrem Standpunkt zu beharren und kein Jota nachzugeben. Wenn Sie nicht aufpassen, beanspruchen sie die Energie Ihrer Linienführungskräfte bald voll und ganz für sich. Sie entwickeln Prozeduren, Regeln und Formulare – meist für die Kommunikation – und verlangen von den Linienführungskräften, sich an ihre Vorgaben zu halten.

In solchen Fällen muß ich meine Mitarbeiter daran erinnern, daß ich im Tauziehen zwischen Linie und Stab immer auf der Seite der ersteren stehe. Sie sind es, die an die Türen klopfen, Geschäfte abschließen und Beziehungen pflegen. Sie bringen die besseren Voraussetzungen mit, um Entscheidungen zu treffen. Deshalb können sie, und nicht die Bürokraten, mit meiner Unterstützung rechnen.

Definieren Sie Ihr Kerngeschäft

Zu den schwierigsten Problemen eines Unternehmers gehört es, das Kerngeschäft zu definieren – und es auch dann nicht aus den Augen zu verlieren, während er das Unternehmen ausbaut und die Gewinne steigert. Ich kenne zahlreiche Unternehmer, die nur deshalb ruiniert wurden, weil sie Hals über Kopf in Bereiche expandierten, die auf den ersten Blick zu ihrem Kerngeschäft zu gehören schienen, aber letztlich nichts damit zu tun hatten.

Am einfachsten schützt man sich vor diesem Fehler, indem man sich selbst und den Beschäftigten ständig vorbetet, woraus das Kerngeschäft besteht.

Unser Unternehmen ist in den vergangenen Jahren so schnell expandiert, daß wir alle 18 Monate sogenannte »Indoktrinierungs-Meetings« veranstalten. Diese dienen keinem anderen Zweck als dem, unseren neuen Führungskräften die verschiedenen Bestandteile und Aufgaben des Unternehmens zu erklären.

Beim letzten derartigen Meeting ließen wir über 200 Beschäftigte für drei Tage nach Cleveland einfliegen, wo unsere Topmanager und -managerinnen erläuterten, welchen Aktivitäten sich ihre jeweiligen Bereiche widmeten. Es war eine beeindruckende Reihe von Präsentationen, in denen auch oft von Millionenbeträgen die Rede war.

Aber am Ende hatte ich das Gefühl, eine kurze zusammenfassende Rede halten zu müssen. Ich ermahnte die Anwesenden, trotz der beeindruckenden Zahlen, die sie gehört hatten, niemals zu vergessen, daß unser Kerngeschäft in der Erbringung von Dienstleistungen für unsere Sportler besteht. Ohne die Sportler gibt es keine Sportveranstaltungen. Ohne die Veranstaltungen gibt es keine Sponsoren. Ohne die Sponsoren gibt es keine Einnahmen. Ohne die Einnahmen gibt es weder Gewinne noch Wachstum. Alles hängt von den Sportlern ab.

Ich wollte mir mit dieser Mahnung nicht den Ruf eines Stimmungstöters einhandeln. Ich wollte lediglich erreichen, daß jeder Anwesende seine Aufmerksamkeit auf das Kerngeschäft richtete.

Ich kannte einmal einen Unternehmer, der eine erfolgreiche Druckerei leitete, die sich auf den Druck von Kreuzworträtseln spezialisiert hatte. Irgendwann fing der Unternehmer an, Kreuzworträtselzeitschriften zu kaufen.

Ich fand es völlig sinnlos, in diese Richtung zu expandieren. Zeitschriften zu drucken, ist eine Sache. Sie herauszugeben und die damit verbundenen Aufgaben im Bereich der Redaktion und des Marketing zu erledigen, ist eine ganz andere Sache. Er verlor sein Kerngeschäft aus den Augen, so glaubte ich.

Aber ich hatte bei meinem Urteil überhaupt nicht berücksichtigt, wie dieser Unternehmer sein Kerngeschäft definierte. Er hatte nämlich seinen Betrieb analysiert und war zum Schluß gekommen, daß er ein großes Problem hatte: Seine beiden Anlagen arbeiteten zwar rentabel, waren aber nur zu 50 Prozent ausgelastet. In der Druckindustrie kann das verheerende Folgen haben. Die Pressen müssen ständig laufen. Die ideale Anlage wird rund um die Uhr in drei Schichten betrieben.

Seine Lösung: Da er keine weiteren Zeitschriften als Kunden gewinnen konnte, kaufte er Zeitschriften, die bisher bei anderen Unternehmen gedruckt wurden, und verwandelte sie auf diese Weise in eigene Kunden. Seiner Definition zufolge war sein Kerngeschäft nicht nur das Drucken, sondern er wollte 24 Stunden am Tag drucken. Der Zukauf der Zeitschriften stellte eine interessante (wenn auch riskante) Möglichkeit dar, um sein Kerngeschäft zu unterstützen. Wie sich herausstellen sollte, war er nur ein minimales Risiko eingegangen. Es handelte sich um gut geführte Zeit-

schriften, die nun – nachdem die Druckkosten gesunken waren –
noch effizienter und rentabler als zuvor waren.

Ich bin mir sicher, daß es in unserem Unternehmen Beschäftigte
gab, die an meiner Zurechnungsfähigkeit zweifelten, als wir vor
acht Jahren beschlossen, auch klassische Künstler zu vertreten.
Was hatten sie mit den Sportlern zu tun? Aber sobald man anfängt,
in den Konzertviolinisten und Sopranistinnen auch Leistungsträ-
ger zu sehen – so wie in den Golfspielern und Tennisspielern –
dann liegen die Gemeinsamkeiten auf der Hand.

- Musiker üben, wie Sportler, ihre Kunst auf der ganzen Welt aus,
  unabhängig von der Sprache.
- Musiker haben dieselben steuerlichen Probleme wie Sportler,
  und wir verfügten schon über alle notwendigen Voraussetzungen
  zur Bearbeitung dieses Aspekts.
- Unternehmen, die Geld für Sport ausgaben, waren auch bereit,
  es für kulturelle Veranstaltungen locker zu machen. Wir verfügten schon über sehr gute Kontakte zu solchen Unternehmen.
  Die Verantwortlichen vertrauten uns einfach, wenn wir sagten,
  daß wir eine gute Veranstaltung organisieren würden, ob es nun
  ein Konzert oder ein Tennisturnier war.
- Wir wußten, wie man mit launenhaften Klienten sowie ihren
  Freunden, Freundinnen, Ehemännern, Ehefrauen, Müttern,
  Vätern und Anhängern umging, und diese Fähigkeit erwies sich
  auch im klassischen Musikgeschäft als wichtig.
- Wie bei den Baseball-, Basketball- und Football-Spielern schossen auch die Gagen für klassische Künstler in die Höhe.
- Wir operierten schon auf internationaler Ebene, während kein
  anderes Unternehmen in der klassischen Musik ein ernst zu
  nehmendes Netzwerk von Auslandsniederlassungen vorweisen
  konnte.

All diese Faktoren überzeugten uns davon, daß die klassische
Musik ein Kerngeschäft für uns werden könnte. Heute haben wir
über 100 Beschäftigte in der Artists Division von IMG. Unser
Instinkt scheint uns also nicht getrogen zu haben.

Das Problem mit den Organigrammen

Nach den ersten Gesprächen mit neuen Klienten, die mehr über unser Unternehmen erfahren möchten, bitten diese fast immer um zwei Dokumente: unsere *Kundenliste* und unser *Organigramm*.

Ich verstehe natürlich, warum sie diese Unterlagen sehen möchten. In der Kundenliste sehen sie einen Indikator für unsere Glaubwürdigkeit. Sie möchten sich damit ein genaueres Bild von unserem Unternehmen machen und suchen nach Beweisen dafür, daß wir tatsächlich so gut sind, wie wir behaupten. Das Organigramm ist aussagekräftig, weil es Auskunft darüber erteilt, wer wem unterstellt ist, wer Macht hat und wer nicht. Auf diese Weise erhalten Außenseiter praktisch eine Anleitung dafür, wie man mit uns Geschäfte macht.

Aber in beiden Fällen müssen wir verneinen, denn wir haben weder eine Kundenliste noch ein Organigramm.

Es gibt einen einfachen Grund, warum wir keine Kundenliste herausgeben: Ich möchte nicht, daß die Konkurrenz sie gegen uns verwendet. Die meisten Firmen, die ihre Kundenliste veröffentlichen, benutzen sie lediglich als Vorwand zur Angeberei. Sie verweisen auf die Liste und sagen der ganzen Welt: »Hört her, wir sind richtig gut! All diese renommierten Firmen arbeiten mit uns zusammen!« Für mich ist die Preisgabe einer Kundenliste gleichbedeutend damit, der Konkurrenz einen Angelschein zu geben *und* ihr gleichzeitig noch die besten Angelplätze zu zeigen. Im Fall einer sehr langen Liste können kleinere Wettbewerber dies bei ihrer Kundenakquisition gegen uns verwenden (»Das ist so ein Riesenunternehmen, da gehen Sie doch völlig unter.«). Eine vollständige Liste liefert jedem Konkurrenten Ideen in Hülle und Fülle, wie er in unserem Revier wildern kann.

Die Gründe, warum wir kein Organigramm erstellen, sind viel komplizierter. Sie basieren jedoch alle auf dem Glauben, daß solche Diagramme ein gutes Management eher behindern als fördern. Im folgenden sind vier problematische Eigenschaften von Organigrammen zusammengefaßt.

1. Organigramme behindern die Verschlankung
von Strukturen

Sobald Sie versuchen, die verschiedenen Führungsebenen in Ihrem
Unternehmen in einem Organigramm festzuschreiben, können
Sie sicher sein, daß Ihre Mitarbeiter es verbessern wollen. Und
»Verbesserung« bedeutet in diesem Fall selten, die Strukturen zu
straffen. Wenn Sie eine Hierarchie haben, in der die Führungskräfte sich daran messen, wie wenige Menschen über ihnen und
wie viele unter ihnen sind, dann dürfen Sie sich nicht wundern,
wenn die Zahl der Hierachieebenen zunimmt. Es ist nur eine Frage
der Eitelkeit.

Mein Freund Ben Bidwell, der seine Erfahrungen über Unter-
nehmensstrukturen als Chairman von Chrysler Motors sam-
melte, zitiert in diesem Zusammenhang gerne die Japaner: »Je
flacher die Struktur, desto besser steht sie im Wind.« Das gefällt
mir. Bidwell hält mir immer wieder vor: »Fünf Führungsebenen
sind unendlich besser als 15 (und sei es nur deshalb, weil man
weniger Thermoskannen und Toiletten braucht).« Trotzdem
kann man keine optimale Zahl nennen. Unternehmen unterscheiden sich allein schon in ihrer Größe, aber auch in ihren Produk-
ten, Integrationsebenen und Vertriebsmethoden zu sehr. Es gibt
immerhin ein optimales Ziel, das man anstreben kann: so wenig
Ebenen wie möglich.

In diesem Sinn gibt es nur einen einzigen Grund dafür, ein
Organigramm zu erstellen: als Entscheidungshilfe bei der Frage,
welche Ebenen man eliminieren sollte.

2. Organigramme bremsen die Teamarbeit

Theoretisch sollten Teamarbeit und Zusammenarbeit gefördert
werden, wenn man ein Organigramm erstellt. Aber häufig ist
genau das Gegenteil der Fall: Wenn die Menschen ihre Position in
der Unternehmenshierarchie schwarz auf weiß sehen, neigen sie
dazu, diese Position zu schützen, statt sich frei nach oben und nach

unten zu bewegen. Sie können dies bei Führungskräften beobachten, die ihren Kommunikationsstil abrupt ändern, je nachdem, welche Position ihr Gegenüber hat. Sie katzbuckeln im Gespräch mit Höherrangigen, sind wettbewerbsorientiert und wenig kooperativ mit Gleichrangigen und zeigen wenig Toleranz im Umgang mit Untergebenen.

Ich ziehe dagegen eine amorphe Unternehmensstruktur vor, in der Status und Rang absichtlich vage bleiben. Anstelle einer klar definierten vertikalen oder pyramidenförmigen Befehlskette ähnelt die Struktur einem Kreis. Es ist wie ein Gespräch am runden Tisch. Jeder ist gleich. Jeder kann den anderen sehen. Jeder kann jederzeit das Wort ergreifen.

In einer solchen Struktur wird die Zusammenarbeit gefördert.

3. Organigramme schaffen keine Stabilität

Dies ist wohl das wichtigste Argument gegen Organigramme. Angeblich soll mit einem Organigramm die Stabilität des betreffenden Unternehmens demonstriert werden. Aber ich habe noch nirgends den Beweis dafür gefunden, daß die Beschäftigten wirklich positiv motiviert würden und/oder daß die Stabilität des Unternehmens zugenommen hätte.

Ich möchte nun keinesfalls den Eindruck erwecken, daß unser Unternehmen mit seinen 2000 Beschäftigten völlig desorganisiert wäre. Das ist nicht der Fall. Die Leitungen unserer verschiedenen Linien- und Stabsabteilungen sind klar definiert. Aber wir überschlagen uns nicht gerade vor Eifer, zu Papier zu bringen, wer die Nr. 2, die Nr. 3, die Nr. 4 und so weiter in jeder Abteilung ist. Meiner Erfahrung zufolge nehmen Spannungen und Reibereien zu, während die Bereitschaft zur Zusammenarbeit zurückgeht, wenn man die Namen bis in die kleinste Unternehmensverzweigung zu Papier bringt. Dann will nämlich plötzlich Nr. 4 den Job von Nr. 3, Nr. 3 tut alles, um Nr. 4 auszubooten, und alle beide versuchen, Nr. 2 abzusägen. Mir ist es viel lieber, wenn ich fünf Leute habe, die alle glauben, die Nummer zwei zu sein. Die Leute arbeiten viel effektiver für das Unternehmenswohl, wenn sie sich lediglich darum zu kümmern brauchen, was die Person an ihrer Spitze denkt.

4. Organigramme verraten Geheimnisse

Wenn ich einem großen Unternehmen eine gute Idee verkaufen möchte, dann wäre ein Organigramm dieser Firma mein größter Trumpf. Ich hätte dann einen Insiderführer, der mir sagt, wer wem unterstellt ist und wer Entscheidungen treffen darf und wer nicht. Ich würde zwischen den Zeilen lesen und dabei wahrscheinlich Hinweise darauf finden, welches die Schlüsselakteure im Unternehmen sind und durch welche Beziehungen sie miteinander verbunden sind. Mit diesem Organigramm hätte ich einen enormen Verhandlungsvorteil.

Ebenso hätten unsere Geschäftspartner einen Vorteil, wenn sie einen derartigen Insiderführer von uns hätten. Dies ist wohl das wichtigste Argument dafür, das Organigramm mit der Aura des Geheimnisvollen zu umgeben. Das Geheimnis verschafft Vorteile.

P.S.: Obwohl wir weder eine Kundenliste noch ein Organigramm herausgeben, veröffentlichen wir einen Jahreskalender mit den Ereignissen, die wir veranstalten, für das Fernsehen produzieren oder vertreten. Es ist ein sehr aussagekräftiges Dokument. So kann der interessierte Leser erfahren, mit welchen Ereignissen unser Name allein schon am dritten Sonntag im März 1995 verknüpft ist: nämlich mit dem Nestlé Invitational Golfturnier in Orlando, Florida; mit drei separaten Skirennen in Spanien, der Tschechischen Republik und Vail, Colorado; mit einem internationalen Cricket-Testspiel in Guayana; mit dem portugiesischen Stop auf der europäischen PGA-Tour; mit der Eisrevue »Discover Card Stars on Ice« in Syracuse, New York; mit einer Feldhockeymeisterschaft in Lahor, Pakistan; mit den Lipton Tennis Championships in Key Biscayne, Florida; mit einer Produktion der *West Side Story* in Melbourne, Australien; mit der Weltmeisterschaft im Eis-

kunstlauf in Chiba, Japan; mit den Meisterschaften im Eisschnell-
lauf in Cambridge, Kanada; sowie einer Produktion von *Jesus
Christ Superstar* in Wellington, Neuseeland.

Wenn potentielle Kunden sich für Ihr Unternehmen interessieren, halte ich es für viel sinnvoller, ihnen etwas über Ihre tatsäch-
lichen Aktivitäten als über die hierarchischen Verhältnisse zu erzählen.

Vier Methoden der Überzeugung

Als Gründer und CEO eines Unternehmens habe ich immer geglaubt, daß ich in unserem Unternehmen alles bewirken könnte,
wenn ich es nur wollte. Ich glaubte, daß ich auch die dümmste und
abwegigste Entscheidung durchsetzen könnte, indem ich sie einfach diktierte. In der Theorie müßte ich dazu nur sagen: »Bitte
erledigen Sie das!« Aber die Realität sieht anders aus.

Zum einen entspricht es nicht meiner Vorstellung von Men-
schenführung, Befehle herumzubrüllen. Das zermürbt nicht nur
diejenigen, die angebrüllt werden, sondern auch denjenigen, der
brüllt. Es ist außerdem sehr anstrengend, dies über eine längere
Zeit hinweg zu tun. Irgendwann hören die meisten Menschen
sowieso nicht mehr hin.

Außerdem widerspricht das autoritäre Diktieren von Anweisungen einer der Hauptaufgaben eines jeden Managers – nämlich
die Mitarbeiter so zu motivieren, daß sie seine Anweisungen auch
dann noch befolgen, wenn er schon längst wieder außer Sichtweite
ist. Ich habe frühzeitig die Erfahrung gemacht, daß ein gewisser
Groll immer bleibt – »Wir zeigen dem Chef schon noch, daß er im
Unrecht ist« –, wenn man Mitarbeitern etwas befiehlt, was sie im
Grund ihres Herzens nicht tun wollen. Dabei spielt es keine Rolle,
wie stark Ihre Autorität ist oder welche Sanktionen Sie für den Fall
des Ungehorsams vorgesehen haben. Der Groll und die Verärge-
rung mögen sich in ihrer Intensität unterscheiden – das kann von
der gelegentlichen Vernachlässigung einzelner Details bis hin zur

absichtlichen Sabotage reichen –, aber sie sind trotzdem immer vorhanden.

Der Hauptgrund dafür, warum ich mit dem Satz: »Erledigen Sie das, weil ich das so will!« sparsam umgehe, liegt jedoch einfach darin, daß es andere, subtilere Mittel der Überzeugung gibt, die effektiver und ganz gewiß angenehmer sind. Hier sind vier meiner bevorzugten Methoden:

1. Überzeugungsarbeit en passant

Sie erhöhen die Chancen zur Umsetzung einer guten Idee, wenn Sie Ihre Mitarbeiter glauben machen können, daß sie auch auf ihrem Mist gewachsen sei. Überzeugungsarbeit en passant bedeutet, eine Idee wie einen Versuchsballon loszuschicken und den anderen dann zu helfen, ihn zu entdecken.

Ich selbst habe beispielsweise oft Ideen, von denen ich mir wünsche, daß sie von unseren Führungskräften umgesetzt würden. Dann erwähne ich sie beiläufig in einem Gespräch. Ich veranstalte kein großes Trara, indem ich sage: »Hört alle her, ich habe eine Superidee!« Statt dessen denke ich nur laut darüber nach in der Hoffnung, daß ein aufmerksamer Zuhörer oder eine Zuhörerin meine Idee aufgreift. Dann warte ich ab, was passiert.

Wenn der Mitarbeiter oder die Mitarbeiterin in den nächsten ein bis zwei Wochen nicht von selbst darauf zurückkommt, spreche ich das Thema im nächsten Gespräch noch einmal an. Vielleicht hat er oder sie die Sache ja einfach vergessen und antwortet mir dann: »Ich wußte nicht, daß Sie das ernst meinten.« Daraufhin lenke ich das Gespräch wieder auf ein anderes Thema. Wenige Tage später schicke ich ihm oder ihr vielleicht ein Memo mit einigen zusätzlichen Gedanken oder einem Zeitungsausschnitt, der einen Bezug zu dieser Idee hat. Nach einigen wenigen Wochen dieser sanften, aber beharrlichen Überzeugungsarbeit begreift auch der begriffsstutzigste Mitarbeiter, daß ich von ihm etwas erwarte. Aber ich habe ihm die Idee nicht aufgezwungen. Ich habe ihm mehrere Wochen Zeit gegeben, damit er sich langsam damit anfreunden konnte. Wenn er nun anfängt, ihre Umsetzung vorzubereiten, glaubt er fest daran, daß es seine eigene Idee war. Und ich sehe keinen Grund, ihm zu widersprechen.

2. Überzeugungsarbeit auf pädagogische Weise

Diese Überzeugungsmethode bedeutet, anderen zu zeigen, wie man selbst bestimmte Angelegenheiten erledigt.

Mir war nicht einmal bewußt, daß ich diese Methode anwandte, bis mich jemand darauf hinwies. Ich saß gerade mit einigen Mitarbeitern bei einem inoffiziellen Mittagessen während eines Golfturniers. Ein Mitarbeiter erwähnte einen Vertrag, den er im Fernen Osten gerade aushandelte. Offensichtlich rief das den Anwalt in mir auf den Plan, denn ich fing an, ihn mit Fragen über den Vertrag zu bombardieren. Ich erkundigte mich nach automatischen Verlängerungsoptionen, Versicherungsklauseln, Lizenzgebühren und mehreren anderen interessanten Kleinigkeiten, die ich für wichtig hielt. Dies war eine sehr deutliche Methode, meinen Mitarbeiter dazu zu bewegen, die Vertragsverhandlungen so zu führen, wie ich es für richtig hielt. Wenn er vor diesem Mittagessen noch nicht an all diese Details gedacht hatte, dann holte er das hinterher bestimmt nach.

Im Rückblick betrachtet habe ich diesen pädagogischen Ansatz wahrscheinlich am häufigsten angewandt, wenn ich andere überzeugen wollte. In den siebziger und achtziger Jahren, als ich sicherstellen wollte, daß die zahlreichen neuen Führungskräfte in unserem wachsenden Unternehmen Verträge so aushandelten und die Klienten so betreuten, wie ich es mir wünschte, fing ich an, regelmäßige Vorträge über diese Themen zu halten.

Häufig ging ich auch noch einen Schritt weiter. Wenn ich jemanden von meinen Vorstellungen von Kundenservice überzeugen wollte, nahm ich ihn einfach in eine wichtige Besprechung mit und zeigte ihm, wie man mit unseren Klienten umgeht.

3. Überzeugung durch dritte Personen

Ich habe immer versucht, Mitarbeiter einzustellen, die mir in ihren Fachgebieten haushoch überlegen sind. In unserem Unternehmen sind Dutzende von Menschen in ihren Fachgebieten besser, als ich es jemals sein könnte. Das ist zwar ein höchst zuverlässiges Einstellungsprinzip, es führt aber ab und an auch zu einem Führungsproblem – nämlich dann, wenn Sie den Experten davon überzeugen möchten, *Ihre* Idee in *seinem* Fachgebiet zu akzeptieren. In einem solchen Fall empfiehlt es sich, den Weg über einen Dritten zu gehen.

Wenn ich die zündendste Idee der Welt für eine neue Fernsehsendung hätte, dann wäre der naheliegendste Weg der, sie dem Leiter unseres TV-Bereichs vorzuschlagen. Natürlich bin ich kein Programmexperte – ich verstehe davon ungefähr so viel wie der Durchschnittsbürger. Also können Sie sich vorstellen, wie mein Vorschlag vermutlich aufgenommen würde. Dagegen hätte meine Idee vermutlich viel bessere Chancen, wenn sie von einer dritten Person vorgetragen würde, die vom Leiter des TV-Bereichs als Fernsehexperte anerkannt wird.

Wenn Sie also nicht über die Glaubwürdigkeit verfügen, um andere von einer guten Idee zu überzeugen, sollten Sie sich einen Dritten im Bunde suchen.

4. Überzeugung durch Terminvorgaben

Fristen zu setzen ist beinahe schon gleichbedeutend damit, zu sagen: »Bitte erledigen Sie dieses oder jenes!« Es ist keine sehr subtile, aber eine wirksame Methode.

Es wird immer Situationen geben, in denen Sie es sich nicht leisten können, so lange zu warten, bis jemand sich allmählich mit einer Idee angefreundet hat, bis jemand sich in eine Aufgabe eingearbeitet hat oder bis Sie einen Dritten gefunden haben, der Ihre Botschaft überbringt. In diesen Situationen setze ich Fristen. Vor kurzem bot sich uns beispielsweise die einmalige Gelegenheit, die

Rechte an einem Sportereignis zu einem sehr guten Preis zu kaufen. Es hätte aber Wochen oder Monate gedauert, um unsere Leute, die die eigentliche Arbeit dann hätten durchführen müssen, von der Richtigkeit unseres Handelns zu überzeugen. So viel Zeit hatten wir nicht. In wenigen Wochen wäre der Preis um das Dreifache gestiegen, und jemand anderer hätte uns die Chance vielleicht vor der Nase weggeschnappt.

Also setzte ich unseren Mitarbeitern eine Frist: »Wir gehen morgen hin und machen Nägel mit Köpfen, sonst wird es jemand anderes tun.«

Kann man seine Mitarbeiter nicht von den Vorzügen einer Idee überzeugen, dann muß man eben ihre absolute Dringlichkeit betonen.

An der zweiten Führungsebene erkennt man
die Stärke eines Unternehmens

Man hat mir schon oft gesagt, daß eine der großen Stärken unserer Firma die mir unmittelbar nachgeordnete Topmanagementebene sei. Jeder dieser Manager ist in seinem oder ihrem Bereich unschlagbar.

Ich würde mir gerne selbst das Verdienst zuschreiben, daß ich diese exzellente Führungsriege gezielt zusammengestellt hätte. Aber das kann ich nicht. Als ich die einzelnen Manager vor zwanzig Jahren einstellte, dachte ich noch gar nicht daran, eine effektive zweite Ebene zu schaffen. Vielmehr benötigte ich einfach die speziellen Fähigkeiten und Kenntnisse der einzelnen Führungskräfte, die sich im Fernsehen, Tennis, Golf oder in finanziellen Fragen auskannten. Das Unternehmen wuchs, die Manager entwickelten sich weiter, und beides griff perfekt ineinander. So funktionierte das.

Im nachhinein glaube ich jedoch, daß es durchaus einige Richtlinien gibt, die ein Manager oder eine Managerin beachten sollte, wenn er eine dauerhaft erfolgreiche Firma aufbauen will.

1. Überschütten Sie Ihre Leute mit Arbeit

Ich behandle meine Mitarbeiter nicht gerne nach dem »Peter-Prinzip«. Ich befördere also einen großartigen Verkäufer nicht zum Vertriebsleiter, nur um ihn dafür zu belohnen, daß er gut verkauft hat. Ich lasse ihn lieber weiterhin verkaufen *und* gebe ihm zusätzliche Aufgaben. Die besten Leute freuen sich in der Regel über diese neuen Chancen. Mit dieser Methode werden brachliegende Kräfte aktiviert. Sollte die Arbeitsbelastung tatsächlich überhandnehmen, sind sie klug genug, um Hilfe zu holen (in der Regel durch die Einstellung neuer Mitarbeiter und die Erweiterung ihres Einflußbereichs).

2. Verlassen Sie ausgetretene Pfade

Ich gebe den Managern auch gerne Aufgaben, die zumindest oberflächlich gesehen nichts mit ihrem Erfahrungsbereich oder ihren Erwartungen zu tun haben.

Einer unserer Topmanager war sein ganzes Leben lang ein begeisterter Skifahrer. Als er vor 24 Jahren bei IMG anfing, erwartete er, in unserem noch sehr jungen Wintersportbereich eingesetzt zu werden. Statt dessen ließ ich ihn in der Golfdivision anfangen – denn er sollte zuerst einmal lernen, wie man in unserer Firma in einem Bereich arbeitete, in dem wir schon fest etabliert waren. Dann konnte er seine Erfahrungen auf den Wintersportbereich übertragen. In der Tat lernte er in der Zeit, die andere für eine einzige Sportart benötigten, wie man das Geschäft in zwei Sportarten anpacken mußte.

3. Gestehen Sie ihnen Autonomie zu

Man kann keine Führungskräfte entwickeln, wenn man sie nicht führen läßt. Das bedeutet nicht nur, ihnen freie Hand zu lassen, sondern auch, sich selbst dann im Hintergrund zu halten, wenn man den Verdacht hat, daß sie einen Fehler begehen.

4. Gestehen Sie ihnen Fehler zu – aber nur einmal

Dieser Grundsatz ergibt sich aus dem vorangegangenen Punkt. Man darf Mitarbeiter nicht dafür bestrafen, daß sie Risiken eingegangen und gescheitert sind. Das gehört nun einmal zu jedem Lernprozeß dazu. Wenn sie denselben Fehler zweimal machen, müssen Sie die Verantwortung dafür allerdings bei sich selbst suchen.

5. Überlassen Sie ihnen im Zweifelsfall die Lorbeeren

Wenn nicht eindeutig klar ist, wem die Lorbeeren für einen Unternehmenserfolg gebühren, dann überlassen Sie sie Ihren Mitarbeitern. Ihr Ego wird es verkraften. Ihre Mitarbeiter werden es schätzen. Und das Unternehmen wird davon profitieren.

6. Machen Sie anderen Platz

In meiner Rolle als Chef unseres Unternehmens bin ich ständig damit beschäftigt, Verantwortungsbereiche abzugeben. Das geht weit über den zuvor genannten Punkt hinaus. Es bedeutet, einen ganzen Aufgabenbereich, für den ich bisher selbst verantwortlich war, anderen zu übertragen.

Beispielsweise leitete ich jahrelang die Aktivitäten der Golfdivision, die zu den Hauptstützen von IMG gehört. Mittlerweile habe ich diese Funktion aufgegeben. Ich betreue keine Golfspieler mehr, ich reise nicht mehr zu den Golfturnieren, ich habe keine Linienverantwortung mehr und ich leite die Meetings in der Golfdivision nicht mehr. Ein anderer hat meine Aufgaben übernommen. Ich habe Platz gemacht, weil das die einzige Möglichkeit ist, um unseren Topführungskräften eine Chance zu geben, sich weiterzuentwickeln.

7. Bezahlen Sie Ihre Leute gut

Großzügig mit Lob, Beförderung, Anerkennung und Verantwortung umzugehen, kann Ihnen helfen, ein Siegerteam aufzubauen. Wenn Sie Ihre Leute aber nicht ihrem Wert entsprechend bezahlen, könnte es sein, daß Sie Ihr Dream Team schnell wieder verlieren. Ihre Topmanager sollten per definitionem grundsätzliche Beiträge zur Unternehmensentwicklung leisten. Sie haben ein Recht darauf, dafür angemessen bezahlt zu werden.

Schnelligkeit löst viele Probleme

Vor kurzem schickte ich einige meiner gesammelten Kolumnen an Jack Welch, Chairman und CEO von General Electric. Darunter befand sich auch eine Geschichte, die einen zugegebenermaßen ungewöhnlichen Vergleich enthielt, denn darin wurden Beschäftigte in Vollblutpferde und Ackerpferde eingeteilt. Ich wies darauf hin, daß die Vollblutpferde mit dem Vorteil der Geschwindigkeit gesegnet sind. Wenn man ihnen einen Auftrag gibt, dann erfüllen sie ihn sofort. Sie können in einem Tag erledigen, wofür ein Ackerpferd eine Woche brauchen würde. Als Welch mir zurückschrieb, kreiste er den Absatz über die Geschwindigkeit ein und notierte am Rand: »Daran muß ich selbst noch arbeiten.« Von allen Fähigkeiten, auf deren Weiterentwicklung sich der Chef von General Electric konzentrieren wollte, war ihm Schnelligkeit also am wichtigsten.

Ich glaube, daß die meisten CEOs dem zustimmen würden. Wenn bei allen anderen Faktoren Gleichstand herrscht, entscheidet die Geschwindigkeit im Wettbewerb.

Dies trifft ganz sicher im Sport zu. Im Football, Tennis und Baseball hilft einem manchmal nur die Geschwindigkeit, einen Verteidiger zu umgehen oder einen sicheren Sieg des Gegners noch abzuwenden. Es besteht aber ein großer Unterschied zwischen der Geschwindigkeit im Sport und im Geschäftsleben. Im Sport kann man nicht lernen, schnell zu sein – man muß schon mit dem Talent dazu geboren sein. Dagegen ist es im Geschäftsleben durchaus möglich, zu lernen, wie man schneller agiert.

Aber es ist nicht leicht. Sie können nicht einfach die Parole ausgeben: »Erledigt eure Aufgaben schneller!« Für diese Methode zahlt man unweigerlich einen hohen Preis, denn entweder stehen Ihre Mitarbeiter bald am Rande der totalen Erschöpfung, oder die Qualität sinkt. Es gibt jedoch fünf Taktiken, wie man wendiger wird, ohne einen hohen Preis zu zahlen.

1. Straffen Sie die Genehmigungsverfahren

Der hierarchische Aufbau eines Unternehmens kann sich auf seine Geschwindigkeit fördernd oder auch bremsend auswirken.

Wenn Sie sich mit der Konkurrenz in einem Wettrennen um die Entwicklung eines potentiell lukrativen neuen Produkts befinden, Ihre Ingenieure jedoch fünf Führungsebenen durchlaufen müssen, um die Genehmigung für eine Designveränderung oder eine Budgeterhöhung zu bekommen, dann bremst der hierarchische Aufbau Ihren Erfolg. Wenn Sie den Zeitraum von der Planung bis zur Markteinführung eines Produkts untersuchen würden, kämen Sie wahrscheinlich zum Ergebnis, daß die Hälfte der Zeit damit verlorengeht, daß Ihre talentiertesten Leute auf irgendeine Unterschrift oder irgendeine Genehmigung warten.

Ich will Sie damit nicht auffordern, Ihren Leuten einen Freibrief auszustellen oder es einfach aufzugeben, den Überblick behalten zu wollen. Aber wenn sich auch die besten Ideen in Ihrem Unternehmen nur langsam durchsetzen und Ihre Konkurrenten bei Markteinführungen ständig schneller sind, dann könnte es gut sein, daß Ihre Bürokratie daran schuld ist. Mit einem Handstreich können Sie einen Zeitvorsprung in der Größenordnung von einigen Stunden bis zu einigen Monaten vor der Konkurrenz gewinnen, wenn Sie den bürokratischen Wildwuchs zurechtstutzen.

2. Setzen Sie leicht unrealistische Termine

Zu viele Führungskräfte legen einen geradezu fahrlässigen Umgang mit ihrem Terminkalender an den Tag. Wenn sie glauben, daß sie ein Projekt unter optimalen Bedingungen in drei Wochen abschließen können (das heißt, wenn alles wie am Schnürchen läuft), geben sie sich selbst und ihren Mitarbeitern vier Wochen – weil sie wissen, daß irgend etwas immer schief geht. (Ein Kunde kann den Auftrag abändern oder ein Lieferant liefert einen Tag zu spät.) Diese Führungskräfte glauben, daß sie verantwortungsbewußt und realistisch handeln, wenn sie alle Unwägbarkeiten einkalkulieren, die das Projekt verzögern könnten. Aber realistisch zu sein, ist keine gute Methode, um ein Unternehmen schneller zu machen.

Ich würde lieber einen leicht unrealistischen Zeitplan vorgeben – also beispielsweise 12 Arbeitstage für den Abschluß eines Projekts anstelle von 15 Tagen. Wenn Sie die Mitarbeiter dazu anhalten, schneller zu arbeiten – innerhalb vernünftiger Grenzen –, dann sollten Sie sich nicht wundern, wenn sie Ihre Vorgaben tatsächlich erfüllen. Umgekehrt sollte es Sie nicht überraschen, wenn Ihre Leute bei bequemen Fristen langsamer arbeiten, um Ihrem Zeitplan zu entsprechen.

3. Bestehen Sie auf der Einhaltung von Fristen

Eine Fristvorgabe ist sinnlos, wenn Sie nicht auch auf ihre Einhaltung pochen. Sie haben nichts gewonnen, wenn Sie eine leicht unrealistische Frist setzen, Ihre Mitarbeiter jedoch nicht dazu bewegen können, sie einzuhalten. Sie sollten wissen, daß Sie als einzige Entschuldigung höhere Gewalt gelten lassen!

4. Gehen Sie selbst mit gutem Beispiel voran

Beschäftigte orientieren sich in ihrer Zeitplanung und ihrem Tempo in der Regel am Vorbild ihrer Vorgesetzten. Wenn Sie möchten, daß Ihre Leute mit beschleunigtem Tempo arbeiten, dann müssen Sie mindestens ebenso schnell arbeiten – eher noch schneller.

Ich bin mir sicher, daß Schnelligkeit in unserem Unternehmen eine so wichtige Rolle spielt, weil sie auch für mich selbst Priorität hat. Ich bin stolz auf den ständigen Beweis meines Tempos – ich erwidere Telefonanrufe möglichst umgehend oder erfülle ein Versprechen innerhalb von ein, zwei Tagen, wo andere eine Woche benötigen würden. Ich suche ständig nach effizienteren Methoden, mit meiner Zeit umzugehen – ob ich einen umständlichen Gesprächspartner in einem Meeting darum bitte, zum Thema zu kommen, oder ob ich mit einem Fahrer über den schnellsten Weg zu meinem nächsten Termin diskutiere. Das überträgt sich auch auf die Mitarbeiter, die regelmäßig mit mir zu tun haben. Verständlicherweise bemühen sie sich sehr darum, mit mir Schritt zu halten.

Sie können nicht erwarten, ein schnelles, bewegliches Unternehmen zu haben, wenn Sie nicht selbst schnell und beweglich sind – und sich ständig darum bemühen, noch flinker zu werden.

5. Teamarbeit erhöht die Geschwindigkeit

Es mag banal klingen, aber ein Team mit zehn Mitgliedern kann eine Aufgabe sehr viel schneller erledigen als eine Person, die alleine arbeitet. Aber wenn das so offensichtlich ist, warum werden in den meisten Unternehmen dann immer noch so viele Soli gespielt?

Ich vermute, daß einer der Gründe darin zu suchen ist, daß die Führungskräfte die Dringlichkeit mancher Situationen nicht immer erkennen. Sie wissen nicht, wann sie tatsächlich alles stehen und liegen lassen müssen, um sich sofort eines Problems anzunehmen. Ein weiterer Grund liegt darin, daß sie nicht erkennen, wie sehr ein Team die Arbeit beschleunigen kann. Ein Mitarbeiter, der alleine arbeitet, arbeitet in seinem eigenen Tempo. Ein Mitarbeiter in einem Team wird dagegen immer versuchen, mit dem schnellsten Teammitglied Schritt zu halten.

Ich habe das vor über 20 Jahren erkannt, als einer unserer Klienten, der Golfspieler Tony Jacklin, 1970 die US Open gewann. Ein Jahr zuvor war er in Großbritannien mit dem Sieg bei den British Open zum Nationalhelden geworden. Wenn wir die Chancen zur Vermarktung von Jacklin in den Vereinigten Staaten auch nur annähernd so maximieren wollten, wie wir es in Großbritannien getan hatten, dann gab es dafür keinen günstigeren Zeitpunkt als den seines US-Open-Sieges. Ich erkannte aber auch, daß ein einzelner niemals in der Lage gewesen wäre, in dieser kurzen Zeit alle Unternehmen aller Kategorien zu kontaktieren.

Also rief ich alle Topmanager in Cleveland zusammen und forderte sie auf, alles andere liegen zu lassen, um sich Jacklin zu widmen. Ich gab ihnen zwei Wochen Zeit, um Abschlüsse für Jacklin zu tätigen. Dann ging ich durch den Besprechungsraum und wies jedem Manager eine Kategorie von Firmen zu, die sich für Jacklin interessieren könnten – von Golfausrüstern über Autohersteller und Lederwarendesigner bis zu Softdrinkfirmen. Ich war verblüfft, mit wie vielen Angeboten sie nach zwei Wochen zurückkamen. Dafür war zumindest teilweise der Anstrich der Dringlichkeit verantwortlich, den ich mit der leicht unrealistischen Zweiwochenfrist verknüpft hatte. Aber ein noch wichtigerer Grund war sicherlich der, daß im Team ein Wettbewerbsgeist herrschte. Niemand wollte als einziger mit leeren Händen dastehen.

Drei Dinge, für die man sich viel Zeit nehmen muß

Nachdem die Geschwindigkeit zum Maß so vieler Dinge geworden ist, leben wir in einem Zeitalter, in dem man schon aus Prinzip versucht, eher schnell als langsam zu agieren.

Ein wichtiger Grund dafür sind natürlich die neuen Technologien, die uns zur Verfügung stehen. Expreßdienste, Faxgeräte, Überschallflugzeuge, Modems und Mobiltelefone haben die Produktivität theoretisch erhöht und unsere Reaktionszeit beschleunigt. Das ist ja auch nicht verkehrt. Mir gefällt es, wenn ich einen Vormittag lang in London Geschäfte machen kann, gegen Mittag in Heathrow eine Concorde besteige und um elf Uhr wieder in meinem New Yorker Büro sitze.

Aber die Tatsache, daß wir zu immer mehr Geschwindigkeit getrieben werden, wirkt sich nicht in allen Fällen positiv aus. Manchmal sollte man sich auch zurücklehnen, Atem schöpfen und überlegen, ob es nicht einige Dinge gibt, für die wir uns lieber mehr Zeit nehmen sollten.

Beispielsweise sollten Sie Einstellungsentscheidungen in aller Ruhe treffen – weil Sie immerhin einen Fremden in Ihr Unternehmen holen, und das erfordert einige Überlegung. Aber häufig werden Mitarbeiter überhastet eingestellt, weil eine freie Stelle dringend wieder besetzt werden muß. Die Verantwortlichen fragen sich vorher nicht in aller Ruhe: Muß diese Stelle wirklich wieder besetzt werden? Sie überarbeiten die Arbeitsplatzbeschreibung nicht. Sie suchen nur jemanden, der dem letzten Mitarbeiter möglichst ähnlich ist.

Der Kauf neuer Technologien ist sicherlich ein weiterer Bereich, in dem man nichts überstürzen sollte. Ein Mobiltelefon, das vor fünf Jahren noch 2000 Dollar kostete, bekommen Sie heute für 200 Dollar – in einer besseren Qualität. Technische Geräte und Computer werden nicht teurer, sondern preiswerter, und das hat sich herumgesprochen. Aber kaum jemand kann dem Drang widerstehen, ein neues Produkt heute zu kaufen, statt darauf zu warten, daß die Preise morgen fallen.

Tatsache ist: Wir alle wissen, daß wir uns für manche Dinge mehr Zeit nehmen sollten. Aber wir tun es nicht. Um Ihnen zu helfen, hier einen Anfang zu machen, beschreibe ich im folgenden drei Bereiche, in denen ich mich oft selbst zu mehr Langsamkeit ermahne. Sobald Sie einmal erkannt haben, daß der Rest der Welt versucht, Sie gegen Ihre besten Interessen zur Eile anzutreiben, erkennen Sie auch die Vorteile der Langsamkeit inmitten von Hast und Hektik.

1. Arbeiten Sie sich langsam in Beziehungen ein

Jede Veränderung in einer persönlichen Beziehung sollte mit angemessener Vorsicht und ohne Hast erfolgen.

In unserem Unternehmen kommt es beispielsweise des öfteren vor, daß ein Dritter in eine bestehende erfolgreiche Beziehung zwischen einem Klienten und seinem Manager/Berater eingeführt werden muß. Nehmen wir an, daß Sie als Berater eines Spitzensportlers fungieren, der sich darauf verläßt, daß Sie sich persönlich um all seine Angelegenheiten kümmern. Nehmen wir weiterhin an, daß Ihr exzellentes Management dieses Spitzensportlers das Topmanagement dazu bewogen hat, Ihren Verantwortungsbereich zu erweitern. Das führt dazu, daß Sie weniger Zeit haben, sich Ihrem Star zu widmen. Also brauchen Sie einen Ersatz, der sich um ihn kümmert. Meiner Erfahrung nach sind viele Menschen sehr unbeholfen, wenn es darum geht, einen Nachfolger in die Beziehung zu einem solchen Star einzuführen. Zwar überlegen sie sehr genau, wen sie dafür auswählen, aber in ihrer Eile, sich um noch wichtigere Dinge zu kümmern, machen sie leicht den Fehler, den Übergang zu sehr zu forcieren. Sie nehmen sich nicht genug Zeit, den Klienten auf die Veränderung vorzubereiten oder den Gang der Dinge so zu beeinflussen, daß der Klient die veränderte Betreuung für seine eigene Idee hält.

Wenn eine Entscheidung die Gefühle einer Person berührt, müssen Sie sich genug Zeit nehmen, um sie anzukündigen. Je wichtiger diese Person ist, desto mehr Zeit brauchen Sie.

Ich erinnere mich daran, wie einer unserer New Yorker Manager vor einigen Jahren seine Beziehung zu einem für uns sehr wichtigen Spitzengolfspieler lockern mußte. Er hatte keine Ahnung, wie er das bewerkstelligen sollte, bis er eines Tages bemerkte, daß drei von vier Telefonanrufen des Golfspielers mit finanziellen Fragen zu tun hatten. Diese Fragen über Steuern, Versicherungen, verschiedene Nebengeschäfte und andere Dinge konnte er ohnehin nicht selbst beantworten. Also suchte er sich einen jungen Finanzexperten in unserem Büro in Cleveland. Immer wenn der Kunde eine finanzielle Frage hatte, richtete der Manager eine Konferenzschaltung ein, an der auch der Juniormanager beteiligt war. Nach einem Jahr hatte der Golfspieler angebissen und fing an, den Finanzexperten direkt anzurufen – aber nur in Geldangelegenheiten. Es dauerte weitere drei Jahre, bis der Golfspieler sich völlig vom Manager in New York gelöst und seine Angelegenheiten vorbehaltlos in die Hände des Nachwuchsmanagers in Cleveland gelegt hatte. Aber häufig braucht man eben so viel Zeit, um eine neue Beziehung aufzubauen. Wenn man sich diese Zeit nicht nimmt, läuft man Gefahr, die Beziehung völlig zu zerstören.

Denken Sie an dieses Beispiel, wenn Sie beim nächsten Mal eine Kundenbeziehung an einen Kollegen oder einen Mitarbeiter übergeben wollen. Wie talentiert oder charmant Ihr Nachfolger auch sein mag und wie überzeugend Sie dem Kunden versichern, daß Sie weiterhin ein Auge auf seine Angelegenheiten werfen – Sie müssen ihm genügend Zeit lassen, um sich an diesen Gedanken zu gewöhnen.

2. Unterzeichnen Sie Verträge in Ruhe

Es gibt oft viele gute Gründe, um einen Vertrag eher früher als später unterzeichnet zu haben. Wenn die Parteien sich über die wesentlichen Punkte einig sind, könnte es durchaus ratsam sein, Nägel mit Köpfen zu machen, bevor jemand es sich wieder anders überlegt. Aber ich werde immer mißtrauisch, wenn ein Verhandlungspartner mich zur Eile antreibt. Seine Hast ist für mich ein Warnsignal, den Vertrag mit um so größerer Sorgfalt zu prüfen. Je mehr ich gedrängt werde, desto mehr Zeit nehme ich mir in der Regel.

Natürlich drängt mich ein erfahrener Verhandlungspartner nicht offen zur Unterschrift. Er sagt nicht: »Unterzeichnen Sie dies bis nächste Woche.« Er hat schlauere Methoden, um seinen Willen durchzusetzen.

Zu den am weitesten verbreiteten Tricks gehört es, einen Vertragsentwurf erst kurz vor Jahresende abzuschicken. In manchen Fällen möchten die Vertragspartner ihre Vereinbarung noch vor dem 31. Dezember unterzeichnen. Dafür kann es völlig berech-

tigte Gründe geben: Sie möchten das Geld vielleicht noch aus steuerlichen Gründen innerhalb des Geschäftsjahrs erhalten oder ihre
Umsatzquoten erfüllen. Aber wenn Sie einen Vertrag in Form einer
Zeitbombe präsentiert bekommen, sollten Sie keinesfalls über-
stürzt irgendwelchen Bedingungen zustimmen, die Sie eigentlich
nicht wünschen.

In der Tat haben manche unserer Verhandlungspartner so oft
versucht, diese List bei Verträgen für unsere Klienten anzuwenden,
daß wir uns eine einfache und trotzdem elegante Verteidigungs-
maßnahme ausgedacht haben. Wir teilen der anderen Partei in
einem solchen Fall mit, daß sie uns nicht genügend Zeit zur Prüfung des Vertragsentwurfs gegeben habe und daß wir noch einige
Wochen im neuen Jahr benötigen. Aber wir sagen gleichzeitig auch
ganz deutlich, daß wir beabsichtigen, den Vertrag zu unterzeichnen, sobald die Details ausgearbeitet wurden. Dann bitten wir sie
darum, uns einen Teil der garantierten Zahlung als Vorschuß während des laufenden Geschäftsjahrs zu überweisen. Zum Zeichen
des Vertrauens bieten wir sogar eine »Absichtserklärung« an, in
der wir uns zur Rückerstattung des schon gezahlten Geldes ver-
pflichten, falls wir den Vertrag nicht bis zu einem bestimmten
Datum unterschrieben haben. Das ist ein sehr schönes Win-Win-
Spiel. Unser Verhandlungspartner geht kein Risiko ein. Unser
Klient bekommt sein Geld schnell. Aber am wichtigsten ist, daß
wir uns keinen Vertrag unterjubeln lassen, der nicht perfekt ist.

3. Stürzen Sie sich nicht Hals über Kopf in Auseinandersetzungen

Niemand wird bestreiten, daß es unklug ist, im Zorn einen Brief
zu schreiben. Besser ist es, einen solchen Brief über Nacht liegen
zu lassen und am nächsten Tag zu beurteilen, ob man ihn wirklich
guten Gewissens absenden kann. Dasselbe Prinzip gilt für Auseinandersetzungen.

Trotzdem halten sich nur wenige Menschen an diesen Grundsatz. Sie glauben, daß jede persönliche Herausforderung oder jede

Kränkung am Arbeitsplatz sofort mit einem Racheakt beantwortet werden müßte, so als würde es die eigene Position untergraben, wenn man sich gelassen verhält. In einem öffentlichen Forum mag es angebracht sein, auf Angriffe sofort zu reagieren. Beispielsweise wissen Politiker im Wahlkampf, daß sie Schmähungen des politischen Gegners sofort erwidern müssen. Je länger sie warten, desto wahrscheinlicher werden die Anschuldigungen geglaubt. Aber Wahlkampfpolitik ist nicht mit Unternehmenspolitik zu vergleichen. Am Arbeitsplatz sollte man Konfrontationen mit größter Zurückhaltung angehen.

In unserem Unternehmen werden täglich Entscheidungen getroffen, die ich nicht befürworte, und ich könnte meinen ganzen Arbeitstag nur damit verbringen, mich mit den jeweils verantwortlichen Mitarbeitern anzulegen. Aber ich tue das nicht. Zum einen habe ich gelernt, daß effektive Konfrontation eine Sache des effektiven Timings ist. Ich habe schon Wochen, Monate und sogar Jahre gewartet, bevor ich manche Leute auf ihr fragwürdiges Verhalten angesprochen habe. Selten hat das Abwarten mir oder dem Unternehmen geschadet. In vielen Fällen hat sich das Problem von alleine gelöst, wenn sich beispielsweise die Begleitumstände geändert haben. In jedem einzelnen Fall hat das Abwarten aber auch dazu geführt, daß der Konfrontation das emotionale Element genommen wurde. Ich habe mir damit die Freiheit verschafft, mich auf das Problem und nicht die Person zu konzentrieren. Das ist ein großer Vorteil, wenn man viele talentierte und eigenständig denkende Menschen führt. Man gewinnt diesen Vorteil jedoch nur, wenn man lernt abzuwarten.

Pessimismus zahlt sich aus – im Zeitmanagement

Nichts fasziniert mich mehr als die Fähigkeit der Menschen zur Selbsttäuschung – sich für klüger, lustiger, sportlicher, redegewandter, charmanter zu halten, als man in Wirklichkeit ist. Das trifft mehr oder weniger auf uns alle zu.

Glücklicherweise richtet unsere Selbsttäuschung im Geschäftsleben selten viel Schaden an. So mag man uns für aufgeblasen halten, wenn wir unsere rhetorischen Fähigkeiten wieder einmal
überschätzen, aber dieses falsche Selbstbild zerstört keine Karrieren. Ich kenne viele Leute, die sich selbst sehr gerne reden hören.
Soweit ich es beurteilen kann, hat diese kleine Macke ihrem Erfolg
überhaupt nicht geschadet.

Allerdings gibt es auch einen Bereich, in dem die Selbsttäuschung zu einem gefährlich unrealistischen Optimismus führen
kann. Ich meine das Zeitgefühl. Fast immer überschätzen wir, wie
viel wir innerhalb einer bestimmten Zeit erreichen können. Wir
setzen ein Meeting für eine Stunde an, und es dauert zwei Stunden.
Wir versprechen, einem Kunden innerhalb von zwei Tagen ein
Angebot vorzulegen, und nach vier Tagen ist es immer noch nicht
fertig. Diese Selbsttäuschung betrifft fast jede Aktivität im Geschäftsalltag: Wir glauben, daß wir zwanzig Minuten für die Fahrt
zu einem Meeting am anderen Ende der Stadt brauchen, aber ein
Stau oder eine Umleitung machen unsere Zeitplanung zunichte
und wir brauchen dreißig Minuten.

Niemand ist gegen diese Selbsttäuschung gefeit. Wenn wir mit
unserer Zeit so gut umgehen könnten, wie wir glauben, dann
wären abends auch alle Punkte auf der »To-do«-Liste abgehakt.
Die unangenehme Wahrheit ist aber die, daß wir unser Arbeitspensum für einen Tag zu optimistisch planen – und das kommt uns
oft teuer zu stehen. Unser übersteigerter Optimismus verärgert
andere, enttäuscht sie, und schlimmstenfalls zerstört er unsere
Glaubwürdigkeit.

Wie man hier schnelle Abhilfe schafft, liegt eigentlich auf der
Hand: Schlagen Sie sich auf die Seite der Pessimisten, wenn es um
Ihre Zeitplanung geht. Wenn Sie wissen, daß Sie unter optimalen
Verkehrsbedingungen (geringes Verkehrsaufkommen, keine roten
Ampeln) zwanzig Minuten durch die Stadt brauchen, dann sollten
Sie an eine Pechsträhne glauben und ein Polster von zehn Minuten
einbauen. Planen Sie also dreißig Minuten für die Fahrt ein. (Manche Menschen treiben die Selbsttäuschung so weit, daß sie für eine
solche Fahrt sogar nur *fünfzehn* Minuten veranschlagen.)

Im Grunde meines Herzens jedoch glaube ich nicht, daß man sich über Nacht von einem Zeit-Optimisten in einen Zeit-Pessimisten verwandeln kann. Es ist, als würde man einen Alkoholiker auffordern, sofort mit dem Trinken aufzuhören. Ein Schritt-für-Schritt-Programm ist in der Regel effektiver. Deshalb werden im folgenden einige Schritte beschrieben, die Ihnen helfen sollen, Ihre Zeit realistischer einzuschätzen.

1. Arbeiten Sie, wenn Sie arbeiten?

Diese Frage stelle ich immer als erstes, wenn jemand klagt, daß er sein Arbeitspensum nicht in der verfügbaren Zeit bewältigen könne.

Ich kenne einen Herausgeber und Autoren einer monatlich erscheinenden New Yorker Zeitschrift, dessen einzige Aufgabe darin besteht, einmal im Monat einige Artikel zu redigieren und eine Kolumne mit tausend Wörtern zu schreiben. Aber wenn ich ihn am Wochenende zu Hause anrufe, heißt es immer, daß er sich in seinem Büro eingeschlossen habe, um seine Kolumne zu schreiben. Dies geht schon seit Jahren so. Ich fragte ihn einmal, ob er seine Wochenenden eigentlich gerne seiner Kolumne opfere. Er sagte, er hasse es.

»Warum schreibst du die Kolumne dann nicht während der Woche?« fragte ich ihn.

»Da hetze ich von einer Besprechung in die nächste, ich habe Verabredungen zum Mittagessen, das Telefon klingelt andauernd, und ich muß auch noch den Papierkram erledigen, da komme ich zu nichts anderem mehr«, behauptete er.

Ich vermute, daß es sehr vielen Menschen so ergeht, die im Büro arbeiten. An ihrem Arbeitsplatz lauern so viele Ablenkungen, daß sie ihren eigentlichen Aufgaben zu wenig Aufmerksamkeit widmen.

Der erste Schritt zu einem realistischen Umgang mit der Zeit besteht darin zu überprüfen, *wie* Sie arbeiten.

2. Geben Sie 100 Prozent, wenn auch 90 Prozent ausreichen?

Viele Menschen brauchen zwei Tage für die Erledigung einer Aufgabe, die sie eigentlich nur einen Tag kosten dürfte, weil sie den zweiten Tag damit verbracht haben, ihr Werk »perfekt« zu machen. Sie leisten hundertprozentige Arbeit, wo 90 Prozent absolut ausreichen würden.

Das soll nicht heißen, daß ich für schlampige Arbeit plädiere. Aber man sollte sich fragen, wann es sich lohnt, mit besessener Detailgenauigkeit zu arbeiten, und wann nicht. So könnte ich beispielsweise in jeder Woche meines Lebens 50 Stunden für Korrespondenz aufwenden – von Werbebriefen über interne Memos zu Faxmitteilungen, Dankeschönbriefen und Schreiben an potentielle Einstellungskandidaten. Eigentlich wünschte ich mir, daß jedes Dokument, das meine Unterschrift trägt, so gut formuliert und geschrieben ist wie nur irgend möglich.

Aber ich habe schon vor langer Zeit beschlossen, daß ich lieber 100 Briefe abschicke, in die ich 90 Prozent meiner Leistung gesteckt habe, als 90 Briefe, die hundertprozentig sind. Ich möchte lieber 100 Menschen antworten, als 10 ohne Antwort sitzen zu lassen. Ein Memo so lange zu bearbeiten, bis es wie ein Juwel glänzt, lohnt weder die Zeit noch die Mühe (und vermutlich achtet ohnehin niemand auf meinen Stil oder einen gelegentlichen Tippfehler).

Ich vermute, daß wir etliche Stunden in unserem Arbeitsalltag einsparen und produktiv nutzen könnten, wenn wir in regelmäßigen Abständen auf Distanz gehen und uns fragen würden: »Muß ich an dieser Aufgabe wirklich so hart arbeiten? Wird jemand meine Mühe (oder mangelnde Mühe) überhaupt zur Kenntnis nehmen? Vergeude ich Zeit?«

3. Sind Sie ein Opfer der Zeitdiebe?

Zeitdiebe sind all die Menschen, die Termine aufschieben, zu jeder Besprechung zu spät kommen, Telefonanrufe nicht erwidern und Wochen benötigen, um eine schriftliche Anfrage zu beantworten (wenn sie überhaupt antworten). Sie stehlen Ihnen Minuten, Stunden und Tage, indem sie Sie warten lassen oder Ihnen zahlreiche Hindernisse in den Weg legen, bis Sie sie überhaupt zu Gesicht bekommen. Zeitdiebe täuschen sich mehr als alle anderen über die Zeit. Und wenn Sie nicht erkennen, was für ein Chaos sie damit anrichten, dann täuschen auch Sie sich.

Manche Menschen glauben, daß sie einen Zeitdieb dazu bewegen könnten, sich zu ändern. (Sie täuschen sich. Wer mit vierzigminütiger Verspätung in einer für zehn Uhr angesetzten Besprechung aufkreuzt, wird sich nicht ändern.)

Andere weigern sich, mit Zeitdieben umzugehen. (Das ist eine fragwürdige Methode, wenn es sich bei dem Zeitdieb um Ihren Mandanten, Ihre Chefin oder einen wichtigen Mitarbeiter handelt.)

Die meisten Menschen sind deshalb Opfer der Zeitdiebe – entweder weil sie nicht erkennen, wie sehr sie von ihnen gebremst werden, oder weil sie sich vormachen, sie umgehen zu können.

Die beste Methode besteht darin, sich nicht zum Opfer machen zu lassen – damit erreichen Sie zumindest, daß Sie selbst Ihre Zeit nicht verschwenden.

Von den meisten Menschen, mit denen ich regelmäßig zu tun habe, weiß ich recht gut, wie sensibel sie im Umgang mit der Zeit sind. Weil ich selbst ein Zeitfanatiker bin, fällt es mir auch schnell auf, wenn andere verantwortungsvoll mit ihrer Zeit umgehen (oder wenn sie es nicht tun). Dieses Wissen kalkuliere ich in alle Termine ein, die ich mit diesen Menschen vereinbare. Dies ist keine besonders großartige Leistung. Derselbe Prozeß findet im zwischenmenschlichen Umgang eigentlich ständig statt. Wenn wir zu einer Party eingeladen sind, kennen wir die Gastgeber meist gut genug, um zu wissen, ob wir ganz cool zu spät kommen dürfen oder ob auf pünktliches Erscheinen Wert gelegt wird, und wir verhalten uns entsprechend. Wenn wir selbst die Gastgeber sind und pünktliches Erscheinen wünschen, dann weisen wir die chronisch Unpünktlichen unter den Eingeladenen eben darauf hin: »Bitte seid pünktlich!«

Aus irgendeinem Grund schrecken die Menschen aber am

Arbeitsplatz davor zurück, die Zeitdiebe zu disziplinieren. Wenn
Sie der Bitte eines Kollegen nachkommen und ein Gespräch von
11 bis 12 Uhr in Ihrem Büro vereinbaren, und wenn der Kollege
20 Minuten zu spät kommt, halten Sie sich dann an Ihren eigenen
Zeitplan oder an seinen? Beenden Sie das Gespräch höflich um
12 Uhr und erledigen den nächsten Punkt auf Ihrem Tagesplan,
oder schlucken Sie Ihren Ärger hinunter und akzeptieren die Verzögerung? Nur diejenigen, die sich noch Illusionen über die Zeit
machen, entscheiden sich für die zweite Möglichkeit.

Natürlich sind viele Situationen am Arbeitsplatz nicht so eindeutig zu lösen wie in diesem Beispiel. Manchmal sind die Zeitdiebe in unserem Leben schwierig aufzuspüren.

Ein Beispiel soll dies illustrieren: Wir beschäftigen in einem
unserer Auslandsbüros einen extrem effektiven Mitarbeiter. Er ist
klug, dynamisch, energisch und schließt Geschäfte so schnell ab
wie kein anderer. Die meisten Menschen interpretieren sein fre-
netisches Tempo und seine Flinkheit falsch und glauben, daß er
sehr effizient mit seiner Zeit umgeht. Ich habe jedoch die Erfahrung gemacht, daß das nicht der Fall ist. Der Mitarbeiter verfügt
nämlich auch über einen starken Hang zum Individualismus, was
ihn dazu veranlaßt, sich über viele etablierte Abläufe in unserem
Unternehmen lustig zu machen. Wenn ich ihm ein Fax schicke
(was die meisten Menschen immerhin noch als Signal der Dringlichkeit verstehen), dann kann ich mich nie darauf verlassen, daß
er darauf rechtzeitig reagiert. Auch wenn ich das Fax noch drei
Mal verschicke, übt er sich in vornehmer Zurückhaltung. In
gewisser Hinsicht ist er der klassische Zeitbandit. Manche Leute
verbringen Wochen damit, ihn dazu zu bewegen, sich zu rühren.
Der einzige Weg, um ihn wirklich zu erreichen, führt über das
Telefon.

Irgendwann beschloß ich, mich seinem eigenartigen Stil zu
fügen. Ich kommuniziere nur noch über das Telefon mit ihm (und
empfehle das auch allen anderen, die mit ihm zu tun haben).
Zumindest spare ich mir so die Zeit und die Nerven, die es kostet,
auf eine Reaktion von ihm zu warten. Ich könnte ihn zwar dazu
bringen, sich wenigstens ein bißchen zu ändern, oder ich könnte

sein Verhalten sanktionieren. Aber das wäre für beide Seiten eine Zeitverschwendung. Und ich wäre immer noch sein Opfer.

Zeitmanagement ist individuell

Vor einigen Jahren bat ich einen unserer Vertriebsleiter darum, einige neue Aufgaben im Fernen Osten zu übernehmen. Der Vertriebsleiter war begeistert über die zusätzliche Arbeit, teilweise auch deshalb, weil er sich davon einen deutlichen Karrieresprung erhoffte.

Aber sein Vorgesetzter sprach sich gegen meine Idee aus. »Wenn er seine Sache gut machen will«, argumentierte er, »braucht er dazu mindestens 30 Prozent seiner Arbeitszeit. Aber ich kann es mir nicht leisten, 30 Prozent seiner Leistung zu verlieren. Das ist weder mir noch der Abteilung gegenüber fair.«

Oberflächlich betrachtet, führte der Vorgesetzte ein überzeugendes Argument an. Es wurde durch die konkrete Prozentangabe sogar noch plausibler.

Aber je mehr ich darüber nachdachte, desto klarer wurde mir, daß in seiner Argumentation mindestens drei Trugschlüsse steckten, die weder dem Mitarbeiter noch unserem Unternehmen zum Vorteil gereichten.

Trugschluß 1:
Zeit ist kein Nullsummenspiel

Der größte Trugschluß in der Argumentation des Vorgesetzten ist der, daß er die Zeit des Beschäftigten als Nullsummenspiel behandelt – ein Gewinn von 30 Prozent in einem Bereich wird als Verlust von 30 Prozent in einem anderen definiert. Damit unterstellt er, daß die Arbeitszeit eines Mitarbeiters – beispielsweise 40 Wochenstunden – begrenzt und unumstößlich sei und daß zusätzliche

Aufgaben nur innerhalb dieser 40 Stunden erledigt werden könnten.

In Wahrheit ist die Gestaltung der Arbeitszeit extrem flexibel. Obwohl der Tag nur 24 Stunden und eine Woche nur 168 Stunden hat, kann jeder selbst entscheiden, wie viel von dieser Zeit er auf die Arbeit verwenden möchte. Diese Entscheidung hängt oft in hohem Maß von der Arbeitsmotivation ab. Wenn eine Mitarbeiterin ihren Job haßt, wird sie keine Minute länger als 40 Stunden arbeiten. Eine andere, die begeistert von ihren Aufgaben ist, wird gerne auch 50, 60 oder mehr Stunden arbeiten.

Im oben genannten Beispiel übersah der Vorgesetzte völlig, daß der Vertriebsleiter von der Aussicht auf die zusätzlichen Aufgaben sehr begeistert war. Da er darin eine Chance auf eine Beförderung sah, wollte er sich auch die Zeit nehmen, sie richtig zu erledigen und entsprechend mehr zu arbeiten. Wenn er bisher 40 Wochenstunden arbeitete, konnte er diese Zahl um mindestens 30 Prozent steigern. Ich sah nicht ein, warum dies dem Unternehmen oder dem Mitarbeiter schaden sollte.

Trugschluß 2:
Wieso ausgerechnet 30 Prozent?

Der Vorgesetzte in unserem Beispiel übersieht auch, daß nicht jeder Mensch gleich viel Zeit für dieselben Aufgaben benötigt. Der eine braucht zwei Stunden, um einem Kunden etwas zu erklären, während eine redegewandtere Kollegin die Sache vielleicht schon in 20 Minuten abhandelt.

Daraus folgt natürlich die Frage: Woher weiß der Vorgesetzte, daß der Mitarbeiter ausgerechnet 30 Prozent seiner Zeit für die neuen Aufgaben benötigt? Wie kommt er auf diese konkrete Zahl?

Ich erlebe es immer wieder, daß gute Ideen begraben werden, nur weil sich die Verantwortlichen nicht darauf einigen konnten, wieviel Zeit eine bestimmte Aufgabe erfordert. Der Ablauf ist stets derselbe: Ein Manager stellte eine Zahl – etwa 30 Prozent – in den Raum. Dieser Prozentsatz hängt wie eine schwarze Wolke über der Diskussion. Niemand stellt die Zahl in Frage. Alle nehmen an, daß sie richtig ist, obwohl sie ebensogut niedriger oder höher sein könnte – je nachdem, wer die Umsetzung der Idee übernimmt.

Aber das Gefährlichste an diesem Trugschluß ist, daß er die Kriterien verwässert, auf deren Grundlage Sie Ihre Mitarbeiter mit neuen Aufgaben betrauen sollten. Statt darüber nachzugrübeln, wieviel Zeit ein Mitarbeiter für ein Projekt benötigt, sollten Sie lieber überlegen, ob er seine Zeit klug und effektiv nutzt. Talent und Kompetenz sind bessere Kriterien als Zeitangaben, die sich jemand aus den Fingern gesogen hat.

Trugschluß 3:
Chefs wissen es besser als ihre Mitarbeiter

Der dritte Trugschluß in der Argumentation des Vorgesetzten liegt schließlich darin, daß er die Meinung des Mitarbeiters überhaupt nicht berücksichtigt – obwohl der Mitarbeiter besser als jeder andere beurteilen kann, ob er die neue Aufgabe bewältigen wird.

In diesem speziellen Fall geht es um einen erfahrenen Vertriebsleiter, der nicht nur ein gutes Zeitmanagement hat, sondern auch ehrgeizig ist. Er wird die neue Aufgabe nur dann übernehmen, wenn er sicher ist, daß er sie erfolgreich bewältigt. Er schätzt den Zeitaufwand realistisch ein und handelt entsprechend.

Aus irgendeinem Grund aber glaubt sein Vorgesetzter, daß er es besser wisse.

Man trifft diese Einstellung häufig bei Vorgesetzten an, die eine Angelegenheit nicht in allen Einzelheiten durchdacht haben. Meiner Erfahrung nach tendieren sie dann auch dazu, die erforderliche Zeit zu überschätzen.

Auch auf mich trifft das zu. So verstehe ich nichts vom Schreinern. Wenn ich einen neuen Eßzimmertisch bräuchte, hätte ich keine Ahnung, ob ein Tischler für die Anfertigung einen Nachmittag oder drei Monate benötigen würde. Trotzdem würde ich eher von drei Monaten ausgehen, weil ich mich in diesem Bereich überhaupt nicht auskenne.

In diesem Fall war es ähnlich. Ein ansonsten kluger Vorgesetzter überschätzte den Faktor Zeit, unterschätzte die Fähigkeiten und die Motivation seines Mitarbeiters und gelangte, wenig überraschend, zu einer falschen Schlußfolgerung.

Nachhilfe in Sachen Lob

Theoretisch sollte es nicht viel darüber zu sagen geben, wie man ein Lob ausspricht. Man muß kein rhetorisches Genie sein, um die Leistungen eines anderen zu würdigen. Jeder weiß, daß Lob immer positive Auswirkungen hat. Trotzdem ist die Welt voll mit ansonsten klugen Leuten, die absolute Tölpel sind, wenn es darum geht, ein Lob auszusprechen. Sie wissen nicht, wann sie es tun sollen. Sie tun es widerwillig. Sie tun es vor dem falschen Publikum. Sie tun es nicht oft genug. Und wenn sie es tun, ruinieren sie den Effekt, indem sie sofort Kritik folgen lassen.

Die Wahrheit ist die, daß die wenigsten von uns mit dem Talent eines Pavarotti ausgestattet sind, wenn es darum geht, ein Loblied auf andere zu singen. Wir alle könnten ein paar Nachhilfestunden gut gebrauchen. Im folgenden sind einige Gedanken beschrieben, mit denen Sie anfangen könnten:

1. In welchem Verhältnis stehen bei Ihnen
Lob und Kritik?

Im Lauf der Jahre habe ich viele Führungskräfte kennengelernt, denen es mehr Spaß macht, einen Mitarbeiter zu entlassen, als ihm zu sagen, daß er großartige Arbeit leistet. Ich habe keine Ahnung, warum das so ist.

Vielleicht stellt das Lob eine psychologische Hürde dar, die sie nicht überwinden können. Sie betrachten das Lob als Nullsummenspiel: Man kann nur eine begrenzte Anzahl von freundlichen Worten verteilen, und wenn man jemanden lobt, steht man selbst nicht mehr im Rampenlicht und wird irgendwie degradiert. (In Wahrheit ist das Gegenteil der Fall: Wenn Sie jemanden loben, steigen Sie in der Achtung des Betreffenden. Denken Sie nur daran, welch hohe Meinung Sie von der letzten Person haben, die Sie für Ihre Arbeit gelobt hat.)

Es gibt eine Übung zur Überwindung dieses Fehlers: Führen Sie einen Tag (oder eine Woche) lang Buch darüber, wie oft Sie andere kritisieren und loben. Wenn Sie weit mehr Kritik als Lob aussprechen, machen Sie etwas falsch (oder Sie brauchen andere Mitarbeiter!).

Ich selbst habe immer versucht, ein 1:1-Verhältnis von Lob und Kritik aufrechtzuerhalten. Wenn ich bemerke, daß ich Mitarbeiter viel häufiger kritisiere, als ihnen auf die Schulter zu klopfen, arbeite ich hart daran, das Gleichgewicht wiederherzustellen. Ich tue, was ich kann, um echtes Lob zu äußern. Damit fühlen sich nicht nur die Beschäftigten besser, sondern auch ich.

2. Wird in Ihrer Branche viel Lob ausgesprochen?

In manchen Branchen wird ständig gelobt, in anderen gar nicht.

Ray Cave, der ehemalige Chefredakteur des Magazins *Time*, sagte mir einmal, daß er stets darauf achte, wie gut, wie oft und wen er lobe. In seiner Position hatte er keine andere Wahl. Die Herausgabe eines Wochenmagazins war praktisch ein Marathon von Werturteilen. Er mußte ständig entscheiden, ob die Ideen, Artikel, Fotos, Illustrationen und Layouts seiner Leute gut genug für das Magazin waren. Folglich mußte er sich auch ständig entscheiden, ob er seine Redakteure, Fotografen und Künstler loben oder kritisieren sollte. In diesem Sinn spielt das Lob bei der Herausgabe einer Zeitschrift eine sehr wichtige Rolle. Ray Cave mußte sich nicht erst daran erinnern, an das Lob zu denken, weil es zu seinen Hauptaufgaben gehörte.

In anderen Branchen hat es der Chef nicht so leicht, weil das Lob nicht diese offensichtliche Rolle spielt. So kann es einem Manager bei IMG leicht passieren, daß er vergeßlich wird, was Lob angeht. Wenn es uns gelingt, einen Sponsoren für eine Sportveranstaltung zu gewinnen, dann ist dieser Erfolg in der Regel das Ergebnis einer komplexen Teamarbeit. Wem gebührt der Beifall? Demjenigen, der die Idee für die Veranstaltung hatte? Der Managerin, die das Meeting mit dem Sponsor anberaumt hat? Oder demjenigen, der den Abschluß herbeigeführt hat? Oder den Mitarbeitern und Mitarbeiterinnen, die für die Umsetzung verantwortlich sind und den Sponsoren zufriedenstellen? Wenn sich so viele Menschen einen Erfolg teilen, kann man nachvollziehen, warum ein Chef es versäumt, einzelne zu loben.

Sehen Sie sich Ihr Unternehmen an. Wird viel Lob ausgesprochen und loben Sie mit maximalem Effekt? Wenn das Lob bei Ihrer Arbeit keine große Rolle spielt, loben Sie dann überhaupt?

3. Lob ist ein guter Kontrollmechanismus

Ich hatte einmal eine Lehrerin, die eine wahre Meisterin in der Kunst des Lobens war. Sie ermutigte mich immer sehr freundlich, wenn ich die richtige Antwort wußte, und schrieb überschwengliche Kommentare wie »Großartig!« unter meine Arbeiten. Ich brauchte nicht lange, um mir ein sehr positives Bild von ihr zu machen. Ich fand, daß sie eine tolle Lehrerin war. Nach einigen Wochen kam ich einmal unvorbereitet zum Unterricht und schrieb eine sehr schlechte Note in einem Test. Sie tadelte mich für meine schlampige Arbeit. Obwohl ihre Kritik nicht boshaft war, traf sie mich sehr, und ich schwor mir, daß so etwas nie wieder passieren sollte.

Erst später wurde mir klar, daß sie durch ihr ständiges Lob zu einer sehr einflußreichen Gestalt im Klassenzimmer wurde. Ich war geradezu süchtig nach ihrem positiven Urteil geworden. Sobald sie das Opium zurückhielt, arbeitete ich um so härter, um wieder in seinen Besitz zu kommen.

Ich möchte nicht zu machiavellistisch klingen, aber ich würde aus der Erfahrung mit meiner Lehrerin zwei Lektionen für Manager ableiten. Erstens: Lob macht süchtig. Wenn Sie einen Mitarbeiter loben, steigen Sie automatisch in seiner Achtung – und er wird sich um so mehr anstrengen, um weiterhin so günstig von Ihnen beurteilt zu werden.

Zweitens ist das Lob ein großartiger Kontrollmechanismus für Führungskräfte. Die kritischen Bemerkungen eines Vorgesetzten sind viel wirkungsvoller, wenn er vorher ein Fundament des ehrlichen Lobes gebaut hat. Wenn andere die angenehmen Dinge akzeptieren, die Sie über sie sagen, sind sie auch viel empfänglicher, wenn Ihre Bemerkungen einmal nicht so nett sind.

4. Setzen Sie Lob mit Geld gleich

Ein kluger Manager sagte mir einmal, daß er sich beim Austeilen von Lob gerne vorstelle, daß er Geld austeile. »Ich kann unseren Leuten nicht immer so viel Geld bezahlen, wie ich gerne möchte, also tue ich so, als wäre Lob Geld. Wenn ich einer Mitarbeiterin sage, daß sie großartige Arbeit geleistet habe, dann ist das so, als hätte ich ihr eine Prämie von 100 $ geschenkt«, erklärte er. »Natürlich kann sie sich dafür nichts kaufen. Aber sie merkt es sich – und sie sieht mich und das Unternehmen in einem günstigeren Licht.«

Dies ist das vielleicht überzeugendste Argument für das Lob: Es hilft Ihnen, auch ohne Geld die talentiertesten Menschen zu halten.

Was behalten Sie auf Ihrem Schreibtisch?

Ein Freund von mir hat eine Theorie, die sich unter dem Motto zusammenfassen läßt: »Du bist, was du weitergibst«. Je höher man im Unternehmen steht, so seine Devise, desto mehr Freiheit hat man, sich der verschiedenen Unterlagen zu entledigen, die dummerweise auf dem Schreibtisch landen.

Nach dieser Sichtweise stehen die Assistenten, Sekretärinnen und Angestellten ganz am Ende der Kette – weil sie verpflichtet sind, sich um jedes Dokument zu kümmern, das ihnen unterkommt.

Dann folgen die Nachwuchsmanager – denn sie müssen jedes Dokument, das sie von ihren Vorgesetzten serviert bekommen, lesen und darauf reagieren. In der Regel müssen sie die ganzen Unterlagen auch aufbewahren, falls ihre Vorgesetzten einmal danach fragen sollten. Sie haben auch niemanden, an den sie diese Arbeit delegieren könnten.

Die mittleren Manager wiederum befinden sich in einer merkwürdigen Position. Einerseits werden sie von allen Seiten mit Unterlagen überschüttet. Andererseits haben sie die Befugnis, einen Teil davon an Untergebene und Kollegen weiterzugeben. Wenn die Theorie meines Freundes – »Du bist, was du weitergibst« – stimmt, stellt das mittlere Management die entscheidende Unternehmensebene dar, an der sich zeigt, wie es um die Effizienz steht. Der Umgang eines mittleren Managers mit Unterlagen ist ein zuverlässiger Indikator dafür, wie organisiert er ist. »Wenn ein mittlerer Manager gut organisiert ist, gibt er mehr Unterlagen weiter als er behält«, sagt mein Freund. »Daran erkenne ich, daß er Schwerpunkte setzt, daß er klare Prioritäten hat. Wenn er schlecht organisiert ist, dann behält er alles. Er hat keinen klaren Schwerpunkt. Er weiß nicht, was er weitergeben oder wegwerfen kann, also behält er alles. Für ihn hat alles dieselbe Priorität, was bedeutet, daß nichts Priorität hat.«

Wenn man die Theorie meines Freundes logisch weiterführen würde, käme man zum Schluß, daß ein Unternehmenschef alle Unterlagen weitergeben muß, die auf seinem Schreibtisch landen. Darin steckt auch ein Körnchen Wahrheit. Ich habe im Lauf der Jahre die Büros von Hunderten von Firmenchefs gesehen, und sehr viele leisten ziemlich effektive Arbeit in völlig papierlosen Gefilden. Auf ihrem Schreibtisch befinden sich ein Telefon und vielleicht ein Notizblock (abgesehen von den obligatorischen Fotografien und den üblichen Schreibtischutensilien), aber selten habe ich ein Büro gesehen, in dem sich Akten und Dokumente stapeln, wie es auf den nachgeordneten Führungsebenen so oft der Fall ist. Dies ist einer der Gründe, warum sie in ihre Position aufgestiegen sind. Sie wissen, was sie weitergeben müssen.

Mein Freund weist zu Recht auf die Beziehung zwischen der hierarchischen Ebene und der Bearbeitung von Unterlagen hin. Aber ich würde die Betonung anders legen: »Du bist, was du behältst«. Denn zunächst einmal muß jede Führungskräft entscheiden, ob es sich lohnt, eine Unterlage zu behalten. Dazu muß sie wissen, welche Art von Unterlagen ihr wichtig sind, welche von entscheidender Bedeutung für ihren Erfolg sind und welche Art von Informationen sie in der Zukunft benötigt. Um diese Fragen beantworten zu können, muß sie ihre Prioritäten gut geordnet und ernsthaft darüber nachgedacht haben, was sie nicht nur in der nächsten Stunde oder in den nächsten Tagen, sondern auch in der nächsten Woche, dem nächsten Monat oder dem nächsten Jahr erreichen möchte. Mit anderen Worten: Sie muß gedanklich gut organisiert sein. In diesem Sinn *sind Sie das, was Sie behalten*.

Obwohl ich all diejenigen Firmenchefs beneide, die eine vollkommen papierlose Existenz führen, behalte ich etwa zehn Prozent der Unterlagen, die an mich gerichtet sind. (Das bedeutet natürlich auch, daß ich 90 Prozent der Unterlagen weitergebe, was ich als einen gesunden Anteil betrachte.) Ich kann das guten Gewissens tun, weil ich vor Jahren analysiert habe, wie ich arbeite und wie unsere Firma funktioniert. Ich kam zur Schlußfolgerung, daß die Unterlagen, die es wert sind, behalten zu werden, in drei Kategorien fallen:

1. *Dokumente, in denen einer unserer Manager ein Versprechen macht.* Wenn mir ein Manager in einem Memo schreibt: »Mark, ich habe eine Idee. Sie wird das Unternehmen im ersten Jahr X Dollar kosten. Ich garantiere, daß der Aufwand sich aber im dritten Jahr um ein Fünffaches auszahlen wird ...«, dann stecke ich dieses Memo in die Akte des Managers. Ich habe die Erfahrung gemacht, daß die Menschen ein sehr kurzes Gedächtnis haben, wenn es um die Einhaltung von Versprechen geht. Derartige Memos aufzube-

wahren, gehört deshalb zu den wirkungsvollsten Führungsinstrumenten, die mir zur Verfügung stehen. Wenn sich nach zwei oder drei Jahren herausstellt, daß die Idee ein Fehlschlag war oder die Gewinne enttäuschend niedrig bleiben, kann ich das Memo herausziehen und fragen: »Was ist daraus geworden?« Es ist gut, seinen Mitarbeitern demonstrieren zu können, daß sie ihre Versprechen vielleicht vergessen, ich jedoch nicht.

2. *Dokumente, die auf einen potentiellen oder schon ausgebrochenen Konflikt zwischen Beschäftigten oder Abteilungen hinweisen.* In der Regel brauche ich diese Unterlagen nicht allzu lange zu behalten – weil ich versuche, den Konflikt schnell zu lösen. Aber manchmal ist eine schnelle Lösung nicht angemessen. Dann behalte ich das Dokument und komme darauf zurück, wenn die Zeit reif ist.

3. *Dokumente, die sich auf ein Projekt oder eine Situation beziehen, in der es ungelöste Probleme gibt.* Wenn ein Fragezeichen über der im Memo beschriebenen Situation hängt, wäre es dumm, die Kontrolle zu früh aus der Hand zu geben. Dieses Stück Papier ist in der Regel mein einziger Beweis dafür, daß es irgendwo im Unternehmen ein Problem gibt und ich vielleicht einmal aktiv werden muß.

Ich bin mir nicht sicher, was dieses System über mich aussagt – außer daß ich von anderen die Einhaltung ihrer Versprechen erwarte, daß ich interne Konflikte verabscheue und daß ich mir Sorgen um ungelöste Probleme mache. Aber dieses System entspricht meinen Arbeitsgewohnheiten und gibt mir das Gefühl, daß ich die Unterlagen kontrolliere und nicht umgekehrt.

Im Zusammenhang mit der Theorie »Du bist, was du behältst« verstehe ich einfach nicht, warum so viele Manager sich nie die Zeit nehmen, alle paar Jahre einmal in Ruhe zu überlegen, wie sich ihre Verantwortungsbereiche und Arbeitsgewohnheiten verändert haben und ob sie ihren Umgang mit den Unterlagen entsprechend anpassen sollten. Beim Erklimmen der Karriereleiter vergessen sie ganz, die Mentalität des Nachwuchsmanagers aufzugeben, jedes Stück Papier zu behalten. Sie brüten weiter über jedem Dokument, während sie statt dessen viel mehr Unterlagen weitergeben müßten.

Wenn Sie dies in Ihrem Büro lesen, dann unterbrechen Sie Ihre Lektüre jetzt. Sehen Sie sich um. Was für ein Gefühl haben Sie, wenn Sie die Unterlagen sehen, die derzeit auf ihrem Schreibtisch liegen? Hat sich der Umfang der Unterlagen in den letzten zwei oder drei Jahren erhöht oder verringert? Haben Sie eine klare Vorstellung davon, welche Unterlagen Sie behalten müssen und welche nicht? Wenn nicht, wäre es nicht einmal an der Zeit, darüber nachzudenken?

McCormacks Regel der Sorgenkrämerei oder: Wann Sie sich keine Sorgen machen müssen

Ich bat einmal eine Mitarbeiterin, eines meiner Lieblingsprojekte im Auge zu behalten, während ich ins Ausland reiste. Ich wußte, daß der eigentliche Projektleiter viel zu tun hatte, und machte mir Sorgen, daß er meine Anweisungen nicht genau befolgen oder, noch schlimmer, vielleicht sogar vergessen würde.

Die Mitarbeiterin, die den Projektleiter gut kannte, sagte mir, daß meine Bedenken völlig überflüssig seien. Sie meinte: »Sie brauchen sich überhaupt keine Sorgen um dieses Projekt zu machen, weil er sich schon selbst genug macht. Sorgen Sie sich lieber um die Dinge, an die er nicht denkt.«

Ich fand, daß dies ein sehr vernünftiger Hinweis war. Er führte zur Entwicklung von McCormacks Regel der Sorgenkrämerei, die besagt: »Zwei Leute brauchen sich in einer Firma nicht um dieselbe Angelegenheit Sorgen zu machen. Einer reicht.«

Dies ist eine praktische Richtlinie für jeden Manager, der nicht genau weiß, um welche Angelegenheiten er sich selbst kümmern soll und welche er anderen überlassen kann. Wenn sich schon ein anderer Sorgen macht, sind Sie fein raus. Wenden Sie sich den Dingen zu, um die sich sonst keiner kümmert. In meinem Fall bedeutet das, ein einfacheres System zu finden, um Zeit zu sparen, geschickt zu delegieren und Streß zu reduzieren.

Natürlich ist es hilfreich, wenn man genau sagen kann, worum sich Ihre Kollegen und Kolleginnen schon kümmern und was sie links liegen lassen. Viele Menschen überschätzen ihre Einblicke in diesem Bereich.

Machen Sie einmal folgendes Experiment: Nehmen Sie sich einen Augenblick Zeit, um zu überlegen, was Ihrem engsten Kollegen bei der Arbeit wirklich wichtig ist. Dann schreiben Sie auf, welches Ihrer Meinung nach seine fünf wichtigsten beruflichen Prioritäten sind. Dann bitten Sie ihn, seine eigene Prioritätenliste zu schreiben. Ich würde mich sehr wundern, wenn beide Listen auch nur drei Punkte gemeinsam hätten. (Eine vielleicht noch erschreckendere Version dieses Experiments ist folgende: Listen Sie die fünf Punkte auf, von denen Sie glauben, daß jeder Ihrer Untergebenen daran arbeitet. Dann vergleichen Sie die Liste mit den Versionen Ihrer Untergebenen. Auch hier bezweifle ich, daß die Listen übereinstimmen.) Dieser Test zeigt, wie wenig wir darüber wissen, was wirklich in den Köpfen unserer Mitarbeiter und Kolleginnen vorgeht.

Ich habe diese Erfahrung vor einiger Zeit mit meiner Assistentin in London gemacht. Jeder Manager hat bestimmte Erwartungen an eine persönliche Assistentin, was Organisation, Durchhaltevermögen, Erledigung der Korrespondenz, Umgang mit Terminen, Aktenführung etc. angeht. Diese Assistentin hatte in all diesen Bereichen gute Fähigkeiten. Es dauerte Jahre, bis ich herausfand, was ihr den größten Spaß machte. Sie begeisterte sich nämlich für alles, was mit Reisen und Unterhaltung zu tun hatte. Sie liebte es, mit Hotels und Fluggesellschaften zu verhandeln und bessere Konditionen nicht nur für mich, sondern für das ganze Unternehmen herauszuschlagen. Sie organisierte mit Hingabe meine Geschäftsessen – dies ging so weit, daß sie mich im Juni fragte, welches Dessert ich am 8. Oktober für ein Essen mit acht Personen wünschte. Sie war in diesem Bereich auch deshalb so gut, weil es ihr Spaß machte.

Wenn ein Fremder sie fragen würde: »Was macht dieser McCormack den ganzen Tag?«, befürchte ich, daß sie hauptsächlich von den Essen in Restaurants, dem Aufenthalt in schönen Hotels und den zahlreichen Flügen erzählen würde. Auf die Treffen und Besprechungen mit den Klienten, die Weiterentwicklung des Unternehmens und die Aufgabe, das Geld für die stetig wachsenden Gehälter einzufahren, würde sie vermutlich ganz am Ende nebenbei noch hinweisen.

Unter ihrer Begeisterung für diese Dinge leiden unweigerlich andere Bereiche ihrer Arbeit. Aber ich habe gelernt, damit umzugehen. Ich mußte mir niemals Gedanken darüber machen, ob meine Reisen oder Geschäftsessen gut organisiert waren – weil ich wußte, daß sie auch die kompliziertesten Arrangements voll unter Kontrolle hatte. (Dadurch sparte ich viele Stunden Arbeit pro Monat.) Dafür machte ich mir eben mehr Gedanken um die Aufgaben, die sie nicht so spannend fand. Wie ich oben sagte: Zwei Menschen sollten sich in einem Unternehmen nicht um dieselbe Sache kümmern. Einer ist genug.

Damals habe ich gelernt, im Geiste eine Checkliste der Bereiche zu führen, für die sich die 30 oder 40 Manager und Managerinnen, mit denen ich regelmäßig zu tun habe, besonders begeistern. Das ist nicht viel Arbeit. Ich kenne Manager, die jedes Telefongespräch immer damit beginnen, daß sie über dasselbe Projekt Bericht erstatten. Man braucht kein Genie zu sein, um darauf zu kommen, daß dies das Thema ist, um das sie sich wirklich kümmern. Andere können kein Gespräch führen, ohne auf einen bestimmten Kunden oder ein bestimmtes Geschäft zu sprechen zu kommen. Auch hier ist leicht zu erkennen, was ihnen wichtig ist.

Mit diesem System spare ich viel Zeit, weil die Zahl der Bereiche drastisch reduziert wird, an die ich denken muß. Aber auch meine Mitarbeiter profitieren davon. Denn kaum etwas stört das Vertrauen nachhaltiger als ein Chef, der immer wieder bohrende Fragen stellt, die eigentlich überflüssig sind. Ich nerve also meine Leute wenigstens nicht aus dem falschen Grund.

Ich mache mir erst dann Sorgen um die Prioritäten der Führungskräfte, wenn sie den Prioritäten des Unternehmens widersprechen. So hatten wir einmal eine Gruppe von Managern, die mit einigem Recht stolz auf ein Sportmarketingkonzept war, das sie enwickelt hatte. Leider konnte sie ihre Euphorie oft nicht zügeln. Sie ließ jedes Gespräch nur um ihr Lieblingsprojekt kreisen. Sie stellte jedem Klienten sofort ihr Konzept vor, selbst wenn er an einer ganz anderen Dienstleistung unseres Unternehmens interessiert war.

Wenn die Begeisterung des Managers nicht mehr in das allgemeine Bild paßt, dann fange ich an, mir Sorgen zu machen – ganz alleine.

Kapitel 3

Wie verschafft man sich Autorität?

Der britische Militärhistoriker John Keegan glaubt, daß den großen Kriegsherren wie Alexander dem Großen und Ulysses S.
Grant fünf zentrale Führungsmerkmale gemeinsam sind:

- Sie zeigen ihren Truppen, daß sie eine wichtige Rolle spielen.
- Sie sagen ihren Truppen ganz genau, was sie von ihnen verlan-
  gen.
- Sie überzeugen ihre Truppen, daß sie für das Kämpfen belohnt
  und für das Nichtkämpfen bestraft werden.
- Sie wissen, wann sie angreifen müssen.
- Sie begeben sich in dieselben Gefahren wie ihre Soldaten.

Auch wenn ich Geschäftsleben und Kriegführung nicht gleichset-
zen will, kann meiner Meinung nach jeder Manager etwas von
Keegan lernen. Die oben genannten fünf Merkmale lassen sich fol-
gendermaßen auf das Geschäftsleben übertragen:

1. Überzeugen Sie Ihre Leute davon, daß sie eine wichtige Rolle spielen

Dies erreichen Sie eher durch Taten als durch Worte. Durch persönliche Gesten beweisen Sie Ihren Mitarbeitern, daß Sie Menschen und keine Umsatzmaschinen in ihnen sehen.

Beispielsweise könnten Sie einer fähigen Führungskraft einen Urlaub auf Firmenkosten ermöglichen. Sie könnten ihr auch anbieten, den Ehepartner oder die Ehepartnerin auf eine Geschäftsreise mitzunehmen, oder Ihre Ferienwohnung am Pazifik für ein Wochenende zur Verfügung stellen.

Auch durch unerschütterliche Loyalität demonstrieren Sie, wie viel Ihnen Ihre Mitarbeiter bedeuten – sogar wenn dies aus wirtschaftlicher Sicht nicht opportun scheint. Vor einigen Jahren mußte ein CEO, den ich persönlich kenne, in seinem Unternehmen Personal entlassen. Die vor Ehrgeiz glühenden Juniormanager seines Stabs drängten ihn dazu, sich mehrerer Führungskräfte zu entledigen, die schon 20 Jahre bei ihm arbeiteten. Ihre besten Jahre lagen hinter ihnen, argumentierten die Jungtürken, und das Geld für ihre Gehälter könnte man doch besser verwenden.

Der CEO wußte, daß sie wahrscheinlich sogar Recht hatten. Aber er brachte es einfach nicht über sich, Kollegen die Entlassungspapiere in die Hand zu drücken, die ihm so viele Jahre die Treue gehalten hatten. Er behielt sie und hatte bald auch die Krise überstanden, die die Entlassungen notwendig gemacht hatte.

Ich bin überzeugt davon, daß er durch dieses Verhalten in der Achtung seiner Nachwuchsriege gestiegen war, obwohl er ihrem Drängen nicht nachgegeben hatte.

2. Sagen Sie Ihren Leuten klar und deutlich, was Sie von ihnen verlangen

Ein Führer ist in der Lage, vor seinen Mitstreitern ein grobes Bild der Zukunft zu entwerfen und zu sagen: »Hier werden wir in fünf Jahren stehen.«

Ein effektiverer Führer geht auch auf die Einzelheiten ein. Schließlich haben es die Mitarbeiter im Alltag meistens mit den Details und nicht mit einer »Vision« zu tun.

So schlug ich vor einigen Jahren in unserer Golfdivision vor, einen relativ unbekannten Golfspieler namens Dave Martz unter Vertrag zu nehmen, und zwar in dem Jahr, in dem Martz *kein* wichtiges Turnier gewann. Seine Schläge waren sehr weit, aber auch sehr eigenwillig. Trotzdem glaubte ich, daß man ihm bei Firmenausflügen und anderen Anlässen gerne zusehen würde, wie er den Ball schlug.

Dieser Vorschlag stellte nur ein winziges Detail in der Gesamtarbeit unserer Golfdivision dar, aber die Tatsache, daß ich ihn überhaupt vorbrachte, demonstriert meiner Meinung nach besser als ein Dutzend Vorträge über Visionen, wie sehr mir die Division am Herzen liegt. Genau das will ich zeigen.

3. Machen Sie Ihren Leuten klar, daß sie für das Kämpfen belohnt und für das Nichtkämpfen bestraft werden

Im militärischen Leben bedeutet dies, Ehrungen und Auszeichnungen für außergewöhnliche Verdienste zu verleihen.

Im Unternehmensleben bedeutet es, Beförderungen auszusprechen und Anerkennungen in verschiedener Form zu verleihen (oder zu verweigern). Dabei muß das Gefühl vermittelt werden, daß dies nach nachvollziehbaren und gerechten Kriterien geschieht.

Die effektivsten Führungskräfte überraschen ihre Mitarbeiter nur selten mit Beförderungen oder Sanktionsmaßnahmen. Sie erinnern sie ständig daran, was sie von ihnen erwarten und wie gut ihre Leistungen sind. Nichts ist kontraproduktiver und gefühlloser, als einen Mitarbeiter gewähren zu lassen, der glaubt, daß er großartige Arbeit leistet, während Sie ihn insgeheim für einen hoffnungslosen Fall halten.

4. Lernen Sie, wann es Zeit ist anzugreifen

Im Geschäftsleben bedeutet dies, das richtige Timing zu finden: Wann schlagen Sie eine weiche oder eine harte Linie ein, wann preschen Sie nach vorne oder verhalten sich zurückhaltend, wann widmen Sie einer Angelegenheit Ihre volle Aufmerksamkeit und wann ist es besser abzuwarten?

Einen echten Führer erkennt man unzweifelhaft daran, daß er zum richtigen Zeitpunkt »Volle Kraft voraus!« sagt und dafür sorgt, daß sein Befehl auch befolgt wird.

Diese Fähigkeit gehört zu den Eigenschaften, die man bei Nachwuchskräften am einfachsten identifizieren kann. Wenige Dinge wecken meine Aufmerksamkeit so schnell wie ein eindrucksvolles Memo eines Juniormanagers, der uns drängt, an einer bestimmten Flanke sofort anzugreifen. Wenn wir zustimmen und den Kampf gewinnen, ist dieser Leutnant bald Hauptmann.

5. Begeben Sie sich gemeinsam mit Ihren Leuten in die Gefahr

In militärischer Hinsicht bedeutet dies, auf dem Schlachtfeld präsent zu sein. Im Geschäftsleben heißt es, durch das eigene Vorbild zu führen.

Ist Ihnen schon einmal aufgefallen, daß diejenigen Chefs, die am meisten respektiert werden, oft jede Arbeit im Unternehmen erledigen können, ob in der Lagerhalle oder in der Vorstandsetage, und auch keine Scheu haben, dies unter Beweis zu stellen? Sie finden nichts dabei, sich die Hände schmutzig zu machen, und bürden Risiken nicht nur anderen auf, sondern gehen sie auch selbst ein. Auf diesem Boden gedeiht ihre Autorität.

Eher aus Zufall nahm ich einmal in den Anfangsjahren von IMG einen unserer Manager in eine Besprechung mit der Simmons Mattress Co. mit, und ich verließ sie mit unserem ersten Beratervertrag in der Tasche.

Dieser Anschauungsunterricht – ich zeigte dem Mitarbeiter, daß man sehr wohl einfach in eine Besprechung gehen, ein Geschäft vorschlagen und mit einem Abschluß wieder gehen kann – hat sicherlich dazu beigetragen, daß dieser Manager seit damals so viele gute Geschäfte gemacht hat.

Wer klare Antworten will, muß klare Fragen stellen

Neulich stattete ich einem alten Freund einen Besuch in seinem Büro ab, um geschäftliche Angelegenheiten zu besprechen. Nach einer gewissen Zeit spürte ich, daß seine Aufmerksamkeit ohne ersichtlichen Grund nachließ und er immer verkrampfter wurde. Ich fragte ihn, ob alles in Ordnung sei.

Er erwiderte: »Gleich findet unsere monatliche Gruppenbesprechung mit dem CEO statt. Auch wenn ich noch so gut vorbereitet bin, verlaufen die Besprechungen in sehr angespannter Atmosphäre. Der CEO hat ein Talent dafür, wirklich harte Fragen zu stellen, die an der Grenze zum Sadismus sind.«

Neugierig geworden, erkundigte ich mich, warum seine Fragen so unangenehm seien.

Er antwortete: »Er findet in jedem Gedankengang auch noch die winzigste Unstimmigkeit, die er dann genüßlich zerpflückt. Und er formuliert Fragen, die mitten ins Schwarze treffen, auch wenn es unangenehm ist. Ich werde nie vergessen, wie ich mich einmal für die Beförderung eines jungen Mannes in meiner Abteilung einsetzte, der neun Jahre dieselbe Stelle besetzt hatte. Der CEO sagte zu mir: ›Neun Jahre sind eine lange Zeit. Sagen Sie mir eins: Wenn dieser Mann sich heute für seine derzeitige Position bewerben würde, würden Sie ihn dann sofort und bedenkenlos einstellen, nach allem, was Sie nun von ihm wissen? Oder würden Sie sich gerne noch andere Kandidaten und Kandidatinnen ansehen?‹ Ich muß gestehen, daß mich diese Frage überraschte. Bis dahin war ich noch nie auf die Idee gekommen, Beförderungen aus den eigenen Reihen in Zweifel zu ziehen. Außerdem war ich durch die Frage gezwungen, meine uneingeschränkte Unterstützung des jungen Mannes zu überdenken, und genau das erwartete der CEO vermutlich von mir.«

Ich verstehe, warum dieser CEO die Leute nervös macht. Er stellt Fragen, die klare Antworten verlangen. Das sind die schwierigsten Fragen – und die meisten Menschen sind es nicht gewohnt, sie zu hören.

Die meisten der angeblich so gnadenlosen Fragen, die man uns täglich stellt, lassen uns noch ein Hintertürchen offen, um uns unversehrt herauszuwinden. Selbst eine anscheinend direkte Offensive wie: »Warum haben Sie die Umsatzquoten für dieses Quartal nicht erfüllt?« läßt noch einen Fluchtweg offen. Sie könnten beispielsweise außerhalb Ihrer Kontrolle liegende Faktoren anführen, etwa einen Lkw-Fahrerstreik, der die Lieferung verzögerte. Sie könnten auch interne Probleme anführen und sich darauf berufen, daß die Marketingabteilung die notwendigen Daten und Unterlagen nicht geliefert hat. Sie könnten sich sogar auf die schwache Konjunktur berufen.

Ein unbarmherziger Chef könnte dann noch stärkere Geschütze auffahren und fragen: »Warum haben Sie diesen Streik nicht vorausgeahnt? Warum haben Sie mir nicht gesagt, daß es in der Marketingabteilung Probleme gibt?« Aber meiner Erfahrung nach gehen Vorgesetzte nur selten so weit. Derartige Fragen zu stellen ist grob und aufdringlich. Es klingt zu sehr nach Verhör. Letztlich würden Sie Ihre Mitarbeiter dazu zwingen, in aller Öffentlichkeit zuzugeben, daß sie eine Sache vermasselt haben – was zwar jeder im Raum insgeheim schon längst weiß, aber taktvollerweise nicht ausspricht.

Das Interessante am oben genannten Beispiel ist, wie der CEO meines Freundes es schafft, unbarmherzige Fragen zu stellen und keine Ausreden zu dulden, ohne gefühllos oder streitsüchtig zu wirken.

Ich bin weder Linguist noch Rhetorikprofessor, doch mir scheint, daß ein Chef, der fragt, warum jemand etwas nicht getan hat, eigentlich sagt: »Sie haben etwas falsch gemacht!« oder »Sie haben Mist gebaut!« Meiner Erfahrung nach führen diese beschuldigenden Fragen selten zu produktiven Antworten.

Aber die Frage des Chefs im oben genannten Beispiel war ganz anders formuliert, denn sie lautete: »Würden Sie diesen Mann heute noch einmal einstellen?« Er unterstellt eine hypothetische Situation und entfernt die Diskussion damit ein wenig von der Realität. Dadurch nimmt er der Frage ihren akut bedrohlichen Aspekt und sie lautet nicht mehr wie ein Vorwurf. Er fragt nicht:

»Warum haben Sie ...?«, sondern: »Würden Sie ...?« Das ist ein feiner Unterschied, der bewirkt, daß sein Mitarbeiter sich bereitwilliger öffnet.

Durch die Formulierung der Frage zwingt der CEO seinen Gesprächspartner auch, eine klare Antwort in Form eines Ja oder Nein zu geben und entsprechende Konsequenzen zu ziehen. Mit den meisten Fragen, die in solchen Fällen gestellt werden, wird genau dies nicht erreicht.

Bezeichnenderweise eröffnen gerade die so hart klingenden Fragen, mit denen eigentlich ein Vorwurf ausgesprochen wird, den Mitarbeitern den bequemsten Fluchtweg. Wenn jemand fragt: »Warum haben Sie dies oder jenes nicht getan?«, dann brauchen Sie nur zu antworten: »Ich habe die Sache verbockt. Es wird nicht wieder vorkommen.« Das ist aber keine sehr produktive Antwort. Es ist lediglich ein Schuldbekenntnis – Sie geben eine Schuld zu und werden in der Regel nicht einmal dafür bestraft.

Die wirklich harten Fragen dagegen zwingen Sie dazu, Position zu beziehen. Deshalb fühlen sich die Mitarbeiter in der Gegenwart des obengenannten CEO so befangen. Er zwingt sie ständig dazu, Position zu beziehen – und vielen Menschen ist das sehr unangenehm.

Sobald Sie die Vorteile eines solchen Fragestils erkannt haben, werden Sie ihn in vielen Führungssituationen anwenden. Ich selbst habe eine Abwandlung davon für die Besprechungen mit unseren Managern entwickelt. Wenn sie über einen neuen Abschluß berichten, frage ich sie manchmal, was einer unserer Konkurrenten wohl aus derselben Situation herausgeholt hätte. Das ist keine Konfrontation. Ich beschuldige meine Leute nicht, daß sie Geld auf dem Tisch liegen ließen. Ich zwinge sie mit meiner Frage lediglich dazu, darüber nachzudenken, ob sie wirklich alles getan haben, um die Chance optimal zu nutzen.

Eine weitere Abwandlung ist die folgende: In unseren Strategie-Meetings frage ich die Anwesenden manchmal: »Vor welchem möglichen Schritt der Konkurrenz fürchten Sie sich am meisten?« Diese hypothetische Frage bedroht die Manager nicht, zwingt sie aber dazu, offensiver zu denken. Eine offene Diskussion darüber,

was unsere Rivalen tun könnten, führt zwangsläufig zur Frage:
»Warum tun wir es nicht selbst?«

Dieselben Fragetechniken können auch im Zusammenhang mit
bestehenden oder potentiellen Klienten angewandt werden. Da ich
weiß, wie leicht sich Selbstgefälligkeit in lange bestehende Beziehungen einschleichen kann, setze ich manchmal Gespräche mit
Klienten an, nur um die folgende Frage zu stellen: »Was müßten
unsere Konkurrenten tun, um Sie für sich zu gewinnen?« Ich stelle
diese Frage nicht, weil ich Angst habe, daß der Klient unser Boot
verläßt. Aber es ist durchaus von Vorteil, ihn regelmäßig wissen zu
lassen, daß man ihn nicht für selbstverständlich nimmt. Natürlich
können Sie der Antwort auch viele wertvolle Hinweise darauf ent-
nehmen, was Sie tatsächlich tun müssen, damit er bei Ihnen bleibt.

Wie informiert müssen Mitarbeiter sein?

Langfristig zahlt es sich immer aus, mit Mitarbeitern so offen wie
möglich umzugehen. Das Problem besteht jedoch darin, zu wissen, welches Maß an Offenheit nun angemessen ist. Gewähren Sie
jedem Einblick in Ihre Bücher? Teilen Sie Ihre sensiblen finanziellen Daten nur einigen ausgewählten Mitarbeitern mit? Geben Sie
die Informationen in offiziellen Meetings, in Memos oder in priva-
ten Gesprächen preis?

Es gibt keine Methode, die die einzig richtige wäre, um Informationen an Beschäftigte weiterzugeben. Sie können dies grundsätzlich in jedem Forum tun – und sollten es auch. Es kommt nur
darauf an, Ihren Mitarbeitern glaubhaft zu machen, daß Sie größt-
mögliche Offenheit walten lassen, ohne dem Geschäft zu schaden
oder sich vor der Konkurrenz eine Blöße zu geben.

Ich selbst lasse mich bei der Entscheidung, wem ich welche
Informationen mitteile, hauptsächlich von einem Faktor leiten,
nämlich von der Unternehmenshierarchie.

Auf den untersten Unternehmensebenen gebe ich Informationen von untergeordneter Bedeutung weiter. Je höher die Ebenen

angesiedelt sind, desto spezifischer und aussagekräftiger sind die Informationen, die ich mitteile.

So sollten Sie einer neu eingestellten Sekretärin sicherlich sagen: »Dieses Jahr wird nicht so gut wie das Jahr 1991 sein.« Zum einen ist das keine vertrauliche Information, und zum anderen sollte eine Sekretärin eine allgemeine Vorstellung davon haben, wie das Unternehmen sich auf dem Markt behauptet.

Auf der nächsthöheren Ebene sitzt der Chef der Sekretärin, der in derselben Abteilung arbeitet. Auf dieser Ebene teilen Sie allgemeine Informationen über das Unternehmen sowie Details über die jeweilige Abteilung mit: »Die Abteilung ist 1994 um 22 Prozent gewachsen, wird 1995 aber nur noch 8 Prozent zulegen. Die Ausgaben sind 1995 um 22 Prozent gestiegen, verglichen mit 10 Prozent im vergangenen Jahr.« Auf der nächsthöheren Ebene der Abteilungsleiter wiederum geben sie noch detailliertere und gezieltere Informationen weiter. Sie legen nicht nur alle Daten über den Leistungsstand der Abteilung offen, sondern stellen diese Zahlen auch in einen umfassenderen Kontext, bewerten sie und vergleichen sie mit denen anderer Abteilungen. Sie reden nicht nur über die nackten Zahlen (»Die Gewinne der Abteilung sind von 900 000 $ auf 1,1 Millionen $ gestiegen, aber gleichzeitig sind die Ausgaben von 870 000 $ auf 1,35 Millionen $ geklettert …«), sondern sprechen auch darüber, warum die Ausgaben so hoch waren (»Wir haben ein neues Büro eröffnet, zwei neue Manager eingestellt …«).

Die Vorgesetzten der Abteilungsleiter wiederum erhalten noch mehr Informationen. Je höher die Hierarchieebene ist, desto spezifischere Informationen werden weitergegeben. Diese sagen nicht nur etwas über den jeweiligen Bereich, sondern auch über die gesamte Unternehmensentwicklung aus.

Dieses Hierarchieprinzip ist eigentlich völlig ausreichend, um zu beurteilen, welche Informationen an wen weitergegeben werden sollen.

Je isolierter ein einzelner in einem Unternehmensbereich arbeitet, desto wichtiger ist es für ihn, Zugang zu allen Daten zu haben, die für ihn von Bedeutung sind. Aber das heißt nicht, daß er alle Informationen erhalten muß, die auch die anderen bekommen.

Jeder, der in unserem Unternehmen mit Golfveranstaltungen in Europa zu tun hat, muß genauestens über sämtliche finanziellen und rechtlichen Aspekte in diesem Zusammenhang informiert werden. Außerdem muß er einen groben Überblick darüber haben, wie sich unser Unternehmen gerade entwickelt. Es ist jedoch unnötig, daß er auch die entsprechenden Daten für die Tennis- oder Pferdesportveranstaltungen kennt, weil diese Informationen keinerlei Auswirkungen auf seine Arbeit, seine Leistung oder seine Karriere haben. Es ist in seinem Interesse, mit all diesen Daten so lange nicht überschüttet zu werden, bis seine Vorgesetzten der Ansicht sind, daß er sie aus bestimmten Gründen kennen muß.

Ich vermute, daß meine Methode nicht überall auf Zustimmung stößt. Aber man muß auch bedenken, daß ich ein Privatunternehmen führe, das mit den finanziellen, rechtlichen und persönlichen Angelegenheiten vieler bekannter Persönlichkeiten betraut wurde. Mein schlimmster Alptraum ist es, vertrauliche Informationen gegen den Wunsch der Klienten in der Öffentlichkeit wiederzufinden, nur weil ich meinen Beschäftigten zu viele Informationen gegeben habe.

Der Revolver auf der Brust

Vor kurzem beklagte einer unserer Manager in einem Meeting, daß es ihm nie gelinge, andere Unternehmensangehörige für die Projekte seiner Gruppe zu begeistern. Er habe das Gefühl, immer nur am Rand zu stehen, während viele seiner Kollegen von unserer Tradition der Zusammenarbeit und Teamarbeit profitierten.

Ich konnte ihn gut verstehen. Zu den besorgniserregenderen Erscheinungen in unserem Unternehmen gehört es, daß unsere Manager sich nur dann zu Heldentaten aufschwingen, wenn das Geld des Unternehmens auf dem Spiel steht.

Ich stellte dies vor einigen Jahren fest, als wir das Marketing für die Profitennistour der Herren übernahmen. Wir hatten der Association of Tennis Professionals (ATP), die die Tour leitete, über 50 Millionen Dollar dafür garantiert. Es war ganz erstaunlich, wie dieses Millionengeschäft die Beschäftigten in allen Winkeln des Unternehmens motivierte, nicht nur in der Tennisdivision. Wenn wir uns nicht allerhand einfallen ließen und jede Chance zur Kommerzialisierung nutzten, die mit dem Herrentennis verknüpft war – nicht nur die offensichtlichen Geschäfte wie Fernsehübertragungsrechte und Tour-Sponsorenschaften –, dann könnten wir unsere Zusage nicht einhalten. Dies wiederum würde sich negativ auf die Ertragslage des Unternehmens und damit auf die Bezahlung der Beschäftigten auswirken.

Die gute Nachricht ist die, daß unsere Mitarbeiter über sich selbst hinauswuchsen. Wir deckten unsere Kosten und schrieben am Ende schwarze Zahlen.

Die schlechte Nachricht – zumindest aus meiner Sicht als Manager – ist die, daß ich meinen Mitarbeitern manchmal die Pistole auf die Brust halten muß, um sie zu motivieren. Wie ich schon sagte, halte ich dies für ein besorgniserregendes Phänomen. Und sicherlich tritt es nicht nur in unserem Unternehmen auf.

Wenn ein Restaurantbesitzer beschließt, 250000 Dollar in die Vergrößerung seines Lokals zu investieren, dann dürfte es jedem Mitglied des Personals klar sein, daß man mehr Gäste braucht, die sich an die zusätzlichen Tische setzen. Wenn diese nicht kommen, müssen sie beispielsweise mit Abstrichen bei ihrem Weihnachtsgeld rechnen. Also bemüht sich jeder, vom Küchenchef bis zu den Kellnerlehrlingen, darum, noch freundlicher zu den Gästen zu sein. Eigentlich sollten sie diese zusätzliche Anstrengung von alleine unternehmen, aber sie tun es in der Regel nur dann, wenn sie bemerken, daß der Umsatz und damit letztlich ihr Verdienst auf dem Spiel steht.

Gleichgültigkeit und Trägheit sind nicht die einzigen Gründe, warum man Mitarbeitern manchmal die Pistole auf die Brust setzen muß, um sie zu motivieren. In unserem Unternehmen liegt es in der Regel daran, daß die Beschäftigten und die Projekte auf so viele Bereiche verteilt sind. So treffen sich beispielsweise einige Führungskräfte in einem Gespräch mit einem Klienten und unterbreiten ihm ein Dutzend neuer Ideen, wie sie für ihn Geschäfte machen könnten. Alle gehen wieder auseinander. Dann passiert nichts – weil erstens kein einzelner für den Erfolg dieser Versuchsballons verantwortlich ist und weil zweitens das Unternehmen nichts verliert, wenn die Ideen nicht aufgegriffen und umgesetzt werden. Sie bringen das zusätzliche, sogenannte »Nice-to-have«-Einkommen, das zum Wachstum eines Unternehmens beiträgt. Wenn der Klient nicht sofort in der ersten Besprechung auf eine dieser Ideen reagiert, dann fühlen sich unsere Mitarbeiter nicht veranlaßt, nachzufassen und es weiter zu versuchen. Sie haben genug laufende Projekte, die ihre Aufmerksamkeit beanspruchen. Aber in dem Augenblick, in dem das Topmanagement sagt: »Hört zu, bei diesem Geschäft steht eine Menge Geld auf dem Spiel«, und die Leute das Gefühl haben, daß es auch um ihr Geld geht, dann sind alle plötzlich hellwach.

Leider kann man nicht für jede Idee die große Werbetrommel rühren. Es nützt auch nichts, wenn Sie ständig mahnen, daß alle Aufgaben gleich wichtig sind. Zum einen gibt es eben Dinge, die keine Priorität haben, zum anderen hören die Beschäftigten nach einer gewissen Zeit gar nicht mehr hin. Effektive Manager müßen deshalb subtilere Methoden finden, um ihre Leute auf Trab zu halten. Sie wissen, daß sie irgendwann auch einmal abdrücken müssen, wenn sie ihren Beschäftigten ständig die Pistole auf die Brust setzen. Deshalb werden im folgenden vier schonendere Methoden beschrieben, um dasselbe Ergebnis zu erzielen.

1. Suchen Sie ein »Mantra« für Ihr Unternehmen

Schon bald nach seinem Amtsantritt als Chairman von General Electric präsentierte Jack Welch das vielleicht effektivste (und zitierbarste) Management-Mantra, das es je gab. Er erklärte nämlich, daß General Electric *jedes Geschäftsfeld abstoßen oder aufgeben würde, in dem General Electric nicht Marktführer oder zumindest die Nummer zwei sein könnte.* Wenn die Manager von General Electric sich jemals der Vorstellung hingaben, für unrentable Geschäftsfelder im Lauf der Zeit noch Nischen zu finden, dann setzte Welch diesen Träumen ein jähes Ende. Er drückte glasklar aus, was jeder Führer im Grunde seines Herzens weiß: Es ist schwierig, Geld zu verdienen, wenn man nur als dritter, vierter oder fünfter im Rennen ist.

Das Unternehmens-Mantra von General Electric läßt sich vielleicht nicht auf jede Branche anwenden. Aber ich kann mir keine bessere Methode vorstellen, um die Beschäftigten dazu zu bewegen, sich auf die wirklich wichtigen Dinge zu konzentrieren.

2. Zeigen Sie, daß Chancen schnell vorbeigehen

In unserer Branche sind die Geschäftschancen von atemberaubend kurzer Dauer. Wenn ein Tennisspieler beispielsweise ein Grand-Slam-Turnier gewinnt, steht uns nur ein begrenzter Zeitraum zur Verfügung, um aus diesem Erfolg Kapital zu schlagen. Schon in der nächsten Woche, im nächsten Monat oder im nächsten Jahr vollbringt vielleicht ein anderer Sportler eine noch spektakulärere Leistung, und unser Klient wird uninteressant. Es ist ein sehr unbeständiges Geschäft. Man sollte meinen, daß unsere Mitarbeiter sich dessen bewußt sind. Trotzdem muß ich sie ständig daran erinnern, sich bietende Chancen sofort beim Schopf zu ergreifen.

Natürlich wissen sie, daß es viel einfacher ist, »heiße« Klienten zu vermarkten. Aber manchmal vergessen sie auch, wie schnell sie wieder abkühlen. Sie tun so, als würden sie für alle Ewigkeit ganz oben bleiben. Dies ist einer der Gründe dafür, warum ich für jeden Marketingblitzkrieg, den wir für einen Klienten führen, eine klare Frist setze. Ein aufsteigender Star, der im Juli Wimbledon-Sieger war, ist besser zu vermarkten als derselbe Star, der im September die US Open verloren hat. In den beiden dazwischenliegenden Monaten müssen wir all unsere Kräfte mobilisieren, um unsere Geschäfte abzuschließen.

Machen Sie Ihren Mitarbeitern also klar, daß Chancen so schnell verfliegen können, wie sie gekommen sind.

3. Bilden Sie Teams, keine Ausschüsse

Nicht jeder verdoppelt seine Anstrengungen, wenn Sie negative Konsequenzen aufzeigen, Vorträge über Motivation halten oder Fristen setzen. Aber jeder bemerkt es, wenn Sie Personal in ein Projekt abkommandieren, in dem Hilfe benötigt wird. Mitarbeiter von ihrem gewohnten Arbeitsplatz wegzuholen und einem Team zuzuweisen erhöht mit einem Schlag die Dringlichkeit einer Situation. Immerhin investieren Sie damit Ressourcen des Unternehmens – und erwarten folglich, daß die Investition sich auszahlt. Wenn Sie bei der Auswahl der Teammitglieder geschickt vorgehen und Rang und Position berücksichtigen, dann ist die Investition nicht sehr riskant.

Vor einigen Jahren mußte ich der Tatsache ins Auge sehen, daß der veraltete Zustand unserer Buchhaltung in Cleveland krisenhafte Ausmaße angenommen hatte. Ich hätte unsere Buchhaltungsabteilung das Problem lösen lassen können. Ich hätte ihnen dazu sogar eine Frist setzen können. Aber dies war eine Krise, kein Problem. Und ich wollte, daß jeder dies bemerkte. Also bildete ich ein Team, in das ich obere und mittlere Manager aus anderen Teilen des Unternehmens berief. Ich bat sie ausdrücklich darum, ihre aktuellen Projekte zunächst einmal liegen zu lassen. Dies war kein Ausschuß, der sich einmal im Monat traf. Es war ein Sonderkommando, das sich einer einzigen Aufgabe widmete. Einer der Manager wurde für die Dauer des Projekts sogar von London nach Cleveland geschickt. Vermutlich wurde die Dringlichkeit der Krise schon alleine dadurch unterstrichen, daß ich einige Topmanager darum bat, alles stehen und liegen zu lassen und nach Cleveland zu kommen. Wahrscheinlich trug dies aber auch entscheidend dazu bei, daß das Team uns schnell wieder auf den richtigen Weg brachte.

4. Geben Sie ein »unmögliches« Ziel vor

Man kann sich kaum vorstellen, daß es einmal eine Zeit gab, in der noch kein Unternehmen namens Federal Express existierte, das versprach, ein Paket über Nacht bis 10.30 Uhr am folgenden Vormittag zuzustellen. Aber die Lieferung über Nacht ist eine Leistungsvorgabe, die einmal als »unmöglich« galt und bald zum Standard gehören wird.

Rubbermaid hat sich intern das Ziel gesetzt, jeden Tag ein neues Produkt zu entwickeln. Das sind jährlich 365 neue Produkte in der angeblich profanen Welt der Haushaltswaren. Diese Leistungsvorgabe dürften andere Firmen kaum erreichen können, weil nur wenige sich die Mühe machen, derartige Ziele zu setzen. Aber die Beschäftigten von Rubbermaid haben die Vorgabe bisher noch jedes Jahr erreicht.

Ich verstehe nicht, warum das viele Leute überrascht. Wenn die Stabsmanager ein Wachstum von 5 Prozent prognostizieren, wird selbst der fairste, nachgiebigste CEO diese Zahl automatisch verdoppeln und 10 Prozent verlangen. Der CEO weiß, daß seine Leute die Meßlatte in einer Höhe ansetzen, die sie mit Sicherheit bewältigen. Es ist seine Aufgabe, sie dazu zu motivieren, noch etwas höher zu springen.

Das ist das Schöne an den sogenannten unmöglichen Zielen: Sie brauchen niemandem die Pistole auf die Brust zu setzen. Setzen Sie die Meßlatte einfach ein wenig höher, und Ihre besten Leute werden die Chance beim Schopf ergreifen, um ihre Fähigkeiten unter Beweis zu stellen.

Das Syndrom »Für mich ist es schlimmer als für dich«

Unlängst erkundigte ich mich bei einem langjährigen Freund nach dessen Tochter, die das College abgeschlossen hatte. Der Vater erklärte, daß sie eine sehr gute Stelle ergattern konnte, aber enorme Probleme mit ihrem Chef habe.

Diese Information hatte für mich keine besondere Bedeutung, bis ich einige Tage später dieselbe Unterhaltung mit einem anderen Ehepaar führte. Ihr Sohn (der ebenfalls unlängst das College abgeschlossen hatte) hatte ebenfalls einen Traumjob gefunden, der sich

aber wegen der Art und Weise, wie sein Chef ihn behandelte, allmählich in einen Alptraum verwandelte.

Ich hätte eigentlich nicht überrascht sein sollen. Ich war immer
der Ansicht, daß einer der schwierigsten Übergänge im Leben am
Anfang der beruflichen Laufbahn liegt, wenn ein junger Mensch
gerade seine Ausbildung abgeschlossen hat und bereit ist, die Welt
zu erobern. Das Problem sind weder seine Jugend noch seine
Unerfahrenheit noch sein Ehrgeiz. Das große Problem sind die
Autoritätsfiguren. Der Umgang mit Autoritätspersonen (also
Chefs) gehört zu den vielen Dingen, die man an der Harvard Busi-
ness School (oder jeder anderen Institution der weiterführenden
Bildung) nicht lernt. Aber man sollte es dort lernen können.

Es ist nicht schwierig zu erkennen, warum diese zwei klugen
jungen Leute (und viele andere) Probleme mit ihren neuen Chefs
hatten. Der Grund liegt in ihren bisherigen Erfahrungen mit Autoritätspersonen. In den ersten beiden Jahrzehnten ihres Lebens
hatte jede Autoritätsperson nur ihr Bestes im Sinn.

Ein Spaßvogel redete einmal vom »Für-mich-ist-es-schlimmer-
als-für-dich«-Syndrom. Diesen Satz verwenden Eltern, wenn sie
ihr Kind wegen einer unverzeihlichen Nachlässigkeit oder wegen
Ungehorsams bestrafen. Sie bestrafen das Kind nicht deshalb, weil
es ihnen Spaß macht, sondern damit es den Fehler nicht wiederholt. Sie ermöglichen ihm eine Lernerfahrung.

Junge Menschen machen diese Erfahrung mit praktisch jeder
Autoritätsperson, von der Kindergärtnerin bis zum Unidozenten.

Ein Lehrer, der weiß, daß ein Schüler unterhalb seiner Möglichkeiten bleibt, sagt zu ihm: »Ich gebe dir äußerst ungern eine
schlechte Note, aber das ist die einzige Möglichkeit, dir klar zu
machen, daß du nicht so schlampig arbeiten sollst.«

Ein Coach stellt seine Tätigkeit für einen Spitzensportler ein,
wenn er nicht mehr genug trainiert. Dies tut dem Coach wie dem
Team weh, aber das zugrundeliegende Ziel lautet, dem Sportler
eine Lektion über Disziplin zu erteilen.

All diese Autoritätspersonen – Eltern, Lehrer, Coach – haben
nur die besten Interessen des jungen Menschen im Sinn.

All das ändert sich, wenn die jungen Menschen ins Berufsleben eintreten. Plötzlich arbeiten sie für einen Vorgesetzten, der nicht unbedingt nur ihr Bestes will. Die neue Autoritätsperson in ihrem Leben ist vor allem sich selbst der Nächste.

Dies bedeutet für viele junge Menschen eine dramatische Veränderung, vor allem dann, wenn sie sich der Tatsache gar nicht bewußt sind, daß sie sich in einem Übergangsstadium befinden. Wenn sie von ihrem Chef kritisiert oder bestraft werden, versetzt ihnen dies einen Stich, denn der Satz »Für mich ist es schlimmer als für dich« trifft auf ihn nicht zu. Die bittere Wahrheit ist die, daß es ihm rein gar nichts ausmacht!

Berufseinsteiger, die frisch von der Universität kommen, sind nicht die einzigen, die ein solch unsanftes Erwachen erleben. Dieselbe Erfahrung machen auch viele alte Hasen bei einem Stellenwechsel. Wenn sie ein paternalistisches Unternehmen verlassen, in dem jeder als »Familienmitglied« behandelt wurde, und in einer Firma anfangen, in der jeder ein erbarmungsloser Einzelkämpfer ist, könnten sie Probleme mit den neuen Vorgesetzten bekommen.

Auch im Hinblick auf die Führungsarbeit liegt hier eine Ironie. Das derzeit so gerne verbreitete Evangelium vom »Lean and Mean Management« fördert eine Unternehmenskultur, in der die Manager zuallererst ihre eigenen Interessen schützen. Wenn man ihnen täglich einhämmert: »Unrentable Bereiche müssen abgestoßen werden«, »Produzieren oder Untergehen« und »Was haben Sie eigentlich in letzter Zeit für mich getan?«, braucht man sich nicht zu wundern, wenn Vorgesetzte weniger einfühlsam und fürsorglich als Eltern, Lehrer und Coaches sind.

Aber hier liegt auch die Krux: Auch wenn den meisten Vorgesetzten infolge der stärkeren wirtschaftlichen Zwänge das eigene Hemd am nächsten ist, glaube ich immer noch fest daran, daß sie sich trotzdem die Eltern, Lehrer und Trainer zum Vorbild nehmen sollten. Denn langfristig hat ein Unternehmen, dessen Autoritätsfiguren die besten Interessen der Mitarbeiter verfolgen, die höheren Überlebenschancen.

Es ist natürlich leicht, derartige ehrenwerte Gedanken in Sonntagsreden zu verbreiten. Es ist schwieriger, danach zu handeln. Nehmen wir an, daß ich einen Mitarbeiter befördere, weil er einen großen Klienten an Land ziehen konnte. Ich gewähre ihm eine großzügige Gehaltserhöhung und statte ihn mit einem schönen Titel aus, der dem Umsatz angemessen ist, den er in unsere Schatzkisten bringen wird. Nehmen wir weiterhin an, daß er den Klienten ein Jahr nach der Beförderung wieder verliert. Als Manager habe ich nun zwei Möglichkeiten: Ich kann mich strikt auf die Wahrung meiner eigenen Interessen und der Interessen des Unternehmens konzentrieren. Der Mitarbeiter hat versagt. Also bestrafe ich ihn, indem ich sein Gehalt kürze, seinen schönen Titel einem anderen gebe und ihm, falls er noch weitere Klienten verliert, kündige. Aus rein wirtschaftlicher Hinsicht wäre dies die richtige Vorgehensweise. Sie ist hart, aber sinnvoll. Niemand könnte mir daraus einen Vorwurf machen.

Ich könnte aber auch über seine Interessen nachdenken. Dann würde ich sehen, daß er am Boden zerstört ist und eine schwierige Zeit durchmacht. Wenn ich ihn menschlich behandle und in schwierigen Zeiten unterstütze, und wenn sich dies unter den Beschäftigten herumspricht, dann habe ich zur Schaffung eines Familiengefühls im Unternehmen beigetragen. Die Beschäftigten gewinnen ein Gefühl der Sicherheit. Ich verhalte mich eher wie ein Elternteil und weniger wie ein Vorgesetzter. Möglicherweise kostet es das Unternehmen kurzfristig Geld, diesen Mitarbeiter so lange mitzutragen, bis er wieder in Topform ist, aber ich lasse mich nicht davon abbringen, daß dies die richtige Vorgehensweise ist.

Die Gefahren des Delegierens

Es ist eine allgemein verbreitete Weisheit, daß eine effektive, gut organisierte Führungskraft weiß, wie sie Aufgaben an Mitarbeiter delegiert. Die Gleichung ist einfach: Je mehr man delegiert, desto mehr kann man erledigen. Das Delegieren läßt Sie nicht nur in den Augen Ihrer Untergebenen mächtiger und in den Augen Ihrer Vorgesetzten produktiver erscheinen, sondern es hat auch eine befreiende Wirkung. Während die mühsamen und zeitraubenden Aufgaben von Ihren Mitarbeitern erledigt werden, können Sie sich mit ganzer Kraft der Suche nach neuen Herausforderungen und Chancen widmen.

Gegen diese Argumentation läßt sich kaum etwas einwenden. Ich selbst delegiere sehr viel. Ich lege keinen Wert auf die Selbstbestätigung, die man erhält, wenn man alles selbst erledigt und sich dann brüstet: »Ich habe dies getan« und »Ich habe jenes getan«. Ich bin viel zufriedener, wenn ich sagen kann: »Ich habe jemanden damit beauftragt«. Am allerliebsten wäre es mir, wenn ich jede Anfrage, jedes Memo und jede Routineaufgabe delegieren könnte, damit ich mich voll und ganz der Beschäftigung mit neuen Geschäftsideen, der Kontaktpflege mit Geschäftspartnern und der Kundenakquisition widmen könnte. Aber leider bin ich von diesem Idealzustand weit entfernt – weil in den meisten Unternehmen Kräfte im Spiel sind, die das Delegieren riskant oder frustrierend machen.

1. Achtung Subunternehmer

Die unangenehmste Erfahrung, die man beim Delegieren machen kann, ist die, daß eine Aufgabe weiterdelegiert wird. Die von Ihnen mit einer Aufgabe betrauten Mitarbeiter ziehen sich also mit »Subunternehmern« aus der Affäre.

Dabei passiert ungefähr dasselbe wie beim Bau eines Hauses. Wenn Sie nichts vom Handwerk eines Zimmermanns, Maurers, Elektrikers oder Klempners verstehen, dann bauen Sie Ihr Haus auch nicht selbst. Statt dessen beauftragen Sie einen Bauunternehmer, der wiederum Subunternehmen beauftragt, die auf die entsprechenden Gewerke spezialisiert sind. Zu den wichtigsten Kriterien für die Auswahl des Bauunternehmers gehört es, daß er mit guten Subunternehmern zusammenarbeitet und in der Lage ist, sie so zu überwachen, daß sie gute Arbeit leisten, das Budget nicht überschreiten und die Termine einhalten. Mit diesem Vorgang ist ein gewisses Risiko verknüpft, weil Sie dem Bauunternehmer bei der Wahl der Subunternehmer vertrauen müssen.

Aber in einem Büro gibt es einen wesentlichen Unterschied. Wenn Sie ein Haus bauen, dann erwarten Sie von vornherein, daß der Bauunternehmer den größten Teil der Arbeit delegiert. Wenn Sie eine Aufgabe an einen Mitarbeiter delegieren, dann erwarten Sie eigentlich nicht, daß er einen »Subunternehmer« beauftragt. Im Zweifelsfall erfahren Sie es nicht einmal. Ich finde das frustrierend und kontraproduktiv.

Vor kurzem bat ich einen Manager in unserer Golfdivision darum, herauszufinden, welche Einnahmen wir für die Herausgabe eines Golflehrbuchs, das einer unserer Klienten geschrieben hatte, in Frankreich, Deutschland und Skandinavien erwarten konnten. Wir beschäftigen zwar auch Fachleute, die auf Golfliteratur spezialisiert sind und den internationalen Markt für solche Bücher kennen. Aber ich betraute gerade diesen Manager mit der Aufgabe, weil ich erstens wußte, daß der Golfliteraturexperte gerade wenig Zeit hatte, und weil ich zweitens – im Rahmen meiner ständigen Talentsuche – neugierig war, wie er diese Aufgabe bewältigen würde.

Leider gab der Manager die Aufgabe postwendend an den Golfliteraturexperten weiter, der ihm einige Wochen später für jedes der drei Länder eine Zahl vorlegte. Dann schrieb er mir ein kurzes Memo, in dem er, ohne seine Quelle zu erwähnen, die Zahlen zusammenfaßte.

Als ich ihn daraufhin fragte, welche deutschen Verlage an diesem Buch interessiert seien, konnte er die Frage nicht beantworten. Er hatte die Marktrecherchen ja auch nicht durchgeführt. Also mußte er mich an unseren Spezialisten verweisen. So etwas ist frustrierend. Wenn ich gewollt hätte, daß unser Spezialist die Aufgabe erledigte, hätte ich ihn gleich damit betraut.

Für mich ist dies die schlimmste Erfahrung, die man beim Delegieren machen kann, weil jeder seine Zeit verschwendet und ich selbst nicht das gewünschte Resultat erhalte.

Besonders frustrierend daran ist auch, daß ich selbst als Vorgesetzter eigentlich herabgesetzt werde. Immerhin überlege ich mir immer sehr genau, welchen Mitarbeitern ich welche Aufgaben zuweise. Wenn sie die Aufgabe weiterdelegieren, ohne mir das zu sagen, dann mißachten sie meine Autorität. Letztlich drücken sie aus, daß sie besser als ich wissen, wer eine Aufgabe durchführen sollte – leider haben sie damit nicht immer recht.

2. Der Rückkehreffekt

Ein weiteres heimtückisches Phänomen, das beim Delegieren auftreten kann, ist der Rückkehreffekt.

Wenn Sie eine Aufgabe delegieren, dann sollte sie eigentlich nur noch auf dem Schreibtisch des betreffenden Mitarbeiters etwas zu suchen haben. Sie erwarten, daß Sie erst wieder davon hören, wenn sie erledigt wurde.

Leider gibt es in jedem Unternehmen Menschen, die der Versuchung nicht widerstehen können, den Vorgang schon vorher wieder auf Ihren Schreibtisch zu dirigieren.

Ob aus Faulheit oder aus Unfähigkeit, aber manche Menschen erledigen nur die halbe Arbeit und überlassen die andere Hälfte Ihnen – in der Hoffnung, daß Sie ihnen verzeihen und sich seufzend in Ihr Schicksal ergeben.

Dann gibt es noch die Nervensägen, die darauf bestehen, Sie ständig über den Fortschritt ihrer Arbeit zu informieren. Spätestens wenn sie die Aufgabe zu 20 Prozent erledigt haben, legen Sie Ihnen den ersten Bericht vor. Bei der Hälfte wiederholt sich das Spiel und kurz vor Ende noch einmal. Das heißt, daß Sie sich ständig damit befassen müssen. Hat der Mitarbeiter dann seine Mission abgeschlossen, erwartet er stehende Ovationen und lebenslange Dankbarkeit.

Beide der oben beschriebenen Mitarbeitertypen sabotieren den eigentlichen Zweck der Delegation – denn eigentlich wollten Sie mit der Aufgabe ja nichts mehr zu tun haben.

Aber ein Trost bleibt Ihnen: Die Meister des Rückkehreffekts lassen sich schon nach ein oder zwei Versuchen leicht identifizieren. Wenn Sie trotzdem weiter an sie delegieren, sind Sie selbst schuld.

3. Vorsicht vor Mißverständnissen

Beim Delegieren laufen Sie auch Gefahr, daß Ihr Auftrag falsch verstanden wird. Eine Maßnahme, die Ihr Leben vereinfachen sollte, erweist sich dann als Quelle von Verwicklungen und Irrtümern.

Vor einigen Jahren, als sich meine Frau Betsy Nagelsen auf Wimbledon vorbereitete, erwähnte sie, daß sie auf der Suche nach bestimmten Rasenschuhen sei, die sie gerne beim Turnier tragen wollte. Ich wandte mich an meine langjährige Assistentin in London, Sarah Wooldridge.

Sarah fragte: »Welche Marke?«

»Puma«, erwiderte ich.

»Welches spezielle Modell?«

Ich antwortete: »Ich glaube, Betsy gefielen die Schuhe, die Sylvia Hanika im Qualifikationsturnier in Eastbourne getragen hat.«

Also gab Sarah diese Information an unsere Tennisdivision weiter: »Betsy möchte die Rasenschuhe von Puma, die Sylvia Hanika in Eastbourne getragen hat.«

Da die Bitte von mir stammte und meine Frau betraf und da Sarah sehr beharrlich sein kann, entwickelte sich der simple Auftrag zu einer hochkomplizierten Sache. In der Tennisdivision liefen die Telefone heiß. Meine Bitte durchlief zahlreiche Stellen in unseren verschiedenen europäischen Büros, bis schließlich jemand Sylvia Hanikas Manager in München kontaktierte und selbst mit Hanika sprach. Bis dahin hatte sich mein Auftrag allerdings auf den Wunsch reduziert: »Betsy möchte die Schuhe, die Sie in Eastborne getragen haben.«

Vier Monate später nahm Betsy ein Paket entgegen, das Sylvia Hanikas gebrauchte Rasenschuhe enthielt.

Betsy oder ich hätten dieses Chaos wohl vermeiden können, wenn wir einfach direkt bei Hanika angerufen hätten. Vermutlich ist dies sogar die größte Gefahr beim Delegieren: Je mehr Stellen mit einer delegierten Aufgabe befaßt werden, desto größer ist die Wahrscheinlichkeit von Mißverständnissen.

Es ist gut, sich dies manchmal in Erinnerung zu rufen. In unserer Delegierungswut sollten wir ab und zu auch überlegen, ob wir manche Dinge nicht besser selbst erledigen.

Haben Sie Feinde?

Ein befreundeter Abteilungsleiter in einem großen Medienkonzern erzählte mir einmal eine Geschichte über einen schwierigen Mitarbeiter.

Mein Freund war gerade in die höchste Position bei der Vorzeigepublikation des Verlags befördert worden, wo er für über hundert Autoren, Redakteure und Grafiker verantwortlich war. Diese Leute waren außerordentlich talentiert, kreativ, erfahren und (recht häufig) auch sehr temperamentvoll. Ihre Führung erforderte Geduld, List und Takt – wobei letzteres nicht die Stärke meines Freundes war.

Nach einigen Monaten bemerkte er, daß einer der Redakteure sich mit der Fertigstellung eines wichtigen Projekts verdächtig viel Zeit ließ. Als er den Redakteur darauf ansprach und ihn bat, ihm demnächst etwas Schriftliches vorzulegen, zuckte dieser mit den Schultern und murmelte eine lahme Entschuldigung. Schließlich wußte mein Freund nicht mehr weiter und beschloß, seine Position auszuspielen.

»Sie werden diese Frist nun einhalten«, erklärte er, »und zwar schlicht und einfach deshalb, weil Sie für mich arbeiten.«

Der Redakteur erwiderte: »Ich arbeite nicht für Sie. Ich arbeite für das Unternehmen. Sie sind nur zufällig derjenige, den mir das Unternehmen als Chef vorgesetzt hat.«

Zunächst sah das Ganze nur nach Haarspalterei aus. Aber als mein Freund länger darüber nachdachte, erkannte er, daß der Redakteur einen wichtigen Unterschied angesprochen hatte.

Wenn die Autorität eines Managers auf der Tatsache beruht, daß seine loyalen Gefolgsleute »für« ihn arbeiten, dann gilt auch der Umkehrschluß: Es gibt immer Leute in der Umgebung eines Managers, die etwas gegen ihn haben, aus welchen Gründen auch immer. Sie sind nicht loyal und unterstützen ihn nicht. Wenn sie nicht für ihn sind, dann sind sie gegen ihn.

Mein Freund war nach diesem kurzen Wortwechsel ein viel weiserer Manager.

Später sagte er zu mir: »Jemand, der mir ins Gesicht sagt, daß er nicht *für* mich arbeitet, vermittelt eindeutig, was er von mir denkt. Er zieht eine Grenze. Er sagt, daß ich mir von ihm keine angenehme Zusammenarbeit versprechen darf und nicht einmal konstruktive, aber faire Auseinandersetzungen. Er erklärt mir eigentlich den Krieg.«

Offensichtlich hegte der Redakteur einen tiefen Neid auf die Beförderung meines Freundes und konnte dieses Gefühl nur schwer bekämpfen.

»Aber das Gute daran ist, daß mir dieser Mann, ob absichtlich oder nicht, gezeigt hat, wie ich mit ihm umgehen muß. Mir wurde klar, daß sich diese heikle Situation jedes Mal wiederholen würde, wenn ich etwas von ihm wollte. Er würde immer einen Weg finden, um sich zu widersetzen. Ich konnte ihm zwar Befehle erteilen – aber er würde sie sabotieren, weil er meine Autorität nicht akzeptierte. Von da an wußte ich, daß ich Vermittler brauchte, um mit diesem Redakteur zu kommunizieren. Er mußte glauben, daß meine Bitten, die ich in verschlüsselter Form an ihn richtete, auf seinem eigenen Mist gewachsen seien.«

Dieser Punkt spielt eine wichtige Rolle in der Mitarbeiterführung. Jeder Manager sollte sich klar darüber werden, wer *für* und wer *gegen* ihn ist. Natürlich wird ihm nicht jeder Mitarbeiter, wie im Fall meines Freundes, direkt ins Gesicht sagen, zu welcher Seite er gehört. Aber es gibt viele verschiedene aussagekräftige Zeichen der Loyalität, auf die man achten sollte:

- Wie beschreiben die Mitarbeiter ihre Aufgaben?
- Welchen Titel verwenden sie für sich selbst am liebsten? (Manchen reichen die Bezeichnungen »Assistent« oder »Stellvertreterin« nicht aus.)
- Wie genau informieren sie Sie über ihre Aktivitäten (oder unterlassen es)?

- Wie reagieren sie, wenn Sie sich auf ihr Terrain begeben?
- Wie stellen sie Sie in Besprechungen oder in der Öffentlichkeit vor? (Wer loyal ist, hat kein Problem damit, Sie als Ihren Vorgesetzten vorzustellen und zu sagen, daß er *für* Sie arbeitet. Die anderen dagegen greifen lieber zu Euphemismen, um sich keine »Blöße« zu geben.)

Manche Menschen empfinden es als abwertend, sagen zu müssen, daß sie für jemanden arbeiten. Sie betrachten dies als Angriff auf ihre Würde und Autonomie.

Deshalb ist es vielleicht am klügsten, im Umgang mit Ihren Mitarbeitern die Worte *für* und *gegen* ganz aus Ihrem Vokabular zu streichen. Wenn ich Außenstehenden einen Mitarbeiter vorstelle, dann versuche ich immer zu sagen, daß er *mit* mir arbeitet, nicht *für* mich, auch wenn allen Anwesenden klar ist, daß es sich um einen Untergebenen handelt. Ich selbst finde es unwichtig, wie ich unsere Mitarbeiter vorstelle. Offen gesagt, ist es auch den Außenstehenden ziemlich egal. Ich achte nur deshalb darauf, weil es für diejenigen, die ich vorstelle, manchmal eine Rolle spielt.

Wer liest Ihre Unternehmensmission?

Ein Unternehmer, den ich kenne, ging mit seinen vier Partnern drei Tage lang in Klausur, um eine Aussage über die Unternehmensmission zu erarbeiten. Die Partner hatten 180 Beschäftigte und glaubten eine Mission zu benötigen, um das Unternehmen auf dem richtigen Kurs zu halten. Aber nach drei Tagen waren die Partner einem Konsens über die »Mission« des Unternehmens nicht näher gekommen als zu Beginn der Klausur.

»Aber sicherlich war das Treffen nicht ganz umsonst«, sagte mir der Unternehmer. »Wenigstens haben wir erkannt, wie unterschiedlich unsere Ansichten über so grundlegende Fragen wie Führungsstruktur, finanzielle Ziele und unsere Verantwortung gegenüber den Mitarbeitern sind.«

Ich konnte über seine Bemerkungen nur den Kopf schütteln. Ich hatte immer gedacht, daß eine Unternehmensmission Auskunft darüber gibt, warum ein Unternehmen überhaupt existiert. Was hat das mit der Führungsstruktur oder mit finanziellen Zielen zu tun? Diese Dinge gehören in einen Geschäftsplan oder einen Jahresbericht, aber nicht in die Mission.

Vermutlich war genau dies einer der Gründe dafür, warum es meinem Freund und seinen Partnern so schwer fiel, eine schöne Aussage zu formulieren, mit der sie ihre Existenz rechtfertigten: Sie wußten gar nicht, wozu eine solche Aussage über die Mission dienen sollte.

Weiterhin vermute ich, daß ihnen nicht klar war, wer sie lesen würde. Ich frage mich immer, für wen Unternehmensmissionen eigentlich geschrieben werden – für die Unternehmensangehörigen oder für die Außenstehenden? Ich kenne eine Firma, die lediglich aus einem Ehepaar besteht. Trotzdem ist das Briefkopfpapier mit einer Aussage über die Mission versehen, die einige der hochtrabendsten Phrasen über Spitzenleistungen, Qualität und Kundenorientierung enthält, die ich je gehört habe. An wen richten sie sich damit? Offensichtlich nicht an ihre Beschäftigten, weil sie ja keine haben. Und die einzigen beiden Unternehmensangehörigen können ja miteinander reden. Also richten sie sich wohl an ihre Kunden (was erklärt, warum sie die Mission auf das Briefpapier drucken lassen).

Ich kritisiere dieses Paar nicht, weil es eine Mission hat. (Es handelt sich um ein sehr beeindruckendes Unternehmerehepaar, und ihre Mission bestätigt nur, was ich schon über sie weiß – sie leisten erstklassige Arbeit.) Ich erwähne dieses Beispiel nur, weil es illustriert, warum es meinem Freund und seinen Partnern vielleicht nicht gelang, einen Konsens zu erreichen: Er übersah den ersten Schritt bei der Formulierung einer Mission: Für wen ist sie gedacht? Für die Beschäftigten oder für die Kunden?

IMG verfügt über keine Mission, aber wenn wir eine solche hätten, würde sie sicher unterschiedlich ausfallen, je nachdem, ob sie für den internen oder externen Gebrauch gedacht wäre.

Bald nach Erscheinen meines ersten *Harvard*-Buches nahm ein Verleger Kontakt mit mir auf und schlug mir vor, ein Nachfolgebuch zu schreiben. Ich sonnte mich noch im Erfolg des ersten Buches und hatte mir noch keine Gedanken über ein zweites gemacht.

Ich fragte den Verleger: »Worüber könnte ich denn schreiben?«
»Schreiben Sie doch darüber, was Ihnen im Geschäftsleben wirklich wichtig ist«, meinte er.

Ich dachte nur wenige Sekunden nach und sagte dann: »Es macht mir richtig großen Spaß, *meine Ideen zu Geld zu machen.*« So war *How to Make Money from Your Ideas* der ebenso schlichte wie treffende Arbeitstitel, der in den Buchvertrag getippt wurde.

Wenn ich eine Mission für unsere Führungskräfte schreiben müßte, würde ich vermutlich genau diesen Gedanken ins Zentrum stellen und sagen: »Wir machen Ideen zu Geld.« Daran erkennt man auch deutlich, welch wichtige Rolle ich der *Rentabilität* und *Kreativität* zuschreibe. Ohne Gewinne bleibt man nicht im Geschäft. Ohne Kreativität kann man nicht konkurrieren.

Mir gefällt die Einfachheit und Klarheit dieser Aussage. Damit will ich all die Sätze, die in diesem Zusammenhang so häufig genannt werden, gar nicht abwerten. Meine Aussage enthält nur deshalb keine abgehobenen Formulierungen über Spitzenleistungen, »Empowerment«, gesellschaftliche Verantwortung oder Kundenorientierung, weil diese Konzepte für mich eine Selbstverständlichkeit sind. Sie sind eine logische Folge des Ziels, »aus Ideen Geld zu machen.« Man ist nicht konkurrenzfähig, wenn man sich nicht um Spitzenleistungen bemüht. Man kann talentierte Mitarbeiter nicht halten, wenn man sie nicht mit Freiräumen ausstattet. Und man kann die Kunden nicht dauerhaft zufriedenstellen, wenn man ihnen keine Ideen vorschlägt, auf die sie von alleine nie gekommen wären.

Wenn ich allerdings eine Mission für Außenstehende entwickeln müßte, dann bezweifle ich, ob die Aussage »Wir machen Ideen zu Geld« sehr zweckdienlich wäre – zumindest nicht für unsere Kunden, potentiellen Kunden und Beschäftigten.

Die Kunden nämlich würden sich fragen, wo denn ihr Platz in unserer »Mission« sei. Was tun wir für sie? In einer Dienstleistungsbranche muß eine gute Mission darauf Bezug nehmen, daß die Kunden das Kerngeschäft repräsentieren. Die Aufgabe Nummer eins lautet, ihre Interessen zu schützen und zu fördern. Wenn wir Kunden behalten und neue Kunden gewinnen wollen, müssen wir dieses Prinzip also in unserer Mission zum Ausdruck bringen.

Potentielle Kunden könnten sich durch den scheinbaren Eigennutz abgestoßen fühlen, den die Aussage in ihren Augen widerspiegelt. Es wäre schwierig, den Eindruck zu korrigieren, daß wir eine »Abzocker«-Mentalität haben und unser Ziel als erreicht betrachten, sobald wir dem Kunden das Geld aus der Tasche gezogen haben. Deshalb müßte eine gelungene Mission zum Ausdruck bringen, daß unsere Arbeit erst dann abgeschlossen ist, wenn wir den Kunden umfassend zufriedengestellt haben.

Und schließlich glaube ich, daß die Mission »Ideen zu Geld machen« die Bedeutung unserer Mitarbeiter sträflich vernachlässigt. Wenn unsere Beschäftigten wirklich unser größter Aktivposten sind, dann müssen wir das auch deutlich zum Ausdruck bringen. Wenn ein Unternehmen die »Mission« zum Anlaß nimmt, sich seiner hehren Grundsätze und Ziele zu rühmen, dann dürfen auch diejenigen nicht unerwähnt bleiben, die diese Grundsätze und Ziele umsetzen. In unserem Fall (wie in den meisten anderen Unternehmen auch) sind dies die Mitarbeiter.

Haben Sie das richtige Profil?

Ich wundere mich immer, wenn ich höre, wie Mitarbeiter über einen Kollegen reden, der seine Ziele »verheimlicht«. Ich finde dies befremdlich, weil die meisten Menschen keine großen Anstrengungen unternehmen, um ihre Ziele zu verbergen. Warum sollten sie auch? Genaugenommen gibt es am Arbeitsplatz eigentlich nur vier wesentliche Ziele. Die Beschäftigten möchten:

- mehr Geld
- eine höhere Position
- mehr Macht oder
- ein besseres Profil.

Die ersten drei Ziele – Position, Geld, Macht – sind nicht schwer zu verstehen. Das Ziel, ein besseres Profil zu erreichen, muß dagegen näher erläutert werden.

Mit dem Profil meine ich die Sichtbarkeit einer Person innerhalb und außerhalb des Unternehmens. Macht es beispielsweise im Unternehmen sofort die Runde, wenn ein Manager ein wichtiges Geschäft abschließt? (Dann hätte er intern ein starkes Profil.) Oder geht er in aller Stille und ohne Aufhebens gleich zum nächsten Projekt über? (Dann hat er ein schwaches Profil.) Wird er regelmäßig in den Medien zitiert? (Dann hat er extern ein starkes Profil.) Oder zieht er es vor, seine Macht nicht in aller Öffentlichkeit zu demonstrieren? (Dann hat er extern ein schwaches Profil.)

Ich halte das Erreichen eines starken Profils für das schwierigste der vier Ziele, weil die meisten Menschen ziemlich klare Vorstellungen davon haben, welche Position, welches Gehalt und wieviel Macht sie anstreben, aber oft nicht klar äußern können, was für ein Profil sie möchten. Außerdem wissen sie auch gar nicht genau, welche Konsequenzen es hat, ein bestimmtes Profil zu besitzen.

Als Manager sehe ich keine Probleme darin, wenn Mitarbeiter in ihrer Branche oder ihrem Fachgebiet ein starkes Profil haben. Bei IMG gibt es viele Manager, auf die dies zutrifft – ob im Hockey oder Tennis, im Fernsehgeschäft oder in der klassischen Musik. Das ist wenig überraschend, weil ihre Klienten ebenfalls ein sehr starkes Profil haben. Es ist ganz natürlich, daß ein Teil dieser Exponiertheit auch auf ihren wichtigsten Berater abfärbt.

Diese Tatsache ist überwiegend positiv zu bewerten. Ein starkes Profil verleiht einem Manager Glaubwürdigkeit, eine Aura der Autorität sowie etwas Glamour. Es kann ihm manche Türen öffnen, die ihm sonst verschlossen bleiben würden. Da Menschen mit einem starken Profil auch oft in der Öffentlichkeit zitiert werden, erhalten wir auf diese Weise leichten Zugang zu den Medien und können, wenn nötig, unsere Position in der Presse vertreten. Wenn wir in unserem Team einen Manager mit einem starken Profil haben, stärkt dies oft unsere Position in Bereichen, in denen der Manager gar nicht direkt involviert ist. Es ist schon vorgekommen, daß Verhandlungen mit internationalen Unternehmen nur deshalb eine positive Wendung genommen haben, weil ein Manager mit einem starken Profil eine unserer US-amerikanischen Divisionen leitet, obwohl er mit den eigentlichen Verhandlungen gar nichts zu tun hatte.

Aber ein starkes Profil birgt auch Risiken. Die größte Gefahr dürfte wohl darin bestehen, daß ein Manager mit einem starken Profil mit der Abteilung, die er leitet, gleichgesetzt wird. In einem solchen Fall ist kein Platz für einen zweiten, der ihm ebenbürtig ist. Für das Unternehmen ist das nicht ungefährlich. Wenn der Abteilungsleiter von einem Lastwagen überfahren wird, dann sollte es eine Nummer zwei geben, die in der Lage ist, die Geschäfte mit fast derselben Autorität und Glaubwürdigkeit weiterzuführen. Das ist aber unwahrscheinlich, wenn der Abteilungsleiter Jahre damit verbracht hat, sein Profil auf Kosten des Unternehmens oder seiner Mitarbeiter in der Öffentlichkeit zu polieren.

Dies ist einer der Gründe, warum ich unsere Topmanager immer dazu anhalte, ihre persönlichen Assistenten in wichtige Besprechungen mitzunehmen. Dann entwickeln die Geschäftspartner eine Beziehung zu unserem Unternehmen und nicht ausschließlich zu dem Manager mit dem starken Profil. Jeder Unternehmenschef muß also auch an die Gefahren für seine Firma denken, wenn er einem Mitarbeiter die Chance gibt, sein Profil zu verbessern.

Eines der heikelsten Probleme ergibt sich dann, wenn ein großer Unterschied zwischen dem internen und dem externen Profil eines Mitarbeiters besteht. Vor einigen Jahren betrauten wir einen unserer Nachwuchsmanager mit der Beratung des sehr jungen Björn Borg. Als Björn Borg zum Superstar avancierte, stieg auch der junge Manager mit ihm auf. Plötzlich hatte er in der Tennisszene ein sehr starkes Profil als Superstarmanager. Er wurde ständig in der Presse genannt. Diese dramatische Aufwertung erhöhte seinen Marktwert beträchtlich.

Bei IMG jedoch blieb er weiterhin ein relativ untergeordneter Manager. Wir wußten, daß jeder, selbst das grünste Greenhorn, großartige Abschlüsse für Borg machen konnte, solange er die Nummer eins auf der Weltrangliste war. Wir wußten auch, daß das Management von Borg keine Ein-Mann-Show war und die Verantwortlichen auf den höheren Ebenen einen großen Einfluß auf die Arbeit des Beraters von Borg nahmen. In der Tat hatten wir ein Monster geschaffen. Auch in diesem Bereich muß man unterscheiden können: Manchmal erarbeitet sich jemand ein starkes Profil selbst, manchmal wird es vom Unternehmen geschaffen, und manchmal ist es auf pures Glück zurückzuführen.

Am gefährlichsten ist ein starkes Profil jedoch dann, wenn es den Unternehmenszielen zuwiderläuft. Es gibt bei uns Mitarbeiter, deren Ziel lautet, intern so unsichtbar wie möglich zu bleiben. Nur wenige Leute wissen, wer sie sind, was sie tun oder wo sie sich zu einem bestimmten Augenblick aufhalten. Daran ist an sich nichts verkehrt. (Es gibt viele Menschen, die sich lieber im Hintergrund halten. Unsere Finanzmanager fallen zum Beispiel in diese Kategorie. Sie arbeiten in einem Bereich, in dem Verschwiegenheit oberstes Gebot ist, weil sie sich um die finanziellen Angelegenheiten bekannter Klienten kümmern. Die Tatsache, daß sie Einblicke in das Vermögen dieser Stars haben, verpflichtet sie zur höchsten Vertraulichkeit. Mit anderen Worten: Es gehört zu ihren Aufgaben, ein schwaches Profil zu haben.) Probleme entstehen erst dann, wenn sich die Mitarbeiter hinter ihrem schwachen Profil verstecken, um mit Hilfe der Unternehmensressourcen außerhalb des Unternehmens ein starkes Profil aufzubauen.

Als Manager habe ich die Erfahrung gemacht, daß ein großer Graben zwischen dem internen und dem externen Profil eines der sichersten Zeichen für die Illoyalität eines Mitarbeiters ist. Er verfolgt dann seine persönlichen Ziele auf Kosten des Unternehmens.

Eine Managerin in unserer Sportdivision repräsentierte einige der weltbesten Läufer zu einer Zeit, als der Marathonlauf auf der Höhe seiner Beliebtheit war. Daher hatte sie in der internationalen Marathonszene bald ein starkes Profil. Innerhalb des Unternehmens war sie recht unsichtbar, was ihr offensichtlich gut ins Konzept paßte. Durch ihr schwaches internes Profil gewann sie die Freiheit, extern ein sehr starkes Profil zu pflegen. Sie konnte tun und lassen, was sie wollte, und Geld ausgeben, wie es ihr gefiel, weil jeder zu beschäftigt war, um ihr Aufmerksamkeit zu schenken.

Das änderte sich mit einem kleinen Vorfall in Sidney. Der Verantwortliche für unser Australiengeschäft verließ gerade ein Konzert, dessen Promoter wir gewesen waren. Als er mit vielen anderen Konzertbesuchern darauf wartete, daß der Parkbedienstete ihm sein Auto brachte, hörte er, wie der Name dieser Managerin genannt wurde. Bis dahin hatte der Manager keine Ahnung gehabt, daß sie in Sidney war oder welche Geschäfte sie hergeführt hatten. Er ärgerte sich besonders darüber, daß sie eine Limousine benutzte, weil ihr dies eigentlich nicht zustand.

Dies war unser erstes Signal, um ihre Aktivitäten näher unter die Lupe zu nehmen. Bald darauf verließ sie unser Unternehmen.

Wenn Manager etwas aus den unterschiedlichen Profilen der Mitarbeiter in der Öffentlichkeit lernen können, dann wohl folgendes: Ermutigen Sie Ihre Beschäftigten unter allen Umständen, ein Profil zu pflegen, das ihren Talenten und ihrer Position entspricht. Aber achten Sie gleichzeitig auf Anzeichen dafür, daß das Profil eines Mitarbeiters nicht mit seiner Position im Unternehmen übereinstimmt. Möglicherweise verbringt er mehr Zeit damit, seine persönlichen Ziele zu verfolgen als die des Unternehmens.

Erfolgskriterien sind individuell

Ich glaube, daß jeder Mensch im Geschäftsleben eine Meßlatte hat, an der er seine Leistungen bewertet, die ihn motiviert und an der er ablesen kann, wo er steht. Für viele Menschen ist dieser Maßstab natürlich das Geld. Für andere können es der Status oder Machtbefugnisse sein, für wieder andere ist es ihre Beliebtheit und für manche schließlich die Freiheit, zu kommen und zu gehen, wann sie wollen.

Meine Meßlatte ist die Zeit. Als treue Leser wissen Sie, daß ich mit fanatischem Eifer darum bemüht bin, nicht nur meine Tage und Stunden zu maximieren, sondern auch meine Minuten und Sekunden. Alles, was ich tue, wird durch die Uhr gefiltert. Alltägliche Geschäftsentscheidungen, etwa die Wahl von Zielen für Geschäftsreisen oder von Gesprächspartnern, orientieren sich daran, wieviel Zeit sie erfordern und ob der Zeitaufwand sich lohnt. Wenn ich glaube, daß der Nutzen im Verhältnis zur Zeit relativ bescheiden ist, lehne ich es für gewöhnlich ab, etwas zu unternehmen, was andere, weniger zeitbewußte Manager vielleicht bedenkenlos tun würden.

Im Gegensatz zu vielen Vertriebsmanagern fliege ich beispielsweise nicht spontan von New York nach Los Angeles, nur um an einem Meeting teilzunehmen, das eine vage Chance auf einen Geschäftsabschluß bietet. Ich kenne viele Verkäufer, die wegen eines solchen Meetings zum Flughafen eilen würden (in meinen früheren Tagen hätte ich das auch getan, denn es ließ mir keine Ruhe, wenn ich nicht jeder Chance nachjagte). Aber heute sehe ich in den fünf Flugstunden auf dem Hinweg wie auf dem Rückweg einen verschwendeten Arbeitstag. Wenn ich in New York bleibe, kann ich ein Dutzend oder mehr produktive Meetings in diese zehn Stunden packen. Also bleibe ich, wo ich bin – und hebe mir meinen Flug nach Los Angeles für einen geeigneteren Zeitpunkt auf, an dem ich nicht nur diesen einen Termin, sondern noch einige andere wahrnehmen kann.

Alles, was ich tue, steht unter dem Stern dieser Zeitorientiertheit.

Der Vorteil daran ist – das möchte ich in aller Bescheidenheit sagen –, daß ich an einem normalen Tag wahrscheinlich mehr leiste als die meisten Menschen. Der bewußte Umgang mit der Zeit ist auch ein gutes Führungsinstrument – denn wenn meine Mitarbeiter mich beobachten, gehen auch sie verantwortungsbewußter mit ihren Stunden, Minuten und Sekunden um.

Der Nachteil an meiner Zeitorientiertheit ist der, daß ich dazu neige zu hetzen und viele Themen nur grob abzudecken, auch wenn es besser wäre, ihnen mehr Aufmerksamkeit zu widmen. In Besprechungen mit umfangreichen Tagesordnungen ermahne ich die Anwesenden ständig, beim Thema zu bleiben, obwohl ich weiß, daß sich aus Abschweifungen oft die interessantesten und wertvollsten Ideen entwickeln. Vermutlich wirke ich auf Menschen, die mich nicht so gut kennen, mit diesem Verhalten unhöflich, wenn nicht gar ungehobelt.

Aber eigentlich will ich nicht darauf hinaus, was meine persönliche Meßlatte über mich selbst aussagt, sondern darauf, was andere daraus schließen sollten.

Wenn jemand weiß, daß meine Meßlatte die Zeit ist, kann er bei mir sehr viel mehr erreichen als jemand, der dies nicht weiß oder sich nicht danach richtet. Er kann meine Meßlatte dazu verwenden, mich zu überzeugen, zu beeindrucken und zu beeinflussen.

Wenn der Leiter unseres Büros in Neuseeland mich um einen Besuch bei sich bittet, dann bewegt er mich eher zu dieser Reise, wenn er meinen Terminkalender von 6 Uhr morgens bis 6 Uhr abends mit wichtigen Meetings vollstopft. Dagegen hat er kaum Aussichten auf Erfolg, wenn mein Terminkalender dort viele weiße Flecken hat. Er muß mir schon im voraus versichern, daß ich keine Zeit verschwenden werde.

Obwohl ich längst nicht mehr jeden Beschäftigten von IMG kenne, nehme ich mir die Zeit, jeden Mitarbeiter zu treffen, der mir eine Mitteilung folgenden Inhalts schreibt: »Ich möchte mit Ihnen gerne zu Ihrem eigenen Vorteil eine Viertelstunde sprechen.« Die Zeitangabe »eine Viertelstunde« ist entscheidend. Ich würde es mir dreimal überlegen, bevor ich jemanden treffe, der nicht erwähnt hat, wieviel Zeit er benötigen wird. Eine Bitte um einen Termin mit einer Zeitangabe beeindruckt mich. Eine Bitte ohne Zeitangabe versetzt mich in Angst.

Als Manager versuche ich immer zu erraten, welche individuelle Meßlatte meine Mitarbeiter haben. Ich suche also nach wichtigen Hinweisen in ihren Äußerungen, in ihrem Erscheinungsbild und ihren Arbeitsgewohnheiten, um die Frage zu beantworten: Wie mißt dieser Mensch persönliches Glück und Erfolg?

Wenn ich mir eine Vorstellung über die individuelle Meßlatte eines Mitarbeiters verschafft habe, weiß ich in der Regel auch, wie ich ihn zu führen habe. Ich habe bisher noch nicht viele Mitarbeiter gehabt, deren Meßlatte die Zeit war, doch die folgenden vier Maßstäbe sind relativ weit verbreitet:

1. Geld

Geld ist der vielleicht universalste Maßstab im Geschäftsleben. Trotzdem versuchen manche Mitarbeiter, aus ihrer Einstellung zum Geld ein Geheimnis zu machen. Doch auch sie zeigen ihre wahren Gefühle unweigerlich dann, wenn ich mit ihnen die jährlichen Gehaltsgespräche führe. In diesem Fall kann ein ansonsten umgänglicher und gefügiger Mitarbeiter zu einem habgierigen Kraftpaket werden, das im Geiste eine Liste über den Dollarwert jedes Handgriffs im vergangenen Jahr geführt hat. Daran ist an sich nichts verkehrt. Ich habe sogar lieber mit Menschen dieser Sorte zu tun, weil ich ihre Direktheit schätze. Sie setzen ihren Arbeitseinsatz in ein direktes Verhältnis zur finanziellen Entlohnung. Sie halten nichts von »vagen und weichen« Belohnungen wie Anerkennung, Lob oder Selbstachtung. Das ist Handel in seiner einfachsten Form: Quid pro quo.

2. Status

Mit denjenigen Mitarbeitern, die hauptsächlich einen höheren Status anstreben, gestaltet sich der Umgang schon etwas schwieriger. Zum einen läßt sich dieses Kriterium nicht wie das Gehalt in einem Gespräch unter vier Augen regeln, und zum anderen kann die Statusbesessenheit eines Mitarbeiters einen Schneeballeffekt auf die anderen Unternehmensangehörigen haben. Als Unternehmenschef können Sie nicht dem einen Mitarbeiter einen schöneren Titel oder ein größeres Büro geben (zwei offensichtliche Statusindikatoren) und erwarten, daß seine Kollegen nicht umgehend Anspruch auf Gleichbehandlung erheben würden. Deshalb achte ich immer ganz besonders auf diese Mitarbeiter, weil sie das ganze Unternehmen in Unruhe versetzen können.

3. Beliebtheit

Manche Menschen möchten einfach von allen gemocht werden. Sie sind hilfsbereit, entgegenkommend und möchten keine Wellen schlagen. Sie messen ihren Erfolg daran, wie gut sie zurechtkommen. Auch daran ist nichts verkehrt. Es ist schön, mit freundlichen Menschen zusammenzuarbeiten. Aber als Manager möchte man solche Mitarbeiter vielleicht nicht auf Positionen haben, in denen harte Entscheidungen getroffen werden müssen. Dem Unternehmen ist besser gedient, wenn diese Positionen mit Menschen besetzt sind, denen es egal ist, ob sie beliebt sind.

4. Autonomie

Manche Menschen messen Glück und Erfolg daran, wie sehr sie ihr eigenes Schicksal kontrollieren können. Sie opfern Geld und Status für das Gefühl, daß sie bei der Arbeit über Autonomie verfügen und ihnen niemand über die Schulter blickt. Als Manager habe ich festgestellt, daß man diese Meßlatte sehr einfach handhaben kann: Solange der Mitarbeiter die erwartete Leistung bringt, lasse ich ihn auch in Ruhe.

Der Kommandowechsel sagt alles

Es gibt viele Möglichkeiten, um die Führungskompetenzen eines Managers zu bewerten. Kann er seine Leute auch in schweren Zeiten zusammenhalten? Kann er sie mit seinen rhetorischen Fähigkeiten motivieren? Führt er sie durch Befehle von oben oder durch das eigene Beispiel? Geht er großzügig oder geizig mit Lob und Anerkennung um? Kann er ebenso gut lehren wie führen?

Doch am deutlichsten erkennt man einen wahren Führer dann, wenn er seine Position verläßt. In einer solchen Übergangsperiode erfährt man mehr über die Loyalität und den Respekt, der ihm entgegengebracht wird, als im Alltag. Manche Manager glänzen mühelos mit Merkmalen, durch die sich Führungskräfte vermeintlich nach außen hin auszeichnen – selbstbewußte Haltung, gewandter Small talk, Gelassenheit in der Krise. Aber wenn ihre Mitarbeiter aufrichtig erleichtert sind, wenn diese Art von Chef sie verläßt, dann sagt das meiner Meinung nach über ihre wahren Kompetenzen viel mehr aus.

Mein Freund Ben Bidwell, der Toppositionen bei Ford, Hertz und Chrysler innehatte, sagte mir einmal, einen der stolzesten Augenblicke in seinem Berufsleben habe er in den ersten Jahren seiner Laufbahn bei Ford erlebt. Bidwell war Mitte der sechziger Jahre für die Vertriebsabteilung in Cleveland verantwortlich gewesen. Er hatte dort so gute Arbeit geleistet, daß man ihm nach einigen Jahren die Atlantikregion mit der Zentrale in Philadelphia übertrug. Am Tag seiner Abreise begleitete ihn sein gesamtes Team von 30 Verkäufern von Cleveland nach Philadelphia. Dort gab die Vertriebstruppe aus Cleveland für das Büro in Philadelphia ein Dinner zu Ehren von Bidwell. Sie wollten, daß ihre Kollegen in Philadelphia genau wußten, welche Art von Chef sie bekamen. Dieser Augenblick des Führungswechsels spricht Bände über die Führungsqualitäten von Bidwell.

Ich glaube auch, daß man Führungspersönlichkeiten danach beurteilen kann, wie leicht oder wie schwer sie es ihrem Nachfolger machen. Rover Rees, ein treuer Leser meiner Zeitungskolumne, schrieb mir einmal einen Brief und beschrieb darin, wie man einen Führungswechsel beispielhaft bewältigen kann.

Rees war 1962 Pilot im Marinekorps. Er befehligte eine eingeschworene Staffel, die ihrem Kommandeur eine starke persönliche Loyalität entgegenbrachte. Irgendwann wurde der Kommandeur einem anderen Kommando zugeteilt. Sein Nachfolger war zufällig ein alter Freund von ihm. Der scheidende Kommandeur war sich der Loyalität der Staffel wohl bewußt und ahnte, daß der neue Kommandeur mit einigem Widerstand rechnen mußte. Deshalb beschloß er bei der Abschiedszeremonie, seinem Freund einen Gefallen zu tun. Er stellte den neuen Kommandeur vor und erzählte der Mannschaft, was für ein guter Flieger er sei. »Ich werde Ihnen zeigen, wie gut er ist«, versprach er. Dann bestiegen die beiden Kommandeure zwei Flugzeuge und lieferten sich einen Luftkampf, in dem der neue Kommandeur eindeutig besser abschnitt.

Wie ich schon sagte: Während eines Kommandowechsels kann man fast alles über Führerschaft lernen, was man wissen muß.

Kapitel 4

Wie gewinnt man die besten Talente?

Loyalität kann man nicht kaufen

Der größte Fehler, den man bei der Personalrekrutierung begehen kann, ist der, Mitarbeiter einzustellen, die einem nichts voraus haben. Der Werbeguru David Ogilvy sagte einmal: »Wenn Sie immer nur Leute einstellen, die ein bißchen dümmer als Sie selbst sind, dann haben Sie bald ein Unternehmen von Zwergen. Wenn Sie dagegen Leute einstellen, die etwas klüger als Sie selbst sind, dann bekommen Sie ein Unternehmen von Riesen.«

Ich glaube an diesen Grundsatz auch heute noch, habe ihn aber im Lauf der Jahre ergänzt: Der zweitgrößte Fehler besteht darin, sich nicht darum zu kümmern, was sich im Herzen eines Menschen abspielt.

Oft läßt man sich bei der Auswahl neuer Mitarbeiter so von ihren intellektuellen Fähigkeiten beeindrucken, daß man zu wenig berücksichtigt, welche Gefühle sie ihrer Arbeit entgegenbringen. Sie können Arbeitsleistung kaufen, nicht aber die Leidenschaft für die Arbeit. Diese muß jeder freiwillig einbringen.

Ich habe dies erst vor einigen Jahren richtig begriffen, als ich mit fünf anderen Kollegen in einen Auswahlausschuß berufen wurde, der einen neuen Chef für ein privates Ingenieurunternehmen suchen sollte. Wir gingen bei der Suche auf eine Art und Weise vor, die mir logisch, fast wissenschaftlich erschien. Wir legten unsere

Kriterien fest und beurteilten dann jeden Kandidaten und jede Kandidatin anhand dieser Liste. Wir hatten feste Vorstellungen davon, über welche Eigenschaften sie verfügen sollten, welche Erfahrungen, Akquisitionstalente, organisatorischen Fähigkeiten und betriebswirtschaftlichen Kenntnisse sie mitbringen sollten und welches Branchenimage sie haben sollten.

Nach einigen Monaten hatten wir eine Auswahlliste mit vier Kandidaten. Drei von ihnen schienen nicht hundertprozentig geeignet, aber einer schien genau der Richtige zu sein. Er war klug und wir hielten ihn einvernehmlich für den besten Mann für diese Position (was auch immer das bedeutete). Mr. Perfect bekam den Job.

Nach weniger als einem Jahr hatte er das Unternehmen schon wieder verlassen, weil man ihm einen ähnlichen Posten in einem noch größeren Konzern angeboten hatte.

Unser Auswahlausschuß trat wieder zusammen und arbeitete erneut eine Auswahlliste von vier Kandidaten aus. Einer der Verlierer aus der vorangegangenen Runde schaffte es auch diesmal wieder in die Liste (die anderen beiden waren nicht mehr interessiert). Allerdings war er, gemessen an unseren Kriterien, der am wenigsten geeignete Kandidat. Er wirkte immer etwas unordentlich. Er verfügte über wenig Verkaufserfahrung und unternahm von sich aus nichts, um sein Image in der Branche zu pflegen. Trotzdem tauchte sein Name immer wieder auf. Als Ingenieur hatte er schon einmal erfolgreich eine Führungsposition bekleidet. Sein Vater war Jurist im fraglichen Unternehmen und ein langjähriges Mitglied des Board of Directors gewesen. Als Student hatte er schon in den Semesterferien dort gearbeitet. Aber am wichtigsten war, daß ihm das Unternehmen offensichtlich am Herzen lag.

Schließlich rangen wir uns dazu durch, ihm den Posten zu geben. Mit anderen Worten: Wir entschieden uns für die größte Unbekannte auf unserer Liste. Es sollte sich herausstellen, daß er sich als der beste Chef entpuppte, den das Unternehmen je hatte. Die Beschäftigten schätzen ihn außerordentlich. Als Ingenieur weiß er, wie Ingenieure denken, und das schlägt sich auch in den Gewinnen nieder.

Aus dieser Erfahrung habe ich einiges gelernt.

Erstens waren unsere Auswahlkriterien falsch. Wir dachten uns ein Sammelsurium von Fähigkeiten aus, die der neue Chef unbedingt beherrschen sollte. Dann suchten wir einen Kandidaten, der über die meisten oder alle der erwünschten Eigenschaften verfügte. Es kam uns nie in den Sinn, daß mit unserer Liste etwas nicht stimmen könnte.

Vor allem kamen wir nicht auf die Idee, daß wir falsche Prioritäten gesetzt hatten. Wir suchten einen Führer, der klug, erfahren, präsentabel und gewinnorientiert war. Im Rückblick stellte sich heraus, daß die wichtigste Eigenschaft, nach der wir hätten suchen müssen, die *Leidenschaft für das Unternehmen* war. Dieses Merkmal wäre eigentlich wichtiger gewesen als alle anderen zusammen. Diese Leidenschaft fehlte unserem ersten Kandidaten, während der zweite (und erfolgreiche) sie im Überfluß hatte.

Daran zeigt sich deutlich: Man kann die Arbeitsleistung eines Menschen kaufen, nicht aber seine Leidenschaft für die Arbeit.

Immer wenn ich mit anderen Managern über diese Erkenntnis spreche, stoße ich auf wenig bis gar keinen Widerspruch. Wenn man sich zwischen einem fachlich geeigneten, aber ambivalenten Kandidaten und einem fachlich leicht unterlegenen, aber bis auf die Knochen loyalen Kandidaten entscheiden muß, sollte die Wahl auf letzteren fallen.

Ein Zeitschriftenherausgeber, den ich kenne, sagte dazu: »Die meisten Menschen vergessen, daß man oft gar nicht weit gehen muß, um dem Unternehmen leidenschaftlich ergebene Mitarbeiter zu finden.«

Er erzählte mir, wie er einmal versucht hatte, seinen Bildjournalisten zu ersetzen. Da die grafische Gestaltung von wesentlicher Bedeutung für die Zeitschrift war, wollte er sich genügend Zeit nehmen und den besten Bildjournalisten in der Branche finden. Aber der bisherige Assistent wollte ihm dabei nicht tatenlos zusehen. Er wollte den Job nämlich selbst übernehmen und setzte sich mit aller Kraft dafür ein. Der Herausgeber fand, daß der Assistent noch nicht bereit für diese Topposition war. Er redete zu viel. Er hatte unter den Fotografen noch keinen »Rang und Namen«. Und er würde sich ganz bestimmt nicht um solche Dinge wie Kosten-kontrolle scheren, sondern immer zu viel für die Fotos bezahlen. Aber der Herausgeber überwand seine Bedenken und gab dem Assistenten eine Chance. Er ernannte ihn zum stellvertretenden Bildjournalisten.

Schon nach wenigen Monaten war das Attribut »stellvertretend« aus seinem Titel verschwunden. Er hatte bewiesen, daß er die beste Wahl war. Er mochte zwar nicht über das Ansehen, die Berufser-fahrung oder die besonderen zwischenmenschlichen Fähigkeiten verfügen, die er nach Meinung des Herausgebers brauchte. Aber der Assistent war besessen vom Willen, die besten Fotos in die Zeitschrift zu bekommen.

Diese Art der Leidenschaft kann man nicht kaufen oder auf Knopfdruck abrufen. Sie wiegt aber fast jedes andere Merkmal auf. Am interessantesten ist aber, daß man sie gewöhnlich direkt vor der eigenen Nase findet – nämlich bei den Leuten, die schon für einen arbeiten.

Erst die Leistung, dann die Beförderung

Als Manager sind Sie bestrebt, die Karriere Ihrer Mitarbeiter nach Kräften zu unterstützen. Wenn die Beschäftigten sehen, daß Sie sich wirklich für ihr Fortkommen einsetzen, arbeiten sie härter für Sie. Das wiederum fällt positiv auf Sie zurück. Wenn Ihre Mitar-beiter kontinuierlich zu denen gehören, die schneller als die Beschäftigten in anderen Unternehmensbereichen zu Macht, Pre-stige und einem hohen Gehalt kommen, dann wirft das ein positi-ves Licht auf Ihre Fähigkeit, Führungstalente zu entwickeln. Irgendwann reißen sich die Leute darum, für Sie zu arbeiten – weil Sie ihnen die besten Chancen bieten.

Aber was bedeutet es eigentlich, in einem Unternehmen aufzu-steigen? Heißt es, mehr Geld zu verdienen, einen schöneren Titel auf der Visitenkarte zu führen, ein größeres Büro zu beziehen oder ein dickeres Spesenkonto zu haben?

Die Antwort fällt von Mitarbeiter zu Mitarbeiter unterschiedlich aus. Jeder definiert den persönlichen Erfolg anders. Aber im Lauf der Jahre habe ich die Erfahrung gemacht, daß die offensichtlichste Form des Aufstiegs – nämlich die Verleihung eines höherrangigen Titels – oft die größten Probleme aufwirft. Manchmal kann ein neuer Titel sogar ein Fluch sein.

In der Standardpyramide eines Unternehmens sind dem CEO die Führungsebenen des Executive Vice President, des Senior Vice President und des Vice President nachgeordnet. In vielen Firmen scheint man nun zu glauben, daß jeder Autoritätszuwachs oder jede Aufgabenerweiterung einer Führungskraft mit der Verleihung eines neuen Titels gewürdigt werden müsse. Wenn ein kompetenter Vice President neben seinem laufenden Projekt noch ein weiteres Projekt übernimmt, muß er dann gleich den bedeutungsschweren Titel des Senior Vice President bekommen, nur weil er jetzt ein doppelt so hohes Budget verwaltet, doppelt so viele Untergebene befehligt und doppelt so viel Verantwortung trägt? Aber das eigentliche Problem lautet natürlich: Was passiert, wenn das neue Projekt ein Mißerfolg wird und der neue Senior Vice President sich nicht bewährt? Dann haben Sie plötzlich einen Senior Vice President, der einen schönen Titel, aber nicht die entsprechende Verantwortung trägt.

Für mich bedeutet das, den Karren vor das Pferd zu spannen. Bei mir müssen sich ehrgeizige Manager zuerst in neuen Verantwortungsbereichen bewähren, bevor ich ihnen einen höheren Titel verleihe. Damit ist der Erfolg der Beförderung praktisch garantiert. Wenn sie dann offiziell ausgesprochen wird, bestätigt sie nur, was man über den Manager ohnehin schon wußte. Sein neuer Status wird kaum in Frage gestellt – weil jeder weiß, daß er ihn verdient.

Dem Unternehmen ist nicht damit am besten gedient, daß Sie Ihren Leuten schönere Titel verleihen, sondern daß Sie ihnen immer wieder neue Bewährungschancen geben.

Wenn ich einem vielversprechenden Nachwuchsmanager die Aufgabe übertrage, einen Topklienten zu betreuen, dann fördert dies automatisch sein Ansehen innerhalb und außerhalb des Unternehmens – und zwar aufgrund des Prestiges des Klienten. Wenn ich ihn mit einer Aufgabe betraue, durch die er ins Rampenlicht gerät, entwickle ich ihn eher, als daß ich ihn befördere. Aber die Konsequenzen sind manchmal weitreichender als bei einer Beförderung.

Wenn wir einen TV-Manager darum bitten, ein Programm herzustellen, das alles übertrifft, was er bisher getan hat, dann ist für ihn die Tatsache, daß wir ausgerechnet ihn ausgewählt haben, wichtiger als ein neuer Titel ohne zusätzliche Verantwortung. Außerdem steigert dies seine Glaubwürdigkeit und sein Prestige bei seinen Kollegen sowie außerhalb des Unternehmens.

Es gibt noch andere Kniffe, wie Sie Ihre Nachwuchstalente entwickeln können, bevor Sie sie befördern.

Beispielsweise können Sie einen Mitarbeiter für eine mit Bravour gelöste Aufgabe in einem Memo loben, das Sie an zahlreiche Empfänger schicken. Solchen Mitteilungen ist immer Aufmerksamkeit gewiß – und die Beschäftigten erfahren so, welches die aufsteigenden Sterne am Unternehmenshimmel sind.

Sie können Mitarbeitern auch Aufgaben übertragen, bei denen sie gezwungen sind, abteilungsübergreifend zu arbeiten und sich mit Themen zu beschäftigen, die außerhalb ihres Erfahrungsbereichs liegen.

Meine persönliche Lieblingsmethode ist die, die besten Nachwuchstalente in geeignete Besprechungen mitzunehmen. Vielleicht wenden Sie nun ein, daß es keine großartige Sache sei, einen Nachwuchsmanager in ein Meeting des Topmanagements mitzunehmen. Trotzdem bezieht der Manager daraus in manchen Fällen fast so viel Statusgewinn wie aus einer Beförderung. Diese einfache Maßnahme wirkt sich mehr auf die Besprechungsteilnehmer aus, als Sie vielleicht denken – und noch viel mehr auf diejenigen, die nicht daran teilnahmen.

P.S.: Ich habe die Erfahrung gemacht, daß man Beförderungen, wenn die Zeit dafür wirklich reif ist, lieber in aller Stille als unter lauten Fanfarenstößen aussprechen sollte.

Wie die meisten Chefs habe auch ich Beförderungen lange Zeit in unternehmensweit verbreiteten Memos verkündet. Sie kennen das: »Es ist mir ein Vergnügen, Ihnen mitzuteilen, daß Joe Smith zum Vice President für das Gebiet … ernannt wurde.« Ich habe das so gehandhabt, weil es eben so üblich war, weil es dem Ego von Joe Smith schmeichelte und weil damit jeder erfuhr, welche neuen Aufgabenbereiche Joe Smith nun hatte.

Leider berücksichtigte ich dabei nicht, welche Wirkung diese Memos auf alle diejenigen ausübten, die keinen neuen Titel und keine Beförderung erhielten. Sie sahen darin nämlich hauptsächlich eine Informationsquelle darüber, wer vorwärtskam und wer abgeschlagen wurde. Ich wurde nach jeder Beförderung von Managern belagert, die denselben Titel verlangten wie ihr Kollege Joe Smith. Dies führte unweigerlich zu einer Inflation von Titeln.

In den vergangenen fünf Jahren haben wir eine andere Methode gefunden, um Beförderungen auszusprechen. Keine Memos. Kein Lärm. Ich teile die Information nur dem betreffenden Manager mit – als handelte es sich um ein Geheimnis. Natürlich bleibt es nicht lange ein Geheimnis. Die Neuigkeit über die Beförderung wird schnell und effizient durch das Unternehmen gefiltert – und landet bei jedem, der sie wissen *muß*. Genau so soll es sein.

Engagieren Sie die Konkurrenz!

Vor einigen Jahren zog die Tochter eines Freundes nach New York City, um Schauspielerin zu werden. Sie fand bald einen Agenten und fing an, sich bei Proben für Theaterstücke, Seifenopern und Werbespots vorzustellen. Sie hatte sofort Erfolg bei den Werbeagenturen und Casting-Bossen, die Schauspieler und Schauspielerinnen für TV-Werbespots engagieren. Sie war talentiert und hatte wohl genau das richtige Aussehen. Einmal wurde sie innerhalb von zehn Tagen für drei national ausgestrahlte Werbespots »gebucht« – für eine Automobilfirma, eine Kreditkartengesellschaft und eine Kaffeemarke.

Kurz darauf gingen auf ihrem Anrufbeantworter täglich Anrufe von einer anderen Agentin ein. Sie hinterließ stets dieselbe Nachricht: »Hallo Dana. Ich weiß, daß Sie sehr beschäftigt sind. Ich glaube aber, es würde sich für Sie lohnen, wenn Sie einmal zu uns ins Büro kommen und mit uns reden würden. Rufen Sie mich an.«

Zunächst kümmerte sie sich nicht um diese Anrufe, teilweise aus Naivität (sie wußte gar nicht, wer die andere Agentin war), teilweise aus Loyalität (sie war mit ihrem Agenten sehr zufrieden).

Schließlich erfuhr sie, daß es sich bei der Anruferin um eine sehr mächtige Frau handelte, die ihre Karriere wirklich voranbringen konnte. Also rief sie zurück.

»Sie haben gesagt, daß Sie mit mir sprechen möchten«, sagte sie, »und ich möchte gerne wissen, warum Sie gerade mich aus all den vielen Schauspielerinnen ausgewählt haben?«

Die Agentin erwiderte: »Weil unsere beste Klientin bei den letzten drei Werbespot-Vorstellungen immer die Nummer zwei war. Und wenn wir fragten, wer das Rennen gemacht habe, fiel immer Ihr Name.«

Dieser kurze Wortwechsel spricht Bände darüber, warum diese Agentin so viel Macht erworben hat. Sie nimmt Niederlagen nicht auf die leichte Schulter oder lügt sie zurecht. Sie zieht sich auch nicht in die Schmollecke zurück oder erfindet Ausreden. Sie handelt. Wenn jemand stärker ist als sie, dann versucht sie, diese Person auf ihre Seite zu ziehen.

Die Taktik, die besten Leute der Konkurrenz für sich zu gewinnen, gehört zu den wirkungsvollsten Methoden, um die Schlagkraft der eigenen Führungsebenen schnell zu verbessern. Gleichzeitig ist diese Taktik wenig verbreitet – vielleicht, weil manche sich bei dem Gedanken unwohl fühlen, bei der Konkurrenz zu wildern. In der Tat müssen Sie couragiert und ein wenig unbarmherzig sein, um dies zu tun; Sie müssen eine gewisse Abneigung gegen Ihre Konkurrenten empfinden, um es zu genießen; und Sie brauchen Kraft und Grips, wenn die Konkurrenz den Spieß umdreht und versucht, in Ihrem Revier zu wildern.

Ihr Vorteil ist der Nachteil der Konkurrenz

Es hat beträchtliche Vorteile, die besten Pferde im Stall der Konkurrenz zu gewinnen. Denn Sie fördern damit nicht nur Ihr Geschäft, sondern Sie schaden auch dem Rivalen. Ihr Vorsprung schwächt die Konkurrenz.

Nachdem Sie die Vorteile dieser Taktik kennen, sollten Sie sich auch ein paar Gedanken darüber machen, wie Sie reagieren, wenn Sie selbst zur Zielscheibe eines solchen Angriffs werden. Manche Menschen scheuen in der Tat vor nichts zurück, wenn sie der Konkurrenz die besten Leute abzuwerben versuchen – und ihre wahren Gründe sind meist andere als die, die sie offiziell verbreiten. Als warnendes Beispiel soll die folgende Geschichte dienen, die mir ein Freund erzählte.

Ein wohlhabender europäischer Industrieller versuchte, zwei Unternehmen zu fusionieren, in denen er die Mehrheit hielt. Irgendwann wurde ihm klar, daß die Fusion niemals funktionieren würde, weil die beiden Firmen völlig unterschiedliche Führungsstile hatten. Firma A besaß schlanke, kostenbewußte Strukturen mit einem kleinen Stab in der Zentrale und spartanischen Büros. Firma B verkörperte das andere Extrem: In ihr wucherte eine aufgeblähte Hierarchie, in verschwenderisch ausgestatteten Büros tummelten sich die Führungskräfte überflüssiger Führungsebenen, die Kosten waren außer Kontrolle geraten, und der CEO verwendete die Unternehmensressourcen hauptsächlich dazu, sein eigenes Süppchen zu kochen und sich in der Branche zu profilieren.

Der Industrielle befürchtete, daß der ruinöse Stil von Firma B (den er verabscheute) auf Firma A übergreifen könnte. Also leitete er vorbeugende Maßnahmen der besonderen Art ein.

Zunächst identifizierte er denjenigen Manager in Firma B, der sich die größten Exzesse geleistet hatte, und inszenierte eine Situation, in deren Folge er sein Amt niederlegen mußte. Dann engagierte er ihn postwendend als Berater, weil er davon ausging, daß dieser Manager genau wußte, welche Leichen Firma B noch im Keller liegen hatte. Wie mein Freund vorausgesehen hatte, war der Manager nach seinem Hinauswurf so zornig auf seinen ehemaligen Arbeitgeber, daß er ihn mit Vergnügen auf die richtigen Spuren setzte.

Es war ein brillanter Schachzug. Mit dem erbosten Berater an seiner Seite entfernte der Industrielle wie ein Chirurg alle Krankheitsherde in Firma B, einschließlich des CEO. Danach war es relativ einfach, das Management von Firma A an die Spitze des fusionierten Unternehmens zu setzen. Die Fusion erwies sich als voller Erfolg.

Was tun, wenn Sie sich die besten Leute nicht leisten können?

Die besten Leute der Konkurrenz einzustellen ist nur dann ein wertvoller Rat, wenn Sie es sich leisten können. Aber was tun Sie, wenn Sie Ihre Firma gerade neu gegründet haben, wenn Sie kein Marktführer sind oder wenn die bei der Konkurrenz gezahlten Gehälter weit über den Ihren liegen? Anders gefragt: Was tun Sie, wenn Sie sich die besten Leute nicht leisten können?

Ein hohes Gehalt ist nicht der einzig ausschlaggebende Faktor, um die besten Leute zu gewinnen. Manchmal ist Geld sogar das schlechteste Mittel. Denn wenn Ihre Mitarbeiter nur aus finanziellen Motiven arbeiten, dann haben Sie bald einen Haufen talentierter Söldner im Unternehmen. Sie leisten möglicherweise exzellente Arbeit, aber beim nächsten noch besseren Angebot werden sie Ihr Schiff ohne Bedenken wieder verlassen. Im folgenden werden vier kostengünstigere Strategien vorgeschlagen, um gute Talente zu gewinnen.

1. Der Faktor Spaß

Fragt man talentierte Menschen nach den Gründen für einen Stellenwechsel, bei dem sie sich finanziell nicht verbessert haben, antworten sie oft: »Der alte Job hat mir keinen Spaß mehr gemacht.« Wenn es einen ausschlaggebenden Grund dafür gibt, warum gute

Mitarbeiter einem Arbeitgeber die Treue halten oder sich von ihm trennen, dann ist es folgender: *Talentierte Leute möchten für eine Arbeit bezahlt werden, die sie gerne auch umsonst tun würden.* (Nichts anderes steht letztlich hinter dem bekannten Werbeslogan der amerikanischen Armee: »Wir bieten Ihnen keinen Job, sondern ein Abenteuer.«)

Natürlich hat jeder Mensch eine andere Definition dessen, was »Spaß an der Arbeit« bedeutet.

Für einen Ingenieur könnte es die Chance sein, mit der modernsten Technologie zu arbeiten.

Für einen Computerfreak ist es vielleicht die Gelegenheit, mit Gleichgesinnten zusammenzuarbeiten, die seine Computerbegeisterung teilen.

Für eine erprobte Managerin könnte es die Herausforderung eines hoffnungslos erscheinenden Turnarounds sein.

Für einen mittleren Manager mit einer jungen Familie könnte es die Sicherung eines höheren Lebensstandards sein.

Für eine Collegeabsolventin könnte es die Zusammenarbeit mit jungen Kollegen sein, die ihre Ideen teilen.

Für einen mächtigen CEO könnte es mehr Macht sein. (Deshalb nehmen sehr erfolgreiche Manager aus der Privatwirtschaft so gerne wichtige Regierungspositionen zu einem Bruchteil ihres bisherigen Gehalts an. Macht ist ein stärkerer Köder als Geld, vor allem für diejenigen, die schon genug Geld haben.)

Wenn Sie erst einmal herausbekommen haben, worauf ein talentierter Bewerbungskandidat Wert legt, um Spaß an der Arbeit zu haben (Hinweis: Fragen Sie einfach danach), und diese Vorstellungen erfüllen können, dann können Sie sich fast jeden Kandidaten leisten.

2. Bleiben Sie pausenlos am Ball

Viele Führungskräfte vergessen, daß es ein richtiggehender Verführungsprozeß ist, wenn sie gute Leute auf ihre Seite bringen wollen. Dieser Prozeß erfordert Zeit und beharrliches Werben. Ich weiß nicht, ob die Führungskräfte zu stolz sind, um es nach dem ersten Korb weiter zu versuchen, oder ob sie einfach keine Zeit haben. Aber sie scheinen alle zu vergessen, daß es nur eine Minderheit wirklich lästig findet, umworben zu werden, während die große Mehrheit sich grundsätzlich geschmeichelt fühlt.

Wie wäre Ihre Reaktion, wenn Ihnen jemand ganz unvermittelt ein attraktives Jobangebot machen würde? Und wie würden Sie sich fühlen, wenn Sie ein zweites, drittes oder viertes Mal gefragt würden? Wenn der interessierte Anbieter nicht völlig ungehobelt vorgeht – in diesem Fall sollten Sie ihn natürlich in seine Schranken verweisen –, dann steigen seine Chancen mit der Häufigkeit seiner Kontaktaufnahmen. Irgendwann bringt er das entscheidende Argument vor, das die Wende herbeiführt.

Dies ist eigentlich der Schlüssel für das erfolgreiche Umwerben potentieller Mitarbeiter. Wenn ein talentierter Kandidat weiß, daß Sie ihm sein derzeitiges Gehalt nicht bezahlen können, sich Ihre Avancen aber trotzdem gefallen läßt, dann hat er insgeheim einen Grund dafür. Er wartet wahrscheinlich nur darauf, daß Sie ihn überzeugen.

3. Unzufriedene erlösen

Auch die talentiertesten Leute treffen nicht immer die richtigen Karriereentscheidungen. Manche von ihnen verkümmern im falschen Job. Andere stecken in einem Unternehmen, das, aus welchem Grund auch immer, auf dem absteigenden Ast ist. Wenn Sie die Entwicklung Ihrer Branche kontinuierlich verfolgen, dann wissen Sie auch, welchen Unternehmen es gut geht und welchen nicht. Sie sollten auch eine Ahnung davon haben, welche guten Leute in diesen Firmen zufrieden sind und welche nicht.

Wenn Sie den Leuten auf einem sinkenden Schiff eine Rettungsleine zuwerfen können, müssen Sie dafür nur selten einen teuren Preis bezahlen. Die Unzufriedenen werden mit fliegenden Fahnen auf Ihre Seite wechseln und Ihnen dafür auch noch dankbar sein.

4. Junge Leute einstellen

Der bei weitem einfachste Weg, gute Leute für wenig Geld einzustellen, ist der, sie direkt vom College zu holen. Viele nutzen diesen Weg zu wenig, weil sie »jemanden mit Erfahrung« möchten. Aber ich bin gegenüber diesem Argument immer sehr skeptisch gewesen. Erstens ist es teurer, Mitarbeiter mit Berufserfahrung einzustellen, und zweitens ist es gar nicht gesagt, ob sie auch die richtigen Erfahrungen für Ihr Unternehmen mitbringen.

In den sechziger und siebziger Jahren, also in der Aufbauphase von IMG, haben wir viele talentierte MBA-Absolventen von den besten Fakultäten an Bord geholt. Zum einen konnten wir als junge Firma uns lediglich solche leisten, zum anderen war uns klar, daß »Erfahrung« in unserem Geschäft ohnehin bedeutungslos war. Sportmarketing war etwas so Neues, daß es – wenn überhaupt – nicht viele Leute gab, die von sich behaupten konnten, Erfahrung darin zu haben. Wir mußten die Regeln für diese Branche erst noch schreiben. So stellten wir die besten jungen Leute ein, die wir bekommen konnten, und zeigten ihnen dann, wie unser Geschäft funktionierte.

Ich kann diese Strategie all denen nur empfehlen, die eine Firma aufbauen.

Gefahren beim Abwerben von Superstars

Vor einigen Jahren vollbrachte ein Freund von mir, der Inhaber eines boomenden Designerunternehmens, eine Meisterleistung, wie er meinte: Er stellte den Creative Director der Werbeagentur ein, bei der seine Firma Kunde war.

Dieser Werbemanager war ein Star in der Branche, und folglich kostete der Schachzug meinen Freund viel Geld. Er bezahlte seinem neuen Superstar ein dickes Gehalt und versprach ihm Firmenanteile, falls er zwei Jahre blieb. Er stellte ihm einen eigenen Wagen zur Verfügung und ließ ihm freie Hand bei den Ausgaben. Die

Abwerbung wurde in der Branche weithin mit Kopfschütteln quittiert. Nach zehn Monaten verließ der Superstar das Unternehmen, um seine eigene Designerfirma aufzumachen. Im nachhinein kann man sich des Eindrucks nicht erwehren, daß er meinen Freund nur dazu benutzt hat, um sich eine Eintrittskarte in das Geschäft zu verschaffen.

In gewisser Hinsicht war das Ergebnis voraussehbar gewesen. Es ist sehr gefährlich, den Superstar eines anderen einzustellen – und selten nimmt es ein gutes Ende.

Das größte Problem sehe ich darin, daß es die Faulheit des Managers fördert, wenn er als fertiger Superstar an Bord geholt wird.

Ich halte es für eine viel klügere Investition, drei Manager für 50 000 Dollar einzustellen als einen für 150 000 Dollar. Natürlich muß man etwas Arbeit aufwenden, bis sich die Investition auszahlt. Es ist sehr zeitaufwendig, die 50 000-Dollar-Manager auszubilden. Aber wenn Sie Ihre Sache gut machen, dürfen Sie damit rechnen, eines Tages einen oder mehrere Superstars in der eigenen Firma zu haben.

Ein weiteres Problem besteht darin, daß der Superstar einer anderen Firma nicht zwangsläufig auch in Ihrem Umfeld denselben Glanz verstrahlt.

Diesen Punkt haben wir schon mehr als einmal übersehen. Als Arnold Palmer seinen ersten Autohandel eröffnete, setzte er einen Divisionsleiter der Big Three, der drei größten Autohersteller, zum Chef ein. Er sagte sich, daß dieser die Branche wie kein anderer kennen müsse. Allerdings kannte er sie aus der Perspektive des Herstellers, nicht der des Händlers. Er wußte, wie man Ingenieure, Designer und Vorarbeiter behandelte. Er war es gewohnt, einen riesigen Stab zu befehligen und Budgets in zehnstelliger Höhe zu verwalten. Aber er wußte kaum etwas darüber, wie man ein kleines Unternehmen führt und persönlichen Umgang mit den Käufern pflegt. Er war ein Superstar, ja. Aber nicht für uns.

Ein weiteres Problem sind auch die schwammigen Kriterien, die gemeinhin verwendet werden, um Superstars zu identifizieren.

Oft werden ein fürstliches Einkommen und ein beeindruckender Titel mit dem Status eines Superstars gleichgesetzt. Wenn der Senior Vice President für Vertrieb in einem Unternehmen beispielsweise 300 000 Dollar jährlich verdient, unterstellt man ihm automatisch, daß er ein Bombenverkäufer sei. In Wahrheit ist er vielleicht durch eine Vielzahl von Umständen, die Sie nicht kennen, in seine Position gelangt. Vielleicht hat er den beeindruckenden Titel bekommen, weil er darauf den größten Wert legte, oder weil er ihm wichtiger war als eine Gehaltserhöhung. Vielleicht wurde er schon mit einem überhöhten Gehalt eingestellt, weil der vorangegangene Arbeitgeber dieses Niveau vorgegegen hatte. Dann erhält er in der neuen Firma vielleicht nur minimale Gehaltserhöhungen, ist aber immer noch überbezahlt.

Aus alldem läßt sich eigentlich nur ein Fazit ziehen: Der abgeworbene Superstar stellt an seinem neuen Arbeitsplatz eher ein Problem denn eine Lösung dar. Seine neuen Kollegen ärgern sich vielleicht über sein üppiges Gehalt und seinen schönen Titel. Der Chef, der ihn eingestellt hat, erwartet vermutlich sofortige Zauberkunststücke von ihm. Ist es da ein Wunder, daß sein Ruhmesschein meist schnell verglüht, statt mit voller Kraft zu leuchten?

Die »Konzentrationsspanne«

Die Standardkriterien zur Bewertung von Mitarbeitern sind uns allen zur Genüge bekannt – Intelligenz, Eigeninitiative, Ehrgeiz, Loyalität, Entschlossenheit, Anpassungsfähigkeit. Ich halte ein weiteres Merkmal für ebenso wichtig, das ich in Ermangelung eines besseren Begriffs als »Konzentrationsspanne« bezeichne.

Ich glaube, daß man Mitarbeiter auch nach ihrer »Konzentrationsspanne« am Arbeitsplatz beurteilen kann. Ich verwende diesen Begriff nicht in dem Sinn, wie lange sich jemand auf eine bestimmte Aufgabe konzentrieren kann, sondern in einem viel weiteren Sinn, nämlich wie viele Tage, Wochen oder Jahre jemand an seinen Aufgaben interessiert bleibt.

So stellen die unterschiedlichen Positionen und Arbeitsplätze in unserem Unternehmen unterschiedliche Anforderungen an die Konzentrationsspanne der Mitarbeiter .

Wir haben Beschäftigte in der Rechts-, Finanz- und Buchhaltungsabteilung, die seit zwei oder drei Jahrzehnten im großen und ganzen dieselbe Arbeit verrichten. Man könnte sie als Langstreckenläufer bezeichnen. Sie finden Freude daran, sich mit Vertragsformulierungen, Steuerproblemen oder Zahlenkolonnen in Tabellenkalkulationen zu befassen. Daran ist nichts verkehrt. Im Gegenteil, diese Abteilungen würden im Chaos versinken, wenn diese Mitarbeiter nicht ihre bewundernswerte Beständigkeit an den Tag legen würden.

Dann gibt es die Mittelstreckenläufer – die Beschäftigten, die sich vier bis sechs Jahre auf einen Aufgabenbereich konzentrieren und dann das dringende Bedürfnis nach Veränderung verspüren. Sie wechseln in eine andere Abteilung, gehen in ein anderes Unternehmen oder üben sogar einen ganz anderen Beruf in einer neuen Stadt aus. Meiner Meinung nach haben diese Menschen meist sehr gute soziale Fähigkeiten, was vielleicht erklärt, warum sie sich durch häufige Umzüge nicht beeinträchtigt fühlen. Wer gut mit Menschen umgehen kann, bringt an vielen unterschiedlichen Arbeitsplätzen gute Leistungen. (Sie erkennen solche Menschen leicht an ihrem Lebenslauf, wenn daraus hervorgeht, daß sie alle paar Jahre ihren Job gewechselt haben.)

Schließlich gibt es auch Beschäftigte, die im Sinne der Konzentrationsspanne nur als Sprinter bezeichnet werden können. Sie ziehen kurzfristige Aufgaben mit einem klar definierten Start und Ziel vor. Sie sind schnell gelangweilt oder gar frustriert, wenn sie kein Licht am Ende des Tunnels sehen. Diese Menschen haben in unserem Unternehmen besonders großen Spaß daran, die einzelnen Veranstaltungen zu organisieren. Sie arbeiten beispielsweise drei Monate lang mit vollem Einsatz an einem Volleyballturnier in Los Angeles. Sobald die Veranstaltung vorbei ist, stürzen sie sich mit derselben Begeisterung auf die Vorbereitungen eines Tennisturniers in Houston oder eines Autorennens in Detroit. Möglicherweise macht ihnen ihr Beruf nicht deshalb so großen Spaß, weil sie Sportveranstaltungen organisieren können, sondern weil sie ständig mit abwechslungsreichen Aufgaben befaßt sind. Auch daran ist grundsätzlich nichts auszusetzen. Ohne die Sprinter wäre unser Unternehmen völlig verloren.

Es kommt aber sehr darauf an, daß der Manager in der Lage ist, die Konzentrationsspanne eines Beschäftigten zu beurteilen und ihm dann den passenden Arbeitsplatz zuzuweisen. »Sprinter« sind in der Buchhaltung völlig fehl am Platz, weil sie schon längst wieder weg sind, bevor sie das System überhaupt begriffen haben. Es hat auch keinen Sinn, »Langstreckenläufer« mit der Organisation einer Veranstaltung zu beauftragen, die innerhalb von drei Wochen abgewickelt werden muß, weil sie diese Zeit schon benötigen, um in die Gänge zu kommen.

Daraus ergibt sich folgende Lektion für die Führungsarbeit: Wenn ein Unternehmen eine hohe Fluktuation zu beklagen hat, sollten sich die Veranwortlichen einmal ein paar Gedanken über die Konzentrationsspanne machen.

Was kreative Menschen wirklich wollen

Einmal mußte ich einen Streit zwischen einem talentierten Manager und einem ebenso talentierten Mitarbeiter schlichten. Es gab praktisch nichts, worin die beiden sich einig waren. Nachdem ich mit jedem unter vier Augen gesprochen hatte, wußte ich, warum das so war.

Der Mitarbeiter war sehr begabt und hatte schon mehrere hervorragende Konzepte für uns entwickelt. Allerdings war er undiszipliniert, um nicht zu sagen aufsässig, wie es bei kreativen Menschen eben manchmal (nicht immer) der Fall ist. Er hielt sich nicht an Termine. Er informierte seinen Chef oder seine Kollegen nicht immer darüber, woran er gerade arbeitete oder wo er sich aufhielt. Er war der festen Überzeugung, daß seine sogenannte Kreativität ihn dazu berechtigte, sich über sämtliche Regeln und Gepflogenheiten des Unternehmens hinwegzusetzen. Solange er regelmäßig gute Ideen vorlegte, konnte er es sich leisten, die Rolle des Freidenkers zu spielen.

Die Konfrontation mit seinem Chef war vorprogrammiert. Der Untergebene entzog sich genau in den Bereichen jeder Kontrolle, die ein guter Manager kontrollieren muß: Auch ein Vorgesetzter, der große Freiräume gewährt, muß wissen, an welchen Aufgaben seine Leute gerade arbeiten, wo sie sich aufhalten, und welche Projekte sie in letzter Zeit erfolgreich abgeschlossen oder auch verpatzt haben. Selbst wenn es keine anderen Gründe dafür gäbe, müßte er diese Informationen zumindest deshalb parat haben, um seinem eigenen Vorgesetzten Bericht erstatten zu können.

Im oben beschriebenen Fall ermahnte ich den kreativen Mitarbeiter dazu, seine Aktivitäten etwas transparenter zu machen. Dem Manager sagte ich, daß er die Erwartungen an seinen unbotmäßigen Mitarbeiter etwas herunterschrauben müsse. Aber im Grunde handelte es sich um ein klassisches Patt zwischen einem dickköpfigen Mitarbeiter und einem Chef, der niemandem eine Sonderbehandlung zukommen lassen wollte, nur weil er sich für etwas Besonderes hielt.

Schließlich löste ich das Problem auf radikale Weise: Ich versetzte den Mitarbeiter zu einem toleranteren Manager. Wenn ich allerdings noch einmal in dieser Situation wäre, würde ich den Manager in der hohen Kunst der Behandlung von Kreativen trainieren. Folgende Schritte wären dabei zu beachten.

Erster Schritt: Bewundern Sie kreative Menschen

Wenn neue Ideen das Lebensblut eines florierenden Unternehmens sind (und glauben Sie mir, das ist so), dann müssen Führungskräfte lernen, diejenigen Menschen nicht nur zu tolerieren, sondern zu bewundern, die diese so wichtigen Ideen immer wieder einbringen. Das klingt banal. Aber oft genug wird dieser Punkt einfach vergessen. Noch schlimmer ist es, wenn den kreativen Mitarbeitern sogar Mißtrauen und Widerstand entgegenschlagen.

Derartige Ressentiments äußern sich auf vielerlei Weise. Ich habe

Vertriebsmanager kennengelernt, die der Forschungs- und Entwicklungsabteilung keine Mark gönnten, weil sie das Geld für ihre Abteilung beanspruchten. Ich habe miterlebt, wie Manager sich zuerst über die unorthodoxen Arbeitsgewohnheiten kreativer Menschen lustig machten und sie dann zu kontrollieren versuchten, als könnte man Kreativität auf die Zeit zwischen 9 und 17 Uhr beschränken. Ich habe Verkäufer über den »Elfenbeinturm« spotten gehört, in dem sich Technikfreaks den Tag mit Träumereien über neue Produkte vertreiben. Worauf es wirklich ankäme, so meinten sie, seien handfeste Abschlüsse und der Umsatz, den man am Monatsende vorlegen könne.

All diese Verhaltensweisen hemmen die Leistung der Kreativen in einem Unternehmen. Um kreative Menschen zu führen, müssen Sie lernen, sie zu schätzen und zu bewundern.

Zweiter Schritt: Loben Sie kreative Menschen

Mehr als alles andere möchten kreative Menschen für ihre Ideen anerkannt werden. Was sie zutiefst verachten, sind Manager, die gerne ihre Ideen als die eigenen ausgeben und sich auf diese Weise mit fremden Federn schmücken. Wenn Sie den Impuls verspüren, jemanden für eine brillante Idee zu loben, dann geben Sie dieser Regung auf der Stelle nach. Sollten Sie dagegen versucht sein, die Lorbeeren für sich zu beanspruchen (ob verdient oder nicht), dann unterdrücken Sie den Wunsch.

Dritter Schritt: Ideen oder Umsatz?

In vielen Unternehmen gibt es eine chinesische Mauer, die die Kreativen von den Menschen trennt, die für die Umsetzung der kreativen Ideen in klingende Münze verantwortlich sind. In einer Zeitschriftenredaktion beispielsweise schreibt das Redaktionsteam die Artikel und sorgt für Fotos, während das Vertriebsteam die Anzeigen verkauft. Selbst die besten Zeitschriften stilisieren diese Dichotomie zu einer Tugend hoch. Sie möchten den Eindruck verstärken, daß Redakteure und Vertriebsleute nichts miteinander zu tun haben und der Chefredakteur seiner Arbeit völlig unberührt von äußeren Einflüssen nachgeht, wobei er keinen Gedanken an das profane Anzeigengeschäft verschwendet.

Dies ist eine interessante Darstellung, doch die Realität ist noch interessanter. Ich kenne geschäftstüchtige Redakteure, die sich durchaus auch für das Anzeigengeschäft interessieren. Sie können potentielle Werbeinserenten genauso gut, wenn nicht besser als ihre Kollegen in der Anzeigenabteilung überzeugen.

Meiner Ansicht nach ist die Unterscheidung zwischen Kreativen, die für die Ideen zuständig sind, und Nichtkreativen, die für den Umsatz sorgen, absolut künstlich und sie dient niemandem. Sie mag auf manche Menschen zutreffen, aber längst nicht auf alle. Ich bin mir sicher, daß es bei Microsoft oder Lotus brillante Softwaredesigner gibt, die keinerlei Lust verspüren, Jeans und T-Shirt gegen Sakko und Krawatte zu tauschen und an einer geschäftlichen Besprechung teilzunehmen. Aber daneben gibt es ebenso exzellente Entwickler, die sich mit größtem Vergnügen mit den Vertriebsleuten an einen Tisch setzen und ihnen sagen, wie sich ihre Programme verkaufen lassen.

In unserem Unternehmen gibt es keine Mauer, die diejenigen trennt, die Ideen erarbeiten, und diejenigen, die Geld verdienen. Wir erwarten einfach, daß dieselben Mitarbeiter, die gute Ideen haben, auch Geld daraus machen. Mag sein, daß sie dazu die Hilfe von Kollegen brauchen, die die Konzepte intern und extern verkaufen. Aber wenn der Erfinder einer Idee diese nicht umsetzen kann, wer sollte es dann können?

Letztlich möchte ich damit folgendes sagen: Kreative Menschen lassen sich in kein starres Schema pressen. Manche möchten möglichst ungestört in ihrem Elfenbeinturm bleiben, während andere lieber daraus ausbrechen. Stellen Sie sich darauf ein und behandeln Sie Ihre Mitarbeiter entsprechend.

Vierter Schritt: Seien Sie kreativ bei der Anerkennung Ihrer Kreativen

Geld ist nicht immer der wichtigste Anreiz, wenn kreative Menschen sich überdurchschnittlich stark für ihre Arbeit engagieren. Manchmal spielt das Geld nur eine zweitrangige Rolle neben dem Wunsch, möglichst selbständig zu arbeiten, anerkannt zu werden oder einfach die Chance zu bekommen, sein Bestes zu geben.

Ich selbst habe einige der einfachsten Gehaltsgespräche mit talentierten Mitarbeitern geführt, die mit Freuden auf ihre jährliche Gehaltserhöhung verzichteten, dafür aber eine zusätzliche Urlaubswoche bekamen oder von ungeliebten administrativen Aufgaben entlastet wurden. Mehr Freizeit und weniger Bürokratie – das war für sie unendlich wichtiger als Geld.

Die meisten Führungskräfte berücksichtigen derartige Aspekte nicht, wenn sie überlegen, wie sie ihre Beschäftigten am besten anerkennen. Bei kreativen Menschen sollten Sie ruhig etwas Phantasie walten lassen.

Wie führen Sie die »Neuen« ein?

Bei jeder Einstellung oder Beförderung eines Mitarbeiters steht man vor der Frage, wie man den »Neuen« im Unternehmen präsentiert. Grob gesagt, gibt es zwei mögliche Vorgehensweisen: Entweder Sie preisen die Fähigkeiten und das Potential des Neuen demonstrativ an, oder Sie überlassen es dem Neuen selbst, seine Vorzüge unter Beweis zu stellen. Da die Umstände bei jeder Einstellung oder Beförderung anders sind, lassen sich auch beide Methoden vertreten. Aber ich persönlich ziehe es vor, für neue Mitarbeiter die Werbetrommel zu rühren.

Eigentlich wurde mir die Existenz dieser beiden Methoden erst richtig bewußt, als ein Freund mich darauf hinwies, daß ich eben diese Taktik anwandte. Ich hatte gerade einem sehr vielversprechenden Nachwuchsmanager wichtige Zusatzaufgaben übertragen und sang wohl, ohne es zu bemerken, bei jeder Gelegenheit ein Loblied auf ihn.

Mein Freund bemerkte dies und sprach mich darauf an: »Dieser Mann arbeitet schon seit neun Jahren für dich, aber erst seit dieser Beförderung höre ich dich überhaupt seinen Namen nennen«, wunderte er sich.

Dafür dürfte es eine logische Erklärung geben. Aufgrund der Beförderung hatten der Nachwuchsmanager und ich mehr Kontakt miteinander, und folglich hatte ich einen besseren Einblick in seine Arbeitsweise. Aber wenn ich es recht bedenke, glaube ich auch, daß ich seine Beförderung »verkaufen« wollte. Ich verkündete lauthals meine hohe Meinung von ihm, damit ihn auch andere schätzen lernten. Dies gab dem Manager wiederum Antrieb, mehr zu leisten, und die Chancen stiegen, daß die Beförderung sich als erfolgreich erweisen würde.

Es handelt sich also um eine einfache, aber um so wirkungsvollere Methode. Es ist mir unverständlich, warum so viele Führungskräfte sie nicht kennen. Allzu oft *helfen* sie dem Mitarbeiter nicht, sich in seiner neuen Position schnellstens zurechtzufinden, sondern sie *bremsen* ihn sogar dabei (ob bewußt oder nicht). Dieser Widerstand zeigt sich in vielen scheinbar nebensächlichen Kleinigkeiten.

Bei IMG gibt es beispielsweise einen Topmanager, der darauf besteht, mich persönlich über alle Aktivitäten seiner Division zu informieren. Wenn ich ihn anrufe und frage: »Was gibt es Neues?«, gibt er mir einen lückenlosen Bericht über fünf Projekte auf drei Kontinenten. Natürlich weiß er, daß ich weiß, daß er all diese Geschäfte nicht alleine abwickelt. Dazu wäre er schon physisch nicht in der Lage. Trotzdem erwähnt er niemals seine Mitarbeiter, die die ganze Arbeit erledigen. Vermutlich befürchtet er, in meiner Achtung zu sinken, wenn er anderen die Verdienste für Erfolge in seiner Division zuschreibt. In Wahrheit wäre es umgekehrt, denn ich würde ihm dies hoch anrechnen.

Die Einführung neuer Mitarbeiter kann leicht bewerkstelligt werden, ohne daß dies zu Lasten Ihres Egos, Ihrer Würde oder Ihres Rufs geht, wenn Sie die folgenden fünf Schritte beherzigen:

1. Leisten Sie positive Unterstützung! So grundsätzlich dieser Ratschlag auch ist, so häufig wird er nicht beachtet. Anstatt die positiven Gründe für die Einstellung oder Beförderung von Mitarbeitern zu nennen (»Er hat die Vertriebsabteilung von XY innerhalb von nur einem Jahr komplett erneuert« oder: »Jeder hat mir gesagt, daß sie die beste MIS-Expertin weit und breit ist«), spielen Führungskräfte das Ereignis herunter (»Ich hoffe, er kommt gut zurecht« oder »Es dauert vielleicht einige Zeit, bis er weiß, wie es hier läuft ...«). Wenn ich selbst neu eingestellt oder befördert worden wäre, würde ich es vorziehen, daß mein Chef gar nichts über mich sagt, bevor er eine derart halbherzige Einführung betreibt.

2. Regen Sie Kontakte zu den »Neuen« an! Wenn Mitarbeiter in neuen Positionen nicht zurechtkommen, dann liegt es häufig daran, daß die Unternehmensangehörigen zu wenig über sie wissen. Deshalb versuche ich ständig, unsere Führungskräfte dazu zu bewegen, Kontakte zu den »Neuen« in unserem Unternehmen zu knüpfen. Wenn ich weiß, daß Joe Jones in einem Bereich arbeitet, in dem sich der neu eingestellte Tom Smith bestens auskennt, schreibe ich an Joe Jones: »Tom Smith kennt sich in diesem Bereich besser als jeder andere aus. Bevor Sie etwas unternehmen, sollten Sie sich einmal Zeit für ein Gespräch mit ihm nehmen ...« Mit derartigen Botschaften tut man dem Neuen einen größeren Gefallen als mit dem schönsten Kompliment.

3. Stellen Sie ihn ins Rampenlicht! Als Vorgesetzter sollten Sie nicht immer warten, bis der Neue seine Nische im Unternehmen findet. Manchmal müssen Sie ihm diese Nische schaffen, indem Sie ihn mit Aufgaben betrauen, die als sehr wichtig gelten – etwa mit der Betreuung eines bekannten Klienten, mit der Leitung eines komplexen Projekts oder dem Vorsitz über eine Arbeitsgruppe. Je wichtiger die Aufgabe ist, desto ernster wird der Neue genommen.

4. Nehmen Sie ihn in Meetings mit! Oft erhöht schon alleine die Anwesenheit eines »Neuen« in einer Besprechung seinen Status und seine Glaubwürdigkeit. Deshalb nehme ich neue Mitarbeiter oft auch dann in Besprechungen mit, wenn ihre Gegenwart nicht absolut erforderlich ist. Auf diese Weise lernen sie die anderen Unternehmensmitglieder kennen, und sobald sie etwas mehr Einblick in die Geschäfte gewonnen haben, kann ich ihnen das Wort erteilen und sie ihr Wissen demonstrieren lassen. Auf diese Weise habe ich dazu beigetragen, ihr Ansehen bei den Anwesenden zu erhöhen.

5. *Errichten Sie keine künstlichen Barrieren!* Wie im oben genannten Beispiel zögern viele Führungskräfte (oder fürchten sich sogar davor), Kontakte zwischen ihren Untergebenen und den oberen Unternehmensebenen herzustellen. Dieses Privileg behalten sie lieber sich selbst vor. Aber natürlich ist es viel klüger, derartige Kontakte nach Kräften zu fördern. Es ist eine Sache, sich den Ruf eines Vollblutmanagers zu erwerben. Noch vorteilhafter ist es, den Ruf zu haben, andere zu Vollblutmanagern aufzubauen.

Geben Sie jedem eine Bewährungschance

Ein guter Freund machte einmal eine interessante Beobachtung. Er sagte: »Wenn es sich nicht gerade um absolut untragbare Leute handelt, wird man bei dir eigentlich nur gefeuert, wenn man klaut oder unloyal ist.«

Diese Aussage kommt der Wahrheit wahrscheinlich näher, als ich zugeben möchte. Die meisten Unternehmer möchten ihre Beschäftigten vermutlich lieber behalten als verlieren.

Natürlich bekommt niemand automatisch einen Job auf Lebenszeit, wenn er einen Fuß in unsere Firma gesetzt hat. Ich halte mich für ebenso leistungsorientiert wie die meisten Unternehmer. Ich halte stets die Augen offen, um herauszufinden, welche Mitarbeiter sich bei uns bewähren, und wäge ihre Kosten und ihren Nutzen ab.

Im Idealfall ist dies relativ einfach zu bewerkstelligen. Man muß dazu nur genau definieren, was man von einem neuen Mitarbeiter erwartet. Wenn wir beispielsweise einen Verkäufer für das Büro in Los Angeles einstellen, sagen wir genau, welchen Umsatz wir von ihm in welchem Zeitraum erwarten. Verkaufsquoten und Termine sind ein objektiver Standard, auf den man sich einigen kann. Damit wird definitiv festgelegt, wieviel Zeit Sie jemandem geben, um sich zu bewähren.

Aber viele Führungskräfte sind nicht in der Lage, sich an klaren Fakten zu orientieren. Sie lassen es zu, daß subjektive Kriterien in die Gleichung einfließen und ihr Urteil vernebeln. Wenn die subjektiven, emotional gefärbten Kriterien dann die Oberhand gewonnen haben, entsteht bald der Eindruck (auch in unserem Unternehmen), daß es so etwas wie eine Garantie auf lebenslange Betriebszugehörigkeit gebe. Im folgenden werden vier Überlegungen vorgestellt, die jede Antwort auf die Frage »Wieviel Zeit geben Sie Ihren Beschäftigten, um sich einzuarbeiten?« garantiert noch komplizierter machen.

1. Wie lange braucht ein Mitarbeiter zur Einarbeitung?

Nehmen wir an, daß Sie einen Verkäufer zum Gehalt X einstellen und erwarten, daß er das Vierfache an Umsatz erwirtschaftet. Wieviel Zeit sollten Sie ihm dafür geben? Sind sechs Monate zu wenig, oder setzen Sie dafür lieber ein Jahr an? Und wenn das Jahr abgelaufen ist, verlängern Sie die Frist dann, damit er die noch laufenden Geschäfte abschließen kann?

Vor einigen Jahren stellten wir einen Manager ein, der mir als Meister seines Fachs vorgestellt wurde. Ich hielt ihn für einen Verkäufer, der sein fürstliches Gehalt schon deshalb wert war, weil man ihn nicht erst einarbeiten mußte. Er würde schon am ersten Tag in Topform sein.

Aber es funktionierte nicht. Er war intelligent und umgänglich. Jeder mochte ihn. Er brillierte besonders in Besprechungen, vor allem wenn Klienten anwesend waren, weil er mit ihnen eloquent über jedes beliebige Thema redete. Aber er konnte einfach nicht verkaufen.

Leider kann man seine Mitarbeiter nicht dafür bezahlen, daß sie in Besprechungen eine gute Figur abgeben. Irgendwann müssen sie auch Ergebnisse vorweisen. Dieser Verkäufer verfügte über so viele Vorzüge, daß wir ihm mehrere Jahre gaben, um sich zu bewähren. Denn abgesehen von seiner Unfähigkeit, Geschäfte zu machen, war er ein großartiger Manager! Schließlich verließ er uns aus eigenem Wunsch. Wenn er uns nicht verlassen hätte, wäre er höchstwahrscheinlich immer noch bei uns, weil er in den Besprechungen immer einen so brillanten Eindruck machte!

2. Der große Hit

»Das Wichtigste im Showbusiness ist, einmal einen großen Hit zu landen«, sagte mir einmal ein Agent aus Hollywood. »Diesen Hit können Sie dann jahrzehntelang ausschlachten.« Im Sport ist es nicht anders. Ein leidlich guter Golfspieler, der einmal das Turnier in Augusta gewann, wird immer der »ehemalige Masters-Gewinner« sein. Ein Franzose, der die French Open gewinnt, ist für den Rest seines Lebens ein Nationalheld, ebenso wie ein Brite, der einmal in Wimbledon gewonnen hat. Und manche amerikanischen Baseballspieler bringen es zu lebenslangem Ruhm (und Geld), weil sie den entscheidenden Home Run in der World Series schlugen.

Nicht anders ist es im Geschäftsleben. Es ist nicht allzu schwierig für einen Mitarbeiter, es so weit zu bringen, daß er im Unternehmen zum »Mobiliar« gehört. Sein Ansehen ist ein für alle Mal etabliert, wenn er zu Beginn seiner Tätigkeit einen großen Klienten an Land gezogen hat. Auf der Anerkennung für diese Leistung kann er sich dann sehr lange ausruhen. Sein großer Hit kann eine Reihe von Sünden überdecken und das Urteil seines Vorgesetzten über seinen wahren Wert erheblich vernebeln.

3. Der äußere Anschein trügt manchmal

Wir möchten uns alle gerne weismachen, daß wir andere nicht nach oberflächlichen Kriterien beurteilen. Aber in Wahrheit können wir uns gar nicht dagegen wehren, vom äußeren Anschein beeindruckt zu werden. Manchmal sind wir sogar gezwungen, ihn zu einem Schlüsselkriterium zu machen.

So stellten wir bald nach der Gründung von IMG einen erfahrenen Werbemanager für die Marketingabteilung ein. Er war nicht gerade ein Weltmeister darin, neue Klienten zu akquirieren. Aber es gab viele äußerliche Vorteile, die für ihn sprachen: Er wirkte seriös, hatte ein tadelloses Auftreten und beherrschte den Jargon der Werbe- und Marketingszene. Am wichtigsten war aber sein Alter. Wir brauchten in unserem jungen Unternehmen einen Manager, der Reife ausstrahlte, um dem Eindruck entgegenzuwirken, daß wir ein Haufen junger, unerfahrener Collegeabsolventen waren – was natürlich der Fall war.

Nicht die Produktivität, sondern die Reife dieses Mannes sicherte ihm einen Platz in unserer Firma.

4. Vetternwirtschaft – ja oder nein?

Verwandte bekommen meist mehr Zeit als alle anderen, um sich zu bewähren. Wenn schon Umgänglichkeit, Reife oder einfach nur gutes Aussehen für die Weiterbeschäftigung eines Mitarbeiters manchmal ausreichen, dann ist die Verwandtschaft mit einem Topmanager oder einem wichtigen Kunden der größte Freibrief. In unserer Firma hat es manchmal Jahre gedauert, uns von einem Mitarbeiter auf möglichst unspektakuläre Weise zu trennen, der mit einem wichtigen Klienten verwandt war.

Fest steht, daß Sie gut beraten sind, wenn Sie Verwandte von Kunden nicht einstellen – trotz der Sympathien, die Sie sich damit schaffen – weil Sie Verwandte nicht entlassen können. (Dies ist einer der Gründe, warum so viele Firmen, die in hohem Maß von der Leistung einzelner abhängen – etwa Anwaltskanzleien oder Investmentunternehmen –, klare Regeln gegen die Vetternwirtschaft festgelegt haben. Die Einschleusung von Verwandten führt ihre meritokratischen Grundsätze ad absurdum.)

5. Eine glorreiche Vergangenheit kann über eine armselige Gegenwart hinwegtäuschen

Die Vergangenheit eines Mitarbeiters stellt ebenfalls einen Faktor dar, der das Urteil über seine aktuelle Leistung verschleiern kann. Eigentlich sollte ein Manager seinen Mitarbeitern ja konkrete Leistungsziele setzen. Aber erfahrungsgemäß wird dieser Vorgang immer mehr vernachlässigt, je länger ein Mitarbeiter schon zum Unternehmen gehört. Daraus leiten manche Menschen eine Art lebenslange Betriebszugehörigkeit ab.

Es ist nur menschlich, mildere Maßstäbe bei den Mitarbeitern anzulegen, die schon längere Zeit im Unternehmen sind. Auch wenn es wenig einleuchtend ist, beurteile ich junge Leute, die sich noch nicht bewährt haben, strenger als andere. In einer Branche, in der die häufigste Frage lautet: »Was haben Sie in letzter Zeit für mich getan?«, gibt es auch loyale, hart arbeitende Mitarbeiter, denen man diese Frage nicht stellen sollte.

Mit diesen fünf Faktoren ist noch längst nicht erschöpfend beschrieben, warum es Führungskräften oft so schwer fällt, ihre Mitarbeiter zu beurteilen. Aber wenn Sie diese Punkte berücksichtigen, haben Sie einen ersten Schritt dazu getan, um zu verhindern, daß in Ihrem Unternehmen guten wie schlechten Mitarbeitern unterschiedslos ein warmes Nest geboten wird.

Auf der Suche nach dem Sanierungshelden

Der Leiter eines multinationalen Unternehmens suchte einen Topmanager zur Sanierung eines wichtigen, aber krisengeschüttelten Unternehmensbereichs. Er hatte die üblichen Schritte unternommen, um die richtige Person zu finden. Er fragte zwei seiner fähigsten Mitarbeiter, doch sie lehnten ab. Dann beauftragte er einen Personalberater mit der Erstellung einer Auswahlliste. Sechs Monate später war er einer Entscheidung noch nicht näher gekommen.

»Es gibt einfach nicht viele Leute, die das Zeug dazu haben, eine Sanierung durchzuführen«, meinte er.

Damit hatte er sicherlich Recht. Eigentlich verwunderte es mich, daß er glaubte, überhaupt jemanden finden zu können. Topmanager gehen schließlich nicht hausieren und preisen sich als »Sanierungskünstler« an. Sie hängen kein Schild an ihre Tür, auf dem steht: »Direktor für Sanierungen«. Zunächst und vor allem sind sie Manager. Erst wenn sie in wirklich brenzlige Situationen geraten, zeigt sich, daß nur wenige tatsächlich in der Lage sind, eine Sanierung durchzuführen. Aber es ist sehr schwierig, *vorher* zu beurteilen, wer das Zeug dazu hat.

Der Chef dieses multinationalen Unternehmens hätte dies eigentlich wissen sollen. Es gibt keinen Ausbildungsgang an Business Schools oder anderen Einrichtungen, der auf wundersame Weise Sanierungskünstler hervorbringt. Bestenfalls konnte er auf einen Manager hoffen, der sich durch einige der folgenden Eigenschaften auszeichnete:

1. Er weiß, wann er dafür und nicht dagegen sein muß

Um eine Sanierung durchzuführen, muß der neue Chef natürlich bereit sein, den Status quo in Frage zu stellen. Er muß eine gesunde Respektlosigkeit gegenüber den bisherigen Gepflogenheiten an den Tag legen. Immerhin handelt es sich um keinen Hausmeisterposten. Aber der neue Chef braucht auch ein Gespür dafür, wann er für und nicht gegen eine Sache sein sollte.

Viele Sanierer treten ihr Amt mit der Einstellung an: »Alles, was ihr tut, ist falsch.« Das ist verständlich. Immerhin hat sich das betreffende Unternehmen oder der Bereich in eine Krise geritten. Aber die Tatsache, daß Fehler begangen wurden, bedeutet nicht notwendigerweise, daß alles in Grund und Boden verdammt werden muß. Wenn der neue Chef klug ist, trampelt er nicht alles nieder, was bisher geleistet wurde. Er hebt die positiven Dinge hervor. Er weiß, was er über Bord werfen und was er behalten muß.

2. Er verschafft sich sofortigen Respekt

Turnaround-Manager müssen sich sehr schnell Respekt im Unternehmen erwerben. Sie haben keine Zeit, die Beschäftigten lange zu überzeugen. Wenn sie geschickt sind, können sie das innerhalb weniger Tage oder Wochen erreichen.

Der leichteste Weg, um sich Respekt zu verschaffen, besteht für einen Sanierer darin, die Beschäftigten mit Informationen zu beeindrucken. Aber oft ist das nicht so leicht, wie es klingt.

Ich kannte einmal einen Manager aus der Verpackungsindustrie, der eine High-Tech-Firma übernahm, in der man sich viel von seinem Marketingwissen versprach. Ihm war klar, daß er in Anbetracht seines beruflichen Werdegangs den Unternehmensangehörigen immer unterlegen sein würde, was das technische Wissen anging. Er würde die hochmodernen Produkte niemals so gut kennen wie die Ingenieure und Techniker.

Also beschloß er, so viel wie möglich über die Beschäftigten selbst zu erfahren. Die meisten Chefs erledigen dies in den ersten Tagen nach ihrem Amtsantritt. Sie bestellen ihre Mitarbeiter zu sich ins Büro und fordern sie auf: »Erzählen Sie mir ein wenig von sich!« Damit soll eine Bindung zwischen dem neuen Chef und den Mitarbeitern geschaffen werden.

Aber dieser Manager hatte eine bessere Idee. Er lernte alles auswendig, was er über seine Leute in Erfahrung bringen konnte, las die Personalakten und redete mit ihren Kollegen – und zwar vor seinem ersten Arbeitstag. Als er sein Amt antrat, sorgte er schnell dafür, daß seine Mitarbeiter erfuhren, daß er seine Hausaufgaben gemacht hatte. Es ist schwierig, einen solchen Vorgesetzten nicht zu respektieren.

3. Er kann Prioritäten setzen

Jeder Turnaround wirft so viele Probleme auf, daß man in der Regel gar nicht weiß, wo man anfangen soll.

Ein Turnaround-Meister listet die Problempunkte auf – etwa

Effizienzsteigerung in der Verwaltung, Kostenkontrolle, Erhöhung des Arbeitskapitals, Produktentwicklung, Umgang mit verärgerten Kunden – und beweist dann Mut und Entschlossenheit, indem er nur einen einzigen dieser Punkte zur obersten Priorität erklärt.

Er weiß nämlich, daß er unmöglich fünf Probleme gleichzeitig lösen kann. Aber wenn er seine Mitarbeiter auf ein einziges Problem ansetzt, haben sie eine klare Aufgabe. Außerdem ist diese Vorgehensweise realistisch. Wenn sie das erste Problem in den Griff bekommen haben, sind sie so motiviert, daß sie sich mit noch größerem Elan an die nächste Aufgabe machen.

4. Es muß kein Außenstehender sein

Es ist in Mode gekommen, Krisen durch Führungskräfte lösen zu lassen, die man außerhalb des Unternehmens gesucht hat. Aber ich bezweifle, ob dies immer die beste Politik ist. Ich habe immer wieder beobachtet, wie Freunde von mir auf ziemlich konventionelle Weise in einem Unternehmen aufstiegen. Als sie eine gewisse Ebene der Autonomie erreicht hatten, entweder als Bereichsleiter oder Unternehmensleiter, war ich völlig überrascht, wie radikal und innovativ sie in ihrem neuen Job waren. Manchmal veränderten sie nicht nur ihr Unternehmen von Grund auf, sondern die ganze Branche.

Mag sein, daß ich selbst überrascht war, aber diejenigen, die meine Freunde befördert hatten, wunderten sich bestimmt nicht. Sie hatten ihren Aufstieg beobachtet und im Lauf der Zeit erkannt, daß sie die entscheidenden Fähigkeiten besaßen, auf die es in Krisenzeiten ankam.

Bevor Sie also Ihr Unternehmen verlassen, um Krisenmanager zu suchen, sollten Sie sich einmal Ihre eigenen Mitarbeiter genauer ansehen. Vielleicht finden Sie ja auch im eigenen Haus einen echten Helden.

Kapitel 5

Bessere Entscheidungsfindung

Kardinalfehler auf ein Minimum begrenzen

Von Ken Iverson, dem vielbewunderten Chairman der Nucor Steel Corp., stammt ein bekanntes Zitat darüber, warum gute Manager schlechte Entscheidungen treffen. »Selbst der beste Manager der Welt, der seinen MBA vielleicht sogar in Harvard erworben hat«, sagt Iverson, »trifft zu ungefähr 40 Prozent schlechte Entscheidungen. Ein wirklich miserabler Manager trifft zu etwa 60 Prozent schlechte Entscheidungen.«

Iverson will damit sagen, daß zwischen einem guten und einem schlechten Manager nur 20 Prozent liegen.

Das hat ihn allerdings nicht davon abgehalten, andere zur offensiven Entscheidungsfindung zu ermuntern. »Als Manager«, so meint er, »muß man Entscheidungen treffen. Wer das nicht tut, kommt nicht vom Fleck und bewirkt nichts. Trifft man dagegen viele Entscheidungen, dann sind zwangsläufig auch schlechte dabei. Wer behauptet, niemals falsche Entscheidungen zu treffen, muß schon ein sehr verqueres Ego haben.«

Ich stimme Iverson aus ganzem Herzen zu. Allerdings würde ich den Anteil von 40 Prozent falschen Entscheidungen etwas niedriger ansetzen. Ich glaube, daß man offensiv Entscheidungen treffen und den Anteil der schlechten Beschlüsse auf 25 Prozent reduzieren kann. Man muß nur wissen, wo die größten Gefahrenquellen liegen, und dort dann besondere Vorsicht walten lassen. Im folgenden werden vier Bereiche beschrieben, in denen Manager besonders häufig Fehler machen.

1. Einstellung von Personal

Bei Personalentscheidungen sind zwei Dinge zu bedenken.

So leicht diese Art von Entscheidung oft scheint, so schwierig ist es hinterher, sie wieder rückgängig zu machen. Wenn Sie einen neuen Mitarbeiter einstellen, müssen Sie ihm einen Vertrauensvorschuß geben, denn er hat von nun an mehr oder minder großen Einfluß auf die Unternehmensressourcen und Ihren Ruf. Ein einziger Mitarbeiter kann ein ganzes Unternehmen ruinieren. Manchmal dauert es Jahre, bis man bemerkt, daß man mit einer Einstellung einen Fehler gemacht hat – und fast so lange, um ihn zu korrigieren.

Die zweite Schwierigkeit ist die, daß Personalentscheidungen die größten Unsicherheiten in den Menschen zutage zu fördern scheinen. Ein Topmanager stellt Speichellecker ein und wundert sich dann, wenn sie keine Initiative zeigen. Ein Kleinunternehmer stellt Mitarbeiter ein, die zwar »gut« sind, aber nicht gut genug, um sich später mit seiner Kundenkartei selbständig zu machen. Eine loyale Sekretärin wählt eine schlechtere zu ihrer Nachfolgerin, damit sie selbst in umso besserer Erinnerung bleibt.

Schon alleine aus diesen beiden Gründen sollten Sie bei Ihren Personalentscheidungen mit mehr Bedacht und weniger Forschheit vorgehen. Gute Manager, die Personalentscheidungen als Nebensache behandeln, werden bald miserable Führer sein.

2. Unvollständigkeit der Informationen

Es hat sehr oft keinen Sinn, Entscheidungen nur deshalb aufzuschieben, weil Sie nicht über *alle* Fakten verfügen. Manchmal müssen Sie auch Ihre Intuition zu Hilfe nehmen. Deshalb werde ich immer dann mißtrauisch, wenn mir jemand erzählt, daß er eine Entscheidung sorgfältig durchdacht und recherchiert habe. Irgendeine Information fehlt immer, und meist betrifft sie einen Bereich, an den er gar nicht gedacht hat.

Vor einigen Jahren kam ich einmal zur Schlußfolgerung, daß Südamerika die nächste Weltregion sei, in der das Golfspiel einen Boom erleben würde. Also beschlossen wir, eine Reihe von Golfturnieren in Peru, Venezuela und Brasilien zu veranstalten. Wir kannten die finanziellen Konditionen, die für derartige Veranstaltungen in den USA, in Europa, in Japan und in Australien gelten, so gut wie sonst niemand. Wir wußten, daß wir Preisgelder von 50 000 Dollar aussetzen mußten, um wirklich gute Spieler anzuziehen (es war Anfang der sechziger Jahre), und weitere 50 000 Dollar für die Durchführung jedes Turniers. Durch die Sponsoren und den Kartenverkauf würden wir 125 000 Dollar Einnahmen erzielen, so daß pro Veranstaltung mit einem Gewinn von 25 000 Dollar zu rechnen war. Es schien damals eine gute Idee zu sein.

Aber wir übersahen eine Tatsache, nämlich die unglaublichen Währungsschwankungen und Inflationsraten in Südamerika. Es war anders als alles, war wir aus anderen Teilen der Welt kannten. Schon nach der ersten Veranstaltung war die Inflation so schnell gestiegen, daß unser Budget nur noch ein Witz war. Anstatt einen Gewinn von 25 000 Dollar einzufahren, machten wir einen Verlust von 40 000 Dollar.

Wir waren Experten im Golfspiel, nicht aber in den geheimnisvollen Mechanismen der südamerikanischen Volkswirtschaften. Flügellahm und kleinlaut kehrten wir nach Hause zurück.

3. Die Suche nach Lücken

Unsere Entscheidung, uns für den Golfsport in Südamerika zu engagieren, ist ein gutes Beispiel dafür, wie wir versuchen, in neue Bereiche vorzustoßen. Wir suchen eine Lücke, in der es wenig oder keine Konkurrenz gibt, und füllen diese dann aus.

Wir haben einige unserer schlechtesten Entscheidungen dann

getroffen, wenn wir von dieser Philosophie abwichen und uns in Bereiche wagten, in denen sich schon starke Wettbewerber etabliert hatten.

So waren unsere Fernsehmanager eine Zeitlang sehr frustriert, weil sie fanden, daß man mit dem Sportfernsehen nicht viel Geld verdienen konnte. Sie glaubten, das große Geld sei im Film zu machen – und irgendwie überredeten sie mich, ihr Abenteuer in Hollywood zu unterstützen. Natürlich gehörte der Film genau zu einem Bereich, den man nicht unbedingt als Marktlücke bezeichnen konnte. Die Konkurrenz war zu groß. Wir wurden bei lebendigem Leib aufgefressen.

Ich werde oft gefragt, warum wir uns nicht stärker im Bereich der Popmusik und in der Vertretung von Rockstars engagieren. Die Antwort ist einfach: Es gibt zu viele starke Konkurrenten, die uns schon voraus sind. Wir können keine Lücke schließen.

Dieses Prinzip hat mir zumindest im Bereich neuer Geschäftsfelder geholfen, meine Fehlentscheidungen auf gut unter 25 Prozent zu senken. Wo keine Marktlücke ist, halte ich mich wohlweislich fern.

4. Die Rolle des Egos bei der Entscheidungsfindung

Ein Ego zu haben, ist etwas anderes, als ein Ego-Problem zu haben. Ein gesundes Ego verleiht Ihnen das Selbstvertrauen, mutige Entscheidungen zu treffen. Ein Ego-Problem dagegen verleitet Sie dazu, immer mutigere Entscheidungen zu treffen – um Ihre Konkurrenten zu übertrumpfen oder um sich selbst zu übertrumpfen. Aber irgendwann werden aus Ihren mutigen Entscheidungen schlechte Entscheidungen.

Ich beobachte dieses Phänomen unentwegt im Sportgeschäft, wo die Ichbezogenheit häufig dem rationalen Denken im Weg steht.

Ein besonders krasses Beispiel dafür ist der reiche Unternehmer, der sich ein Sportteam kauft, etwa aus der National Football League oder der Baseball-Liga. Würde dieser Unternehmer den Kauf wie jede andere Geschäftsentscheidung behandeln, würde er höchstwahrscheinlich die Finger davon lassen. Der Preis für ein derartiges Geschäft ist stets hoch. Die Rentabilität seiner Investition wird von zu vielen Faktoren beeinflußt, die er nicht kontrollieren kann. Die Lohnkosten (also die Spielergehälter) explodieren. Die Fernsehzuschauer werden von immer mehr Kabel- und Satellitenkanälen umworben. Die Preise für die Übertragungsrechte der Fernsehgesellschaften dürften in der nahen Zukunft sinken. In Anbetracht all dieser Fakten ist es schwierig, zu erkennen, wo das Wachstumspotential liegen soll. Das Geld wäre auf der Bank wahrscheinlich besser angelegt.

Trotzdem kaufen sich erfolgreiche Geschäftsleute weiterhin gerne ein Team. Ihr Ego flüstert ihnen zu, daß sie dieses teure Spielzeug verdient haben. Ihr Ego sagt ihnen, daß sie schwarze Zahlen erwirtschaften werden, denn das haben sie ja bisher auch immer geschafft. Aber leider täuscht sich hier das Ego meist. Die erfolgreichsten derartigen Mannschaften (d.h. die Los Angeles Dodgers, Chicago Bears und die New York Giants) werden von Familien gehalten, die schon lange im Geschäft sind. Sie werden von disziplinierten Managern geführt, die ihr Ego bestens kontrollieren können. Für sie ist das Team ein Geschäft, kein Spielzeug.

Warum gute Neuigkeiten schlecht sind

Im Geschäftsleben hat alles eine gute und eine schlechte Seite. Das Paradoxe an der guten Seite einer Nachricht ist, daß sie uns für die schlechte Seite oft blind macht.

Nehmen wir beispielsweise an, daß Sie Markttests für ein neues Shampoo durchführen. In Fokusgruppen wurde ermittelt, daß 58 Prozent der Testpersonen das Produkt gut finden. Viele Leute halten das für eine sehr ermutigende Zahl. Schließlich sagen über die Hälfte der Testpersonen, daß sie das Shampoo kaufen würden.

Allerdings bedeutet das gleichzeitig, daß 42 Prozent der Befragten – fast die Hälfte – das Produkt nicht gut finden. Über dieses Problem denken die meisten Verantwortlichen lieber nicht nach – obwohl sie das sollten. Sie sonnen sich im Glanz der 58 Prozent, während sie sich eigentlich schleunigst überlegen sollten, wie sie ein Shampoo verändern, das 42 Prozent der Testpersonen ablehnen.

Das ist das Gefährliche an den guten Neuigkeiten. Sie verleiten zur Selbstzufriedenheit und Selbstgefälligkeit. Dies läßt sich in vielen verschiedenen Bereichen beobachten.

Auf persönlicher Ebene wirken sich gute Neuigkeiten sehr bremsend auf den Antrieb und den Ehrgeiz aus. Ich habe dies im Profisport immer wieder selbst bei den motiviertesten, ehrgeizigsten und diszipliniertesten Sportlern festgestellt. Nehmen wir an, daß sich eine talentierte Tennisspielerin auf den 7. Platz auf der Weltrangliste hocharbeitet. Sie verliert selten gegen Spielerinnen, die einen niedrigeren Platz haben, schlägt aber auch fast nie die Spielerinnen, die auf den sechs Plätzen über ihr rangieren. Sie hat nun zwei Möglichkeiten: Entweder sie freut sich darüber, die Nr. 7 und damit besser als Hunderte ihrer Kolleginnen zu sein. Immerhin ist dies eine bewundernswerte Leistung. Oder sie konzentriert ihre ganze Aufmerksamkeit auf die sechs Spielerinnen über ihr, analysiert ihr Spiel unermüdlich und untersucht, wie (oder ob überhaupt) sie ihre stärkeren Gegnerinnen schlagen kann.

In derselben Situation befinden sich auch Führungskräfte, die ein bestimmtes Gehaltsniveau oder einen bestimmten Titel erreicht haben. Eine merkwürdige Selbstgefälligkeit macht sich breit. Sie finden es sehr angenehm, ihre Gehalts- oder Statusziele erreicht zu haben. Sie denken aber nicht daran, daß sie ein noch höheres Gehalt oder noch mehr Macht erreichen könnten, wenn sie noch härter arbeiten würden.

Auch auf Unternehmensebene kann sich das Paradox der guten Nachrichten gefährlich auswirken.

Bei IMG habe ich immer gesagt, daß wir uns auf unsere rentablen Geschäfte konzentrieren und versuchen sollten, diese noch rentabler zu machen. Aber das scheint so nicht zu funktionieren.

Nehmen wir an, daß wir eine Sportveranstaltung organisieren und einen Gewinn von 50 000 Dollar prognostizieren. Nehmen wir weiterhin an, daß wir falsch kalkuliert und einen Verlust von 5 000 Dollar eingefahren haben. Eine solche schlechte Nachricht schlägt ein wie eine Bombe. Alle, die mit der Veranstaltung zu tun haben, fangen plötzlich an, wie wild die Kosten zu senken – sei es, daß sie am Personal sparen, sei es, daß sie schlechteres Papier für die Broschüren verwenden.

Ich persönlich meine, daß wir diese Bereiche ohnehin immer mit Argusaugen überwachen müssen. Aber hier liegt auch das Paradox: Wir kümmern uns erst dann wirklich darum, wenn etwas schief gegangen ist, nicht aber, wenn Gewinne erzielt werden.

Am gefährlichsten an den guten Neuigkeiten ist jedoch, daß sie Manager oft über ihre wahren Leistungen und Fähigkeiten hinwegtäuschen. Steigende Umsatzkurven und Gewinne verdecken oft ernste Probleme.

Vor einigen Jahren lernte ich in Tokio den aus Europa stammenden Filialleiter eines Luxusartikelherstellers kennen. Ich führte aus geschäftlichen Gründen einige Gespräche mit ihm und war nicht sonderlich beeindruckt. Auch erreichten mich Berichte unserer Leute, daß er als Manager nicht den besten Ruf hatte. Er gab Geld aus wie ein betrunkener Matrose.

Seine Vorgesetzten schien das nicht zu kümmern. Die Japaner rissen ihm seine Produkte aus den Händen und er badete in immer neuen Umsatzrekorden. Allerdings verbarg sich hinter diesen exzellenten Ergebnissen die Tatsache, daß jedes Kind im damaligen Konjunkturaufschwung in Japan gute Geschäfte machen konnte. Die Muttergesellschaft erhielt jedenfalls so viele gute Neuigkeiten aus Japan, daß sich niemand darum kümmerte, wieviel Geld dieser Mann ausgab oder wie er seine Geschäfte führte. Die Verantwortlichen in der Zentrale brauchten zehn Jahre – und eine Rezession in Japan –, bis sie bemerkten, wie inkompetent er in Wahrheit war.

Die Chefs waren durch die guten Neuigkeiten aus Tokio so eingelullt worden, daß sie sich gar nicht vorstellen konnten, daß es auch schlechte Nachrichten gab.

Die Kunst der Meinungsänderung

Ein Freund von mir, der ein mittelgroßes Vertriebsunternehmen führt, geriet einmal mit einem seiner besten Mitarbeiter in eine hitzige Debatte über die Unternehmensstrategie. Er lehnte nämlich den Vorschlag des Mitarbeiters ab, mehr Geld für dessen Lieblingsprojekt zu bewilligen. Die Auseinandersetzung wurde immer heftiger, bis mein Freund dem Mitarbeiter sagte, daß er eben gehen müsse, wenn ihm die Entscheidung nicht passe – was dieser prompt tat. Mein Freund erzählte mir die Geschichte am nächsten Tag, weil ihn Zweifel an der Richtigkeit seines Verhaltens beschlichen hatten.

»Jeder im Unternehmen findet, daß ich ein Narr war, ihn gehen zu lassen«, erzählte er. »Jetzt weiß ich, daß sie Recht hatten und ich mich getäuscht habe, nicht nur, weil ich ihn gehen ließ, sondern auch, weil ich kein Geld für das Projekt bewilligte. Es war eine gute Idee gewesen.«

Sein Problem bestand nun darin, daß er den Mitarbeiter gerne wieder eingestellt hätte, aber nicht als Schwächling dastehen wollte, weil er seine Meinung geändert hatte.

Ich habe nie begriffen, warum Vorgesetzte solche Angst davor haben, als wankelmütig und schwach zu erscheinen, wenn sie ihre Meinung ändern. Ich glaube vielmehr, daß sie damit ihr Image als kluge Entscheider fördern. Ich glaube außerdem, daß Beschäftigte ihren Vorgesetzten mehr und nicht weniger Respekt entgegenbringen, wenn diese eine offenkundig falsche Entscheidung korrigieren.

Pauschalurteile

Im Lauf der Jahre habe ich viele Pauschalurteile gefällt, wenn unsere Topmanager mir Vorschläge unterbreitet haben. Wenn sie mich beispielsweise drängten, in ein neues Geschäftsfeld zu investieren, habe ich sie oft sofort gestoppt und Dinge gesagt wie: »In diesen Bereich werden wir niemals gehen!« Zum jeweiligen Zeitpunkt habe ich das auch so gemeint, denn ich hatte meine Gründe. So stimmte das Timing beispielsweise nicht. Oder ich fand, daß man andere Leute dafür brauchte. Oder die Kosten schienen mir unkalkulierbar. Zwei Jahre später änderte ich dann meine Meinung und ging in genau jenes Geschäftsfeld, von dem ich einmal geschworen hatte, niemals etwas damit zu tun haben zu wollen. Wieder hatte ich meine Gründe, in der Regel die, daß das Timing, die Personen und die Kosten nun mehr nach meinem Geschmack waren.

Das Bemerkenswerte an all meinen Sinneswandlungen ist, daß man sie mir noch nie zum Vorwurf gemacht hat. Sollte sich noch jemand an meine Worte erinnern, dann bekomme ich das zumindest nicht zu hören. Ich vermute, daß die betreffenden Personen einfach froh darüber sind, daß ich ihre Idee letztlich doch noch unterstütze.

Was empfinden Sie, wenn ein Vorgesetzter eine komplette Wende vollzieht – von der Ablehnung Ihres Vorschlags zur Zustimmung? Ich glaube nicht, daß Sie denken: »Endlich gibt der Chef zu, daß er im Unrecht war!« Viel eher denken Sie wohl: »Endlich sieht der Chef ein, daß ich recht hatte.«

Dies ist ein wichtiger Unterschied. Wenn Sie Ihre Meinung ändern, denken die Betroffenen weniger darüber nach, *was der Sinneswandel über Sie aussagt*. Sie denken primär daran, *was er für sie bedeutet*.

Allerdings erfordert es etwas Geschick, als Vorgesetzter nach einer Entscheidung eine elegante Kehrtwende zu vollführen. Im folgenden werden deshalb vier wichtige Regeln beschrieben, die Sie beachten sollten, wenn Sie einmal Ihre Meinung ändern:

1. Lassen Sie etwas Zeit verstreichen

Es ist Ihr gutes Recht, Ihre Meinung zu ändern, sogar von einer Minute zur nächsten, wenn Sie dies aufgrund neuer Informationen tun. Aber Sie sollten auf den Faktor Zeit achten.

Im allgemeinen gilt die Regel, daß Sie möglichst viel Zeit zwischen dem Zeitpunkt, an dem Sie eine Position beziehen, und dem

Zeitpunkt der Positionsänderung verstreichen lassen sollten. Je mehr Zeit vergeht, desto wahrscheinlicher ist es, daß die Umstände sich ändern, wodurch die Kehrtwende in den Augen der anderen gerechtfertigt wird. Außerdem können Sie damit rechnen, daß man Ihre ursprüngliche Position schon längst wieder vergessen hat.

Es ist eine Sache, zu Beginn einer Besprechung eine Meinung zu vertreten und diese am Ende ohne erkennbaren Grund umzukehren. Es leuchtet ein, daß diese Unbeständigkeit nicht gerade Begeisterung hervorruft.

Es ist aber eine ganz andere Sache, wenn Sie Ihre Meinung im Verlauf einer Besprechung verändern, *weil wichtige neue Informationen auf den Tisch kamen.* Das ist weder wankelmütig noch schwach, sondern klug.

Künstlerisch wertvoll wird Ihre Kehrtwende dann, wenn Sie damit noch eine Zeitlang warten. Es ist schon vorgekommen, daß meine Mitarbeiter eine »feste« Position, die ich vertreten habe, im Lauf eines Meetings sprichwörtlich umgedreht haben. Aber ich habe ihnen das nicht sofort gesagt, sondern einige Tage oder sogar einige Wochen abgewartet. Diese zusätzliche Zeit brauche ich, um weiter über die Angelegenheit nachzudenken oder sie mit Kollegen zu besprechen, die an der Entscheidung selbst kein Interesse haben.

Natürlich ist mir auch bewußt, welche Wirkung ich damit nach außen hin erziele: Je mehr Zeit vergeht, bis ich meine neue Position verkünde, desto durchdachter, entschiedener und endgültiger erscheint sie. Wenn ich genug Zeit verstreichen lasse, sieht meine Meinungsänderung nicht einmal wie eine Kehrtwende aus, sondern es handelt sich dann einfach um eine neue Politik.

2. Führen Sie gute Gründe an

Je mehr Gründe Sie für eine Meinungsänderung anführen können, desto weniger willkürlich wird Ihre Kehrtwende erscheinen.

Dies sollte eigentlich offensichtlich sein. Trotzdem kommt es immer wieder vor, daß Vorgesetzte ihre Meinung lediglich aufgrund einer Laune ändern und sich wundern, wenn sie ihre Glaubwürdigkeit verlieren. Zu ihrem Sinneswandel befragt, geben sie lapidar zur Auskunft: »Weil ich das so sage!« oder »Das möchte ich so haben!« Ein solches Verhalten zeugt jedoch nicht von Entschlossenheit oder besonderer Entscheidungskompetenz, sondern es ist lediglich tyrannisch.

Im allgemeinen gilt: Wenn Sie einen Meinungswechsel nicht vor sich selbst rechtfertigen können, wird Ihnen dies wahrscheinlich auch nicht vor ihren Mitarbeitern gelingen. Solange Sie ihn nicht erklären können, sollten Sie auch bei Ihrer alten Meinung bleiben.

3. Demonstrieren Sie Zuversicht in jeder Lebenslage

Als Ralph Houk 1973 Manager der New York Yankees war, wählte er den jungen, relativ unerfahrenen Graig Nettles zum dritten Baseman und zog ihn dem beliebten Celerino Sanchez vor. Nettles war damals ein typischer »vielversprechender« Spieler und von den Cleveland Indians nach der Saison von 1972 gekauft worden. Aber er war noch weit entfernt von dem brillanten Spieler, der er einmal werden sollte. Nettles hatte 1973 einen fürchterlichen Start. Es dauerte nicht lange, bis die Fans und die Presse laut daran zweifelten, ob Houks Vertrauen in Nettles gerechtfertigt sei, und einen Wechsel forderten. Aber wenn Houk Zweifel an Nettles' Potential hatte, dann zeigte er diese nie.

Als ein Reporter ihn fragte, wie lange er noch an Nettles festhalten wolle, antwortete Houk: »Ich werde ihn so lange spielen lassen, bis er anfängt, gut zu schlagen, und dann werde ich ihn weiterspielen lassen, weil er gut schlägt.«

Eine Entscheidung wird eher akzeptiert, wenn man sie mit absolutem Selbstvertrauen verkündet und keine Zweifel anklingen läßt. Das trifft um so mehr zu, wenn man die eigene Entscheidung umkehrt.

4. Das Recht auf das letzte Wort

Es wird immer Situationen geben, in denen ein Manager seine Meinung ändern muß, ohne die oben beschriebenen Taktiken anwenden zu können. Er steht vielleicht unter großem Zeitdruck, oder er kann keine akzeptablen guten Gründe präsentieren, oder es nützt ihm gar nichts, wenn er Zuversicht vortäuscht.

In solchen Situationen berufe ich mich auf mein Recht, Entscheidungen ganz alleine in meinem Ermessen zu treffen. Ich weiß, daß unsere Manager dann über meine geänderte Meinung schimpfen, weil sie mein Vorgehen unfair finden oder einfach nicht darauf gefaßt waren. Aber ich habe meine Gründe.

Ich kenne vielleicht bestimmte Fakten, die eine Situation von Grund auf verändern, die ich aber zur Zeit noch nicht bekanntgeben möchte.

Ich muß vielleicht eine Entscheidung treffen, die dem Unternehmen langfristig nützt, es aber kurzfristig belastet.

Möglicherweise basiert meine veränderte Meinung nur auf Spekulationen, und ich vertrete sie nur deshalb, um mir zukünftige Möglichkeiten offenzuhalten.

In all diesen Fällen muß ich mich auf mein Recht berufen, das letzte Wort zu haben, auch wenn dies unfair scheint.

In der Tat bitte ich meine Mitarbeiter eigentlich darum, mir zu vertrauen. Wenn ich in der Vergangenheit die ersten drei Taktiken richtig angewandt und das Recht auf das letzte Wort sparsam ausgeübt habe, dürfte es mir nicht schwerfallen, dieses Vertrauen zu bekommen.

Die gefährlichste Annahme

Die gefährlichste Annahme im Geschäftsleben ist die, daß die Dinge immer gleich bleiben: Die Kunden entwickeln sich nicht weiter, die Klienten werden nie mehr einen Schritt ohne Sie tun, und die Konkurrenten treten auf der Stelle, während Sie mit voller Kraft voraussegeln.

Natürlich wissen gute Manager und Unternehmerinnen, daß dies nicht stimmt. Sie wissen, daß einer der Schlüssel zum Erfolg darin liegt, sich die Tatsache des Wandels und die Notwendigkeit schneller Reaktionen bewußtzumachen. Ende der neunziger Jahre wissen wir zumindest eins mit Gewißheit: Die Dinge verändern sich mit Überschallgeschwindigkeit.

So offensichtlich dies auch sein mag, so erstaunt bin ich immer wieder darüber, wie sehr der Faktor der *Veränderungen* vernachlässigt wird, wenn es um Entscheidungen geht. Dieselben Menschen, die wissen, daß sie sich ständig anpassen müssen, um mit Kunden und Konkurrenten Schritt zu halten, halten plötzlich nichts mehr von Anpassung, wenn es um die Entscheidungsfindung geht.

Sie lehnen einen Vorschlag mit den Worten ab: »Wir haben das vor fünf Jahren ausprobiert, und es war eine Katastrophe.« Bei der Entscheidungsfindung nehmen sie an, daß alles immer gleich bleibt. Sie vergessen, daß die betreffende Idee vor fünf Jahren »ihrer Zeit voraus« war, während jetzt vielleicht genau die richtigen Bedingungen dafür herrschen.

Andererseits akzeptieren sie eine Idee und behaupten: »Das hat vor fünf Jahren funktioniert, also dürfte es auch jetzt wieder funktionieren.« Auch mit dieser Argumentation unterstellen sie, daß die Welt stillsteht. Bewährte und gute Ideen können als Flops enden, wenn Sie von dieser falschen Annahme ausgehen.

Dies wurde mir von Julian Bach, dem Leiter unserer IMG Bach Literary Agency vor Augen geführt. Er erzählte mir, wie er nach dem Zweiten Weltkrieg als junger Reporter für *Life* mit einem Rumänen, der vor den Nazis geflohen war, zu Mittag aß. Der junge Mann verdiente in New York City mehr schlecht als recht seinen Lebensunterhalt, indem er im alten Metropolitan Opera House Programme verkaufte, als der große Impresario Sol Hurok dort Ballettaufführungen inszenierte.

Es war ein schöner Dienstagabend im Mai. Die Met war ausverkauft. Zwei große Stars tanzten. Der junge Mann verkaufte fast alle Programme.

In der nächsten Woche – es war wieder Dienstag, das Wetter war ebenso schön, dieselben beiden Stars tanzten dasselbe Ballet und die Met war wieder bis auf den letzten Platz besetzt – verkaufte er kaum ein Programm.

Die Türen wurden geschlossen. Der Vorhang ging auf. Hurok und der Flüchtling waren alleine in der Halle. Der junge Mann zeigte Hurok die nicht verkauften Programme und meinte, er könne sich überhaupt nicht vorstellen, welchen Grund sein heutiger Mißerfolg habe.

Hurok meinte: »Das ist ganz einfach.«

»Was meinen Sie mit ›einfach‹?« fragte der Flüchtling sichtlich ärgerlich.

Hurok sagte: »Es ist ein anderer Dienstag.«

Denken Sie das nächste Mal daran, wenn ein Kunde, Vorgesetzter oder Kollege Ihre Idee in Stücke reißt, nur weil es sich um einen Vorschlag handelt, der *schon einmal schiefgegangen ist* oder – umgekehrt *schon einmal funktioniert hat*. Immer wenn Sie jemanden im Geschäftsleben sagen hören: »Es ist dasselbe«, dann sollten Sie nicht daran glauben. Es ist immer ein anderer Dienstag.

Hüten Sie sich vor Zahlenakrobatik

In meinem vorangegangenen Buch *Die Schule des Verhandelns* habe ich beschrieben, wie zwei Kollegen über Kosteneinsparungen in unserer Niederlassung in New York sprachen. Es ging um ein Apartment, das wir für Kunden, die uns besuchten, gemietet hatten. Eine Mitarbeiterin vertrat den Standpunkt, daß man mit dem Apartment sogar Geld einnehmen könnte: »Dazu müßten wir nur jede Woche einen Kunden im Apartment unterbringen und dafür 500 Dollar pro Woche verlangen. Multipliziert mit 52 Wochen wären das 26 000 Dollar, und damit ließe sich unsere Miete abdecken.« Sie verwendete dieselbe Formel noch für einige andere Dinge, bis das Apartment aussah wie ein Profit Center.

Ein Kollege unterbrach sie schließlich und sagte: »Das klingt gut, aber das ist doch nur Zahlenakrobatik. Ich zweifle ernsthaft daran, ob das Apartment jede Woche belegt wäre.«

Mir gefiel der Begriff »Zahlenakrobatik«. Darin waren all die falschen oder künstlich aufgeblasenen Annahmen zusammengefaßt, die unsere Entscheidungsfindung täglich vergiften. Auf die eine oder andere Weise lassen wir uns alle zur Zahlenakrobatik hinreißen. Wie oft beginnen wir eine Argumentation mit einer eindrucksvollen Zahl oder Tatsache und begründen darauf eine Kette von Ereignissen, die zu einem konkreten Ziel führt. Aber in der Realität kommt es normalerweise immer ganz anders. Selbst wenn wir von relativ soliden Annahmen ausgehen, entwickeln sich die Dinge selten genau so, wie wir es uns vorstellen.

Wie die besten Verhandlungsführer achten auch die besten Entscheider immer auf Anzeichen für Zahlenakrobatik – bei sich selbst wie bei anderen. Auf diese Weise schärfen sie ihr Urteilsvermögen.

Die Gefahren der Zahlenakrobatik sind dann am offensichtlichsten, wenn es um Budgets und Prognosen geht.

Grundsätzlich reagieren die Menschen auf dreierlei Weise auf Prognosen.

Es gibt die ewigen Optimisten, die die Umsatzentwicklung regelmäßig überschätzen und folglich immer hinter ihren Zielen zurückbleiben.

Es gibt auch die ewigen Pessimisten, die ihre Prognosen immer zu niedrig ansetzen, damit sie ihre Ziele am Jahresende übertreffen und sich als Helden feiern lassen können.

Und dann gibt es noch diejenigen, deren Prognosen jahrein, jahraus fast immer stimmen.

Natürlich kennen letztere die Gefahren der Zahlenakrobatik am besten. Sie kennen alle Variablen, die ihre Annahmen gefährden können – und berücksichtigen sie in ihren Prognosen.

Ebenso offensichtlich ist, daß die ewigen Optimisten die Gefahren der Zahlenakrobatik nicht kennen. Sie halten, aus welchem Grund auch immer, standhaft daran fest, völlig unrealistische

Annahmen zu treffen. Ihre Trugschlüsse spiegeln sich unweigerlich in ihrer Leistung wieder.

Aber auch die ewigen Pessimisten können gefährlich sein. Sie begehen ebenfalls den Fehler der Zahlenakrobatik. Der einzige Unterschied ist der, daß ihre Zahlen zu vorsichtig und nicht zu großzügig sind. Ich habe aber im Lauf der Jahre gelernt, daß eine zu bescheidene Prognose für die Führung eines Unternehmens ebenso schlecht ist wie eine zu ehrgeizige.

Ich kann natürlich gut nachvollziehen, warum Führungskräfte zu niedrige Prognosen erstellen. Wenn sie insgeheim hoffen, im nächsten Jahr einen Gewinn von 100 000 Dollar auszuweisen, und nur 10 000 Dollar prognostizieren, dann sehen sie wie Helden aus, wenn sie schließlich 80 000 Dollar vorweisen können. Aber dabei denken sie nicht daran, daß das Unternehmen niemals wachsen würde, wenn es seine Expansion, Einstellungen, neuen Büros und den Cash Flow auf der Basis dieser 10 000 Dollar planen würde.

Ein guter Manager korrigiert deshalb seine Mitarbeiter nicht nur, wenn sie zu viel versprechen, sondern auch dann, wenn sie zu niedrige Ziele ansetzen.

Motivation mit Zahlenakrobatik

Der Vorteil an der Zahlenakrobatik ist der, daß sie ein großartiges Motivationsinstrument sein kann. Obwohl ich als Manager meine Entscheidungen nicht auf ein aufgeblähtes Zahlenwerk begründen möchte, hat mich das nicht davon abgehalten, Ziele aufzublähen, um Beschäftigte zu besseren Leistungen anzuhalten.

Wenn ein Mitarbeiter die an ihn gestellten Erwartungen nicht erfüllt, beispielsweise beim Verkauf eines Video-Golflehrgangs, dann verwende ich dieselbe reine Mathematik, die der Produzent des Golfvideos bei mir verwendete. Ich höre mich sagen: »Sie wollen mir also sagen, daß es in Anbetracht von 10 Millionen begeisterten Golfspielern nicht möglich ist, 100 000 von ihnen – das sind magere 1 Prozent – dazu zu bewegen, 19,95 Dollar für dieses Video zu bezahlen?« Wenn ich damit sonst nichts erreiche, dann zumindest das, daß die betreffenden Mitarbeiter mein Büro mit einem neuen Verständnis dieses Videos sowie meiner Erwartungen an sie verlassen.

Zahlenakrobatik mag eine lausige Methode sein, um Entscheidungen zu treffen. Aber sie läßt sich mit etwas Phantasie durchaus dazu verwenden, andere zu höheren Leistungen anzuspornen.

Kapitel 6
Effektivere Besprechungen

Im Zweifelsfall verzichten

Jeder kennt die Standardratschläge, um Besprechungen mit einem größtmöglichen Nutzen abzuhalten. Dazu gehört es, pünktlich anzufangen, sich an die Tagesordnung zu halten und den Raum erst dann zu verlassen, wenn ein Beschluß gefaßt wurde (selbst wenn nur der Termin für das nächste Meeting festgelegt wird).

Wenn die Teilnehmer einer Besprechung erst einmal versammelt sind, dürften diese Ratschläge durchaus ihre Gültigkeit haben. Aber damit ist noch nichts zur Frage gesagt, ob das Meeting überhaupt notwendig war. Deshalb sollten Sie sich die folgenden fünf Fragen stellen, *bevor* Sie ein Meeting einberufen:

1. Setzen Sie Besprechungen immer dann an, wenn Sie Lücken in Ihrem Terminkalender haben? Vorgesetzte führen Besprechungen nicht aus Boshaftigkeit durch. Manchmal tun sie es aus reiner Gewohnheit: Besprechungen werden abgehalten, wenn nichts anderes Wichtiges ansteht. Diese Einstellung ist jedoch dem Unternehmenswohl nicht sehr zuträglich, weil damit den Mitarbeitern Zeit gestohlen wird – Zeit, die sie dringend für sinnvollere Tätigkeiten benötigen würden. Es gibt viele Gründe, warum man eine Mitarbeiterbesprechung anberaumen sollte, aber es sollte nicht aus einer Laune heraus geschehen.

2. Können Sie sagen: »Sie haben recht, daran habe ich nie gedacht!«?
Viele Meetings ziehen sich sinnlos in die Länge, weil der Chef sie
als Forum zur rhetorischen Selbstdarstellung betrachtet. Er sieht
sie als Gelegenheit, seine Dekrete zu verkünden, nicht aber
dafür, sich die Meinung seiner Leute anzuhören. Er steht immer
im Vordergrund. Ist es da ein Wunder, wenn solche Meetings eher
demoralisieren als inspirieren? Halten Sie deshalb keine Besprechungen ab, wenn Sie aus Angst vor einem möglichen Gesichtsver-
lust den Satz »Sie haben recht« nicht sagen können.

3. Gibt es Menschen, deren Ideen Sie grundsätzlich ablehnen? Viele
Besprechungen scheitern deshalb, weil die Chefin sich an un-
wichtigen Details aufhält. Oft trägt sie ihre Wortgefechte immer
mit denselben zwei, drei Mitarbeitern aus. Fragen Sie sich: Liegt
es an der Person oder an ihrem Konzept? Wenn ersteres zutrifft,
dann können Sie Ihr Problem nicht durch eine Besprechung
lösen.

4. Geht es Ihnen zu gut? Manche Vorgesetzte betrachten Meetings als eine Art Belohnung, bei der sie sich von ihrer eigentlichen
Arbeit erholen. Sie lassen Getränke kommen, lehnen sich bequem im Sessel zurück, legen die Füsse auf den Tisch und fordern
die Anwesenden auf, sich wie zu Hause zu fühlen. Dies mag ein
Grund dafür sein, warum sich manche Meetings so unverhältnis-
mäßig lange hinziehen: Alle fühlen sich wohl dabei. Es gibt gar
keinen Anreiz dafür, zu einem Ende zu kommen. Die Lösung für
dieses Problem ist einfach: Treffen Sie sich an einem neutralen
Ort, an dem entweder Holzstühle oder gar keine Stühle aufge-
stellt sind.

5. Wie ehrlich sind Sie selbst, und wie ehrlich sollen andere sein?
Noch schlimmer, als gar keine Auskünfte und Informationen in
Meetings zu bekommen, ist es, offenkundig falsche Auskünfte zu
bekommen. Manche Beschäftigten leiden unter dem »Wir-wollen-
den-Chef-nicht-damit-belästigen«-Syndrom: Sie geben nur gute
Nachrichten weiter, obwohl die schlechten unendlich wichtiger

sind. Bevor Sie ein Meeting ansetzen, sollten Sie sich auf das Schlimmste gefaßt machen und dafür sorgen, daß Ihre Mitarbeiter dies wissen.

Traditionen können Gift für Meetings sein

Es gibt sicherlich viele Gründe dafür, warum Traditionen in Unternehmen wichtig sind. Ob es der jährliche Betriebsausflug mit den Angehörigen, die Wochenendklausur für die Topmanager im Mai oder der Auftritt des CEO als Weihnachtsmann ist – Traditionen sind das Lebensblut eines Unternehmens. Sie verleihen ihm Charakter und Stabilität.

Es gibt jedoch einen Bereich, in dem es oft besser wäre, erst gar keine Traditionen zu entwickeln. Ich meine damit Besprechungen.

Traditionen sind Gift für jedes Meeting. Als CEO denke ich wahrscheinlich mehr über die Struktur, das Timing, die Dauer und die Form der unterschiedlichen Meetings in unserem Unternehmen nach als über jede andere Führungsaufgabe.

Meine größte Angst dabei ist die, daß wir in eingefahrene Geleise geraten.

Welche Gefahren dies birgt, habe ich vor kurzem im Zusammenhang mit unseren Meetings der Tennisdivision festgestellt. Als die Abteilung ungefähr ein Zehntel so groß wie jetzt war, fand das große Jahresmeeting der Tennisdivision traditionellerweise innerhalb eines festgesetzten Zeitraums an einem bestimmten Tag im August statt, wenn sich jeder in New York bei den New York Open aufhielt. Innerhalb der festgelegten Zeit konnten wir alle anstehenden Themen besprechen. Die Gruppe war klein genug, um sinnvolle Ergebnisse zu erarbeiten. Alle Anwesenden hatten Gelegenheit, sich an der Diskussion zu beteiligen. Außerdem waren die Themen der Tagesordnung von direktem Interesse für alle Anwesenden.

Aber als die Tennisdivision wuchs und sie neben dem traditionellen Management von Tennisspielern weitere Aufgaben bekam –

etwa Marketingaktivitäten in den Bereichen Veranstaltungen, Produkte, Ferien- und Freizeitanlagen –, wurde das Jahresmeeting trotzdem weiterhin in derselben Form abgehalten. Leider reichte die Zeit nicht mehr aus, um alle neuen Bereiche adäquat abzudecken. Gleichzeitig bedeutete das auch, daß die Teilnahme für viele reine Zeitverschwendung war. Es konnte passieren, daß man eine halbe Stunde einer Diskussion zwischen vier Leuten zuhörte, während die restlichen 36 Anwesenden Däumchen drehten, weil sie mit dem Thema gar nichts zu tun hatten. Sie konnten nicht mitreden und nicht einmal etwas dabei lernen. Kurz: Die Tradition hatte das Meeting unergiebig und kontraproduktiv gemacht.

Meine Empfehlung ist daher simpel: Wenn Sie ein dynamisches, sich stets veränderndes Unternehmen leiten, sollten Sie in regelmäßigen Abständen die komplette Struktur Ihrer Meetings unter die Lupe nehmen. Stellen Sie jeden Aspekt der Meetings – Tagesordnung, Ablauf, Dauer, Ort, Teilnehmer – in Frage und analysieren Sie besonders rigoros diejenigen Merkmale, die einzig und allein deshalb so sind, weil sie immer so waren. Ein guter Manager weiß genau, wo er die Axt ansetzen muß, wenn er hört, daß »man das hier schon immer so gemacht hat«.

Im folgenden sind drei Faktoren beschrieben, die bei der Planung von Besprechungen besonders genau überlegt werden müssen.

1. Wer nimmt teil?

Der heikelste Aspekt bei der Planung einer Besprechung ist die Frage, wer daran teilnehmen soll.

Besonders schwierig ist es, Meetings zu verkleinern. Wenn ich in einem Jahr zehn Personen nach London bitte, um mit ihnen über unsere Immobilienprojekte zu sprechen, erwarten sie, daß sie auch im folgenden Jahr wieder mit dabei sind. Sie sehen sich als Gründungsmitglieder des »Immobilienausschusses«. Manche vollführen die unglaublichsten Verrenkungen, nur um sicherzustellen, daß sie auch beim nächsten Mal wieder dabei sind.

Damit ist natürlich die Gefahr gegeben, daß unsere Immobilienmeetings immer größer werden – und immer unproduktiver. Im zweiten Jahr kommen vielleicht drei weitere Teilnehmer zu den ursprünglichen zehn Teilnehmern hinzu. Im dritten Jahr gesellen sich vielleicht noch einmal zwei Mitarbeiter zu den nun »traditionellen« dreizehn Meetingteilnehmern dazu. Ein guter Manager erkennt diese Gefahr und entscheidet immer wieder neu über die Teilnehmerliste. Es mag zwar unhöflich erscheinen, jemanden »auszuladen«, aber gleichzeitig machen Sie damit den Anwesenden ein großes Kompliment – denn Sie respektieren ihre Zeit.

2. Der Ablauf

Auch für den Ablauf von Besprechungen ist es eher von Nachteil, sich an gewohnte Traditionen zu halten.

Ich kenne einen Manager, der sämtliche vierteljährlichen Abteilungsmeetings stets auf dieselbe Weise abhält: Er eröffnet das Meeting mit einigen kurzen Bemerkungen, fragt seine Stellvertreterin, ob sie etwas zu berichten hat, und erteilt dann reihum das Wort. Die Tagesordnung ist eigentlich mit der Sitzordnung identisch.

Ein anderer Manager geht genau umgekehrt vor: Er dominiert sämtliche Besprechungen, indem er stundenlang redet, und erst wenn die Zeit schon knapp wird, bittet er die Anwesenden um ihre Stellungnahme.

Ich weiß aus zuverlässiger Quelle, daß die Meetings dieser beiden Manager gefürchtete Ereignisse sind – weil sie so vorhersagbar sind. Im ersten Fall wissen die Anwesenden, daß man ihnen das Wort erteilt, auch wenn sie gar nichts Wichtiges zu sagen haben, und bereiten deshalb ein Statement vor. Im zweiten Fall sind die Teilnehmer genauso unmotiviert, weil sie wissen, daß sie ohnehin keine Chance haben, ihren Standpunkt zu erläutern.

Die meisten Führungskräfte leiten Besprechungen vermutlich nach einem gewohnten Muster. Einige möchten dominieren, während andere gerne eine Schiedsrichterrolle einnehmen. Manche würden am liebsten nur sich selbst reden hören, und die anderen provozieren Konflikte, um zu sehen, wie sie gelöst werden.

Welchen Stil haben Sie? Läuft jedes Ihrer Meetings nach demselben ermüdenden Muster ab? Würden Ihre Mitarbeiter vielleicht mehr Begeisterung an den Tag legen, wenn Sie einmal etwas Neues ausprobieren würden?

3. Die Dauer der Besprechungen

Am schwierigsten ist es wohl, die gewohnte Dauer von Besprechungen zu ändern. Die allwöchentliche Montagsbesprechung, die von 9 bis 12 Uhr angesetzt ist, wird immer drei Stunden dauern – unabhängig davon, ob es viel oder wenig zu besprechen gibt. Warum? Weil die Teilnehmer an eine dreistündige Besprechung gewöhnt sind und (wie um das Parkinsonsche Gesetz zu bestätigen) ihr Arbeitstempo und ihre Diskussionsbeiträge so anpassen, daß sie dafür drei Stunden benötigen.

Nicht anders ist es mit den monatlichen Vertriebsmeetings oder der vierteljährlichen Zusammenkunft der Topmanager. Wenn die Teilnehmer wissen, daß eine Besprechung immer acht Stunden dauert, dann machen sie eben niemals früher Schluß.

Bezeichnenderweise ist gerade die Dauer einer Besprechung derjenige Faktor, den Sie am leichtesten beeinflussen können – wenn Sie Ihre Hausaufgaben erledigen, bevor Sie zusammenkommen.

Ich erstelle immer eine Tagesordnung, bevor ich in ein Meeting gehe. Ich teile diese den Anwesenden nicht unbedingt mit, und ich verteile sie auch nicht am Eingang des Raumes, wie manche Manager es gerne tun. Aber ich mache mir vorher gründlich Gedanken darüber. Wenn ich 35 Punkte besprechen muß, gehe ich mit der Genauigkeit eines Buchhalters an die Planung. Ich schätze, wieviel Zeit wir für jeden Punkt benötigen, und rechne noch etwas Zeit für Ablenkungen dazu. Wenn es sich um ein Meeting mit Topmanagern handelt, die meist redseliger sind und mehr Diskussionsbeiträge für notwendig erachten, frage ich sie frühzeitig, welche

Punkte sie zur Tagesordnung hinzufügen wollen und wieviel Zeit sie dafür veranschlagen. Dann weiß ich, wie lange das Meeting dauern sollte.

Gleichzeitig weiß ich auch, in welcher Reihenfolge ich meine 35 Tagesordnungspunkte ansetzen muß. In der Regel behandle ich die kurzen, einfachen Themen zuerst und beschäftige mich dann mit den anspruchsvolleren Fragen. Aus Erfahrung habe ich gelernt, daß es besser ist, 34 Punkte abgehakt zu haben und dann eine komplizierte Diskussion zu vertagen, als diese lange Debatte an den Anfang zu setzen und dann beispielsweise 21 der 34 Punkte nicht mehr besprechen zu können.

Erstaunlicherweise kenne ich aber viele Manager, die genau andersherum vorgehen. Sie setzen ein vierstündiges Meeting an und hoffen, daß sie ihre 35 Punkte darin unterbringen. Wenn sie dann bei einem Thema 45 Minuten stecken bleiben, machen sie sich nicht klar, daß ihnen nur noch 195 Minuten für 34 Punkte bleiben – etwa fünf Minuten pro Thema. Wenn sie nachrechnen würden, wäre ihnen klar, daß diese Zeit nicht ausreicht.

Das Ärgerliche an solchen Meetings ist nicht, daß für ein einziges Thema 45 Minuten draufgehen. Das ist ganz in Ordnung. Aber warum plant man für ein Meeting aus reiner Gewohnheit nur vier Stunden ein, wenn man mit etwas Vorausblick wissen müßte, daß es mindestens acht Stunden dauert?

Seien Sie dankbar, wenn Ihre Leute anderer Meinung sind als Sie

Der CEO einer mittelgroßen Firma beschrieb mir eine Situation, die er erlebt hatte und in der sich wahrscheinlich jeder Unternehmer mit Schaudern wiedererkennt.

Er kam gerade aus einem ganztätigen internen Meeting, das erschreckend ruhig und harmonisch verlaufen war. Ich erinnere mich, daß er das Wort »erschreckend« verwendet hatte, weil er eigentlich wußte, daß einige Anwesende mit den im Meeting getroffenen Entscheidungen nicht einverstanden waren. Aber entweder hatten sie einfach keine Lust, dies zu sagen, oder sie hatten Angst davor. Er hielt dies für geradezu unheimlich und fragte sich, wie er dazu beitragen könnte, daß auch abweichende Meinungen geäußert und offenere Debatten in Gang gesetzt würden.

Er tat gut daran, sich Sorgen zu machen. Ich ziehe ein Unternehmen, in dem es üblich ist, abweichende Meinungen zu äußern, einem Unternehmen vor, in dem alle stets einer Meinung sind. Absolute Harmonie ist ungesund. Selbst die Japaner mit ihrem besessenen Bestreben, einen Konsens unter den Beschäftigten herbeizuführen, erlangen diese Harmonie nur durch einen lebendigen (und respektvollen) Prozeß der Auseinandersetzung.

Im folgenden werden zwei Vorschläge beschrieben, wie man in jedem Unternehmen eine gesunde Streitkultur entwickeln kann.

1. Der Versuchsballon

Ein kluger Mann sagte mir einmal, seine größte Angst sei die, irgendwann nicht mehr zu wissen, wer die »Jasager« in seiner Umgebung seien und wer ihm die ungeschminkte Wahrheit sage. »An dem Tag, an dem ich den Unterschied nicht mehr kenne, bin ich erledigt«, meinte er.

Aus diesem Grund äußerte er in regelmäßigen Abständen provozierende Meinungen, um seine Mitarbeiter zu testen. Er griff beispielsweise die Ideen eines Mitarbeiters an, auch wenn er insgeheim mit ihm übereinstimmte, und sagte: »Sie wissen doch gar nicht, wovon Sie sprechen!« Wenn der Mitarbeiter seine Meinung verteidigte, dann war er beruhigt. Gab der Mitarbeiter dagegen sofort nach, hatte er den Test nicht bestanden.

»Es ist wie mit des Kaisers neuen Kleidern«, sagte dieser Manager. »Ich weiß, daß es Leute gibt, die glauben, daß ich nicht ganz bei Verstand bin, wenn ich manche Dinge sage. Aber wenn ich einmal wirklich falsch liege, dann möchte ich, daß man mir das auch sagt.«

Wenn Sie möchten, daß Ihre Mitarbeiter eine bessere Streitkultur entwickeln, sollten Sie den ersten Stein werfen.

2. Die abweichende Meinung

Wenn die neun Richter des Obersten Bundesgerichts in den USA einen Fall mit 6 zu 3 Stimmen entscheiden, begründen sie ihr Urteil mit der Mehrheitsmeinung, geben aber auch den Standpunkt der drei Abweichler bekannt. Viele Rechtswissenschaftler werden Ihnen bestätigen, daß diese Gegenmeinungen oft hochinteressant sind.

Manche Unternehmen wenden eine Abwandlung dieses Systems an, um Diskussionen in Gang zu setzen und die Beschäftigten zu mehr Ideenreichtum anzuhalten. Bei Motorola kann beispielsweise jeder Mitarbeiter einen »Minderheitsbericht« vorlegen, wenn er glaubt, daß seine Ideen und Vorschläge nicht angemessen berücksichtigt werden. Diese Berichte werden nicht einfach abgeheftet oder vom jeweiligen Vorgesetzten totgeschwiegen. Im Gegenteil: Sie werden von dessen Vorgesetzten geprüft und es wird offen darüber diskutiert. Außerdem gilt es als feige, sich beim Autoren eines »Minderheitsberichts«, über den man sich geärgert hat, in irgendeiner Form zu »revanchieren«. Ich bezweifle, ob dieses System sich für alle Arten von Unternehmen eignet. Niemand möchte eine Unternehmenskultur schaffen, in der die Mitarbeiter ständig damit beschäftigt sind, ihre Ideen in irgendwelche offiziellen Akten aufnehmen zu lassen. Aber wenn Sie wirklich eine gesunde Streitkultur entwickeln wollen, müssen Sie Ihren Beschäftigten auch die entsprechenden Kommunikationskanäle zur Verfügung stellen. Ebenso wichtig ist es, ihnen deutlich zu machen, daß sie für abweichende Meinungen nicht bestraft werden. Die abweichende Meinung scheint »to fit the bill«.

Kontrollieren Sie die Abfolge der Ereignisse

Ich bin überzeugt davon, daß die meisten Menschen im Geschäftsleben zu wenig berücksichtigen, wie wichtig es sein kann, die Chronologie von Ereignissen zu beeinflussen – sich also zu fragen, wem sie welche Informationen zuerst zukommen lassen.

Wenn sie ein Meeting durchführen, denken sie nicht darüber nach, wen sie zuerst anrufen und wen als letzten.

Wenn sie ihrem Chef einen Bericht über den Fortschritt eines Projekts vorlegen, verschwenden sie keinen Gedanken daran, mit welchen Leistungen sie beginnen und mit welchen sie abschließen sollten.

Wenn sie in einer Verkaufspräsentation eine Reihe von Ideen präsentieren, überlegen sie nicht, ob sie durch eine geschickte Wahl der Reihenfolge ihre Pluspunkte hervorheben und die Minuspunkte in den Hintergrund treten lassen können.

Trotzdem ist es unglaublich einfach, die Chronologie der drei oben genannten Situationen zu kontrollieren. Die Vorteile können beträchtlich sein.

Ich erinnere mich an eine Besprechung in unserem Londoner Büro, die illustriert, wie einfach es ist, die Abfolge der Ereignisse zu beeinflussen, und welch immense Auswirkungen es haben kann, wenn man mit ein wenig Phantasie zu Werk geht.

In unserer Niederlassung in London hatte sich zwischen der Fernsehdivision und den anderen Divisionen von IMG eine Kluft gebildet. Die Fernsehdivision war sehr erfolgreich geworden und hatte angefangen, sich in ihrem Selbstverständnis vom Unternehmen abzukoppeln. Diese Primadonna-Attitüde wurde vom Leiter der TV-Division so gefördert, daß sie schon das Weiterbestehen des Büros bedrohte.

Ich setzte also eine Besprechung an, in der ich die Schwierigkeiten beilegen wollte. Sämtliche europäischen TV-Vertriebs- und Produktionsmitarbeiter waren eingeladen. Ich war darauf vorbereitet, eine lange Liste von Beschwerden zu diskutieren und, wenn nötig, den Anwesenden deutlich zu machen, wie wichtig die innerbetriebliche Zusammenarbeit war.

Aber ich gab meinen Plan sofort auf, als ich die Sitzordnung im Raum sah und bemerkte, daß der abtrünnige Leiter des TV-Bereichs unmittelbar zu meiner Linken saß.

Also hielt ich eine kurze Rede über meine Unternehmensvision und über das Verhalten, das ich von den Angehörigen von IMG erwartete. Dann stellte ich jedem einzelnen die Frage: »Ist Ihnen bewußt, daß Sie in erster Linie für IMG und nicht nur für die TV-Division arbeiten, und daß man dies an Ihren Prioritäten erkennen sollte? Antworten Sie einfach nur mit Ja oder Nein.«

Ich begann mit der Person zu meiner Rechten und machte so die Runde im Raum. Ein Mitarbeiter nach dem anderen antwortete mit »Ja«, und bestätigte meine Entscheidung. Nachdem meine Frage ausnahmslos positiv beantwortet worden war, kam die Reihe schließlich an den Divisionsleiter, der mittlerweile ebenso verblüfft wie zornig war.

Ich muß zu seinen Gunsten sagen, daß er bei seiner Meinung blieb. Er sagte: »Nein«.

Aber dieses »Theater«-Stück hatte ihn doch aus der Fassung gebracht und ihm ganz deutlich gezeigt, daß er sich in Widerspruch zu den Zielen der Mitarbeiter und unserer Firma befand. Dies war der Anfang von seinem Ende bei IMG. Ich zweifle sehr daran, ob dieses Meeting so schnell, schmerzlos und effektiv abgelaufen wäre, wenn ich meine Frage zuerst an ihn gestellt hätte.

Natürlich verläuft es nicht immer so theatralisch, wenn man die Ereignisse in einer Besprechung kontrollieren will. In der Tat erreichen Sie oft noch viel bessere Ergebnisse, wenn Sie die Bedeutung des chronologischen Ablaufs herunterspielen und die anderen sich ihrer gar nicht bewußt sind.

Nehmen wir beispielsweise an, daß ich mich mit einem Klienten treffe, um unsere Aktivitäten für ihn zu besprechen. Wir haben nicht weniger als 25 Themen auf der Tagesordnung. Die Diskussion von ein oder zwei Themen bereitet mir etwas Bauchschmerzen, weil ich mit unseren Leistungen in diesen Bereichen nicht besonders zufrieden bin.

Wenn ich über die Tagesordnung bestimmen kann, bin ich schlecht beraten, die Besprechung gleich mit diesen Minuspunkten zu eröffnen. Denn dann fordere ich Kritik geradezu heraus und werde in die Defensive gedrängt. Dies kann den restlichen Verlauf des Meetings negativ färben. Trotzdem erstaunt es mich, wie häufig Meetings tatsächlich mit dem Satz eingeleitet werden: »Zunächst einmal die schlechten Nachrichten …« – als würde die Besprechung der negativen Punkte garantieren, daß der Rest des Meetings reibungslos verläuft. Das ist aber praktisch nie der Fall.

Ich bevorzuge eine andere Vorgehensweise: Vor dem heiklen Thema bespreche ich drei oder vier Punkte, in denen wir hervorragende Arbeit geleistet haben. Das gibt mir dann das Selbstvertrauen, zu sagen: »Sie haben gerade gehört, was wir für Sie in Australien erreichen konnten. Sie haben auch von dem wahnsinnigen Geschäft in Frankreich erfahren. Und Sie haben einen 100 000-$-Scheck aus Kanada erhalten. Es gibt nun auch ein Projekt in Spanien, in dem wir, offen gestanden, nicht so viel erreichen konnten.«

Mit diesem Vorgehen wird der Schlag abgefedert. In Anbetracht all dessen, was wir für den Klienten in Australien, Frankreich und Kanada getan haben, wird er uns unsere schwachen Ergebnisse in Spanien nachsehen. Ein weiterer Pluspunkt dieser Methode ist der, daß der Gesprächspartner höchstwahrscheinlich gar nicht bemerkt, warum ich die Themen in dieser Reihenfolge anschneide.

Diese Methode eignet sich auch dazu, Vorgesetzte oder Kunden von den eigenen Ideen zu überzeugen. In welcher Abfolge präsentieren Sie eine Liste mit 20 Ideen, von denen nur vier wirklich hervorragend sind?

Manche Leute fangen mit den besten Ideen an und hören mit den schwächsten Vorschlägen auf. Ich halte das für ungeschickt, unter anderem deshalb, weil die Besprechung dann mit einem Mißklang endet.

Andere kehren diese Reihenfolge um und beginnen mit den schlechten Ideen, um dann mit einem tollen Endspurt zu beeindrucken. Dabei gehen sie allerdings das Risiko ein, daß ihre Zuhörer schon längst das Interesse verloren haben, wenn sie zum großen Finale ansetzen.

Ich persönlich ziehe eine gute Mischung aus beiden Methoden vor: Ich würde mit zwei oder drei schwachen Ideen anfangen und mein Publikum dann mit einem sehr guten Vorschlag überraschen. Dieses Muster würde ich dann beibehalten. Ich habe festgestellt, daß eine gute Idee noch mehr Anklang findet, wenn ihr eine schlechte Idee vorausgegangen ist.

Wenn man zu wenig darüber nachdenkt, in welcher Reihenfolge die *Inhalte* eines Meetings diskutiert werden sollen, kann man auch nicht entscheiden, in welcher Reihenfolge die *Personen* zu Wort kommen. Dabei können Sie viel gewinnen, wenn Sie die Reihenfolge der Personen kontrollieren, denen Sie das Wort erteilen.

Wird ein kontroverses Thema diskutiert, sind Sie besser beraten, wenn Sie zuerst diejenigen zu Wort kommen lassen, die Ihre Position unterstützen. Wenn Sie glauben, daß Joe, Tom, Beth, Susan und Bill für Ihren Standpunkt sind und Tony dagegen ist, sollten Sie die fünf Unterstützer zuerst zu einer Stellungnahme auffordern. Wenn sich dann fünf Personen für Ihre Position ausgesprochen haben, wird es Tony mit jedem noch so leidenschaftlichen Plädoyer sehr schwer haben.

Aber wenn Sie ein wahrer Meister in der Kunst sind, die Reihenfolge der Ereignisse zu kontrollieren, werden Sie vielleicht schon vor dem Meeting bei Joe, Tom, Beth, Susan und Bill gut Wetter machen und ihnen sagen, was Sie vorhaben.

Schleppen Sie keine ungelösten Probleme in eine Besprechung!

Als ich anfing regelmäßige Geschäftsreisen nach Europa zu machen, saß ich einmal auf einem Flug New York – London neben einem jungen Fernsehmanager, der Hobbygolfspieler war. Wir kamen ins Gespräch und trafen uns danach einige Male, um mögliche Projekte zu besprechen. Er sagte mir immer wieder: »Sie sollten wirklich meinen Chairman treffen. Er ist ein Golf-Fan und könnte für Sie und den Sport viel tun.«

In der Tat war ich an einer solchen Kontaktaufnahme sehr interessiert. Auf meiner Liste der Firmenchefs, die ich am liebsten treffen wollte, befand sich dieser Mann ganz oben. Also sollte bei meinem nächsten Besuch in London ein erstes Gespräch stattfinden. Zur vereinbarten Stunde erschien ich in der imposanten Unternehmenszentrale. Mein neuer Freund holte mich in der Eingangshalle ab und brachte mich zum Büro des Chairmans, wo uns eine Sekretärin mitteilte, daß er sich in seinem Terminplan um ein paar Minuten verspätet hatte. Mein Freund und ich kehrten in sein Büro zurück und vertrieben uns die Zeit mit Small Talk. Nach fünfzehn Minuten, als der Small Talk zum Erliegen kam, wurde mein Freund zunehmend nervös. Dieses Meeting war für ihn ebenso wichtig wie für mich. Er rief die Sekretärin des Chairman an, um sie daran zu erinnern, daß wir warteten.

Weitere 15 Minuten vergingen. Mein Freund rief nochmals an. Schließlich wurden wir in das Allerheiligste geleitet. Der Chairman hätte nicht freundlicher und charmanter sein können. Ich hatte mir drei Minuten Zeit erhofft, um mich ihm vorstellen zu können, und er widmete mir 30 Minuten, um mir zu erläutern, auf welche Weise wir beim Golf ins Geschäft kommen könnten. Er forderte mich ausdrücklich auf, jederzeit direkt Kontakt zu ihm aufzunehmen, wenn ich eine gute Idee hätte. Ich hatte zu diesem Zeitpunkt keine Ahnung, was für ein Notfall ihn aufgehalten hatte, und wenn er erregt oder abgelenkt war, dann ließ er sich das während unseres Gesprächs nicht anmerken.

Später erfuhr ich, daß an jenem Vormittag, unmittelbar vor meiner Ankunft, mehrere Topmanager überraschend ihre Ämter niedergelegt hatten (mit dem Segen einiger mißgelaunter Board-Mitglieder). Mein Freund und ich mußten warten, weil der Chairman in seinem Büro festsaß und eine Verteidigungsphalanx aus Board-Mitgliedern aufstellte, um eine Palastrevolution abzuwehren. Er befand sich mitten in einer großen Krise, ließ sich aber im Gespräch mit mir nicht das Geringste anmerken!

Dieser Mann war ein Meister der Trennung. Er wußte instinktiv, daß man die Probleme aus einem Meeting (wie schwerwiegend oder besorgniserregend sie auch waren) nicht in das nächste mitnehmen durfte. Wenn Sie dazu nicht in der Lage sind, können Sie den nächsten Termin genausogut absagen – weil Sie ohnehin nicht bei der Sache sind. Schlimmstenfalls verwirren und verärgern Sie Ihre Gesprächspartner.

Ich vermute, daß im oben genannten Fall die Tatsache eine Rolle spielte, daß der Chairman Golf spielte. Golfspieler lernen früh, wie gefährlich es ist, sich über einen schlechten Schlag noch am nächsten Loch zu ärgern. Man muß den Zorn abschütteln und weiterspielen, als wäre nichts geschehen. Das ist beim Golf leichter gesagt als getan, denn der geringste Verlust an Selbstvertrauen und Konzentration kann den Spieler völlig aus dem Konzept bringen. Aber die wirklichen Könner beherrschen diese Kunst. Sie schütteln ihre Gefühle ab, machen sich bereit zum nächsten Schlag und denken nicht mehr an den letzten.

Die Kunst der Trennung erhält eine weitere Dimension, wenn man sich klarmacht, wie wenig die meisten Menschen über die Zurschaustellung ihrer Emotionen nachdenken. Wenn sich jemand von seinen Emotionen – ob Freude oder Ärger – völlig beherrschen läßt, wird er zur leichten Zielscheibe für andere, die ihre Gefühle besser kontrollieren und die Chronologie der Ereignisse zu ihren Gunsten beeinflussen können.

So hatte ich vor einigen Jahren regelmäßig mit einem Manager zu tun, der bekannt dafür war, ein emotionales Pulverfaß zu sein. Diese Gefühlsbetontheit wirkte sich oft zum Vorteil für ihn aus. Wenn alles so lief, wie er es haben wollte, konnte er unglaublich scharfsinnig, dynamisch und großzügig sein. Er beflügelte dann ganze Abteilungen mit seiner Energie und seiner Begeisterung. Aber wenn die Dinge schlecht liefen, war er oft unglaublich streitsüchtig und unnachgiebig. Wenn ich etwas von ihm wollte, mußte ich folglich darauf achten, ihn dann anzusprechen, wenn er in Hochstimmung war.

Im Lauf der Zeit bemerkte ich, daß ich ihn im Verlauf einer einzigen Besprechung dazu bringen konnte, die Stimmung zu wechseln. Ich brauchte die Gesprächsthemen nur in der richtigen Reihenfolge vorzubringen. Wenn ich also seine ungeteilte Aufmerksamkeit brauchte, bewaffnete ich mich mit einigen sehr positiven Neuigkeiten, um das Gespräch zu beginnen. Wenn ich ihm gleich mit schlechten Nachrichten gekommen wäre, hätte ich meine Wünsche abschreiben können. Er hätte sich sofort in die Schmollecke zurückgezogen und jede Zusammenarbeit sabotiert.

Ich weiß nicht, ob ihm bewußt ist, wie manipulierbar er ist. Aber das ist einer der Vorzüge, wenn Sie die Fähigkeit der Tren-

nung beherrschen. Sobald Sie diese Eigenschaft bei sich selbst festgestellt haben, können Sie auch beurteilen, ob sie bei anderen vorhanden ist oder nicht.

Wie bildet man funktionierende Ausschüsse?

Wer behauptet, Meetings zu hassen, hat wahrscheinlich eine noch
größere Abneigung gegen Ausschüsse. Ausschüsse wurden,
ebenso wie Meetings, in den vergangenen Jahren zu Unrecht pau-
schal kritisiert – hauptsächlich deshalb, weil so viele Führungskräfte nicht wissen, wie man einen Ausschuß zum Funktionieren
bringt.

Sie bilden zu viele Ausschüsse.

Sie besetzen sie mit den falschen Leuten.

Sie erteilen dem Ausschuß keinen klaren Auftrag.

Sie ignorieren oder ändern die Entscheidungen des Ausschusses
eigenmächtig.

Ich habe im Lauf der Jahre zahlreiche Ausschüsse gebildet (und
wieder aufgelöst). Einige waren erfolgreich, andere nicht, aber aus
meiner Erfahrung habe ich gelernt, welche Voraussetzungen
erfüllt sein müssen, damit Ausschüsse funktionieren. Im folgenden werden fünf Punkte beschrieben, die man vor der ersten
Zusammenkunft eines Ausschusses berücksichtigen sollte:

1. Artikulieren Sie den Auftrag des Ausschusses
laut und deutlich

Ausschüsse werden in der Regel gebildet, um ein Problem zu
lösen. Das ist eigentlich schon die beste Eigenschaft eines jeden
Ausschusses: Er verkörpert eine Botschaft. Das ganze Unternehmen erfährt auf diese Weise, daß es ein Problem gibt, daß Sie es
ernst nehmen und daß Sie vorhaben, es zu korrigieren.

Vertun Sie diese Chance, eine Botschaft zu verkünden, nicht, indem Sie Ihren Ausschuß in aller Stille bilden. Machen Sie möglichst viel Lärm darum. Geben Sie jedem Beschäftigten ein Memo über den Ausschuß – wer dazugehört, warum er eingesetzt wurde, und welche Ergebnisse Sie erwarten. Die Mitteilung, daß ein Ausschuß eingesetzt wurde, macht die Beschäftigten nicht nur auf das Problem aufmerksam, sondern auch auf die einzelnen Ausschußmitglieder. Dadurch wiederum werden diese unter einen gesunden Erwartungsdruck gesetzt.

2. Bilden Sie keine »Elite«-Ausschüsse

Meist hat man bei der Bildung eines Ausschusses den Impuls, ihn mit Mitgliedern der oberen Ebenen zu besetzen und als Elite zu deklarieren. Dahinter steht die Hoffnung, schon durch die erlesene Zusammensetzung des Gremiums alle Entscheidungen zu legitimieren.

Diese Methode hat einige Haken.

Erstens ist es aus rein praktischer Sicht schwieriger, einen Eliteausschuß regelmäßig einzuberufen. Ihre Topmanager sind wahrscheinlich auch diejenigen, die am wenigsten Zeit für Besprechungstermine haben. Sie sind oft unterwegs, haben einen vollen Terminkalender, und sie betreuen oft zahlreiche Projekte. Wenn Sie es je für schwierig gehalten haben, ein Meeting mit einem Topmanager anzusetzen, dann stellen Sie sich einmal vor, wie es sein wird, wenn Sie mehrmals im Jahr sechs vielbeschäftigte Leute in einen Raum bekommen wollen.

Zweitens tendiert ein Eliteausschuß zur Selbstbeweihräucherung. Er hat auch kein Interesse daran, sich wieder aufzulösen. Jedes Ausschußmitglied blickt beim ersten Treffen um sich, schätzt den Rang der anderen Mitglieder ein und gratuliert sich dazu, einem so hochrangigen Gremium anzugehören. Der Ausschuß leistet vielleicht gar nicht viel, aber trotzdem sind alle so zufrieden damit, Teil dieses ehrwürdigen »Clubs« zu sein, daß sie nichts unternehmen, um ihn aufzulösen.

Drittens schließlich birgt ein Eliteausschuß die Gefahr der Mißgunst – nämlich von Seiten derer, die nicht in diese prestigeträchtige Gruppe aufgenommen wurden.

3. Suchen Sie glaubwürdige Mitglieder

Meiner Ansicht nach ist die Glaubwürdigkeit das wichtigste Kriterium für die Auswahl der Ausschußmitglieder. Damit meine ich die Glaubwürdigkeit bei den verschiedenen Interessengruppen im Unternehmen, die durch die Arbeit des Ausschusses betroffen werden.

So haben wir vor einigen Jahren in unserem Unternehmen einen Verwaltungsausschuß eingesetzt, der als Zwischenebene zwischen der Finanzabteilung und den Führungskräften in der Linie fungieren sollte. Der Auftrag dieses Ausschusses lautete, alle Verwaltungs- und Betriebsausgaben zu prüfen und Richtlinien zu empfehlen, die zur Senkung der Kosten in unseren verschiedenen Büros in Nordamerika beitragen.

Auf den ersten Blick schien der Ausschuß ein bunt zusammengewürfelter Haufen zu sein. Sämtliche Unternehmensebenen waren darin vertreten. Einige Mitarbeiter, die ich kenne, wunderten sich über die scheinbar willkürliche Auswahl, aber ich hatte mir die Zusammensetzung des Ausschusses sehr genau überlegt.

Ich wollte einen Manager dabei haben, der aus dem Veranstaltungsbereich kam. Davon versprach ich mir die Unterstützung der Veranstaltungsorganisatoren und das Ende der Vorwürfe, daß wir nichts von den Problemen der »realen Welt« wüßten, mit denen sie täglich zu tun hätten.

Ich setzte auch einen Manager aus unserem Bostoner Büro ein, der die Interessen unserer verschiedenen kleinen bis mittelgroßen Niederlassungen vertrat. Außerdem berief ich eine Mitarbeiterin aus der Buchhaltung in den Ausschuß, die die Unterstützung unseres Finanzleiters hatte.

Weiterhin setzte ich einen Rechtsanwalt ein, der mit den rechtlichen Fragen der Leitung von Niederlassungen und der Beziehungen zu Lieferanten vertraut war.

Außerdem setzte ich einen Büroleiter und eine Sekretärin ein, um das Vertrauen derjenigen Mitarbeiter zu gewinnen, die nicht zu den Führungsebenen gehörten.

Damit will ich eigentlich nur folgendes sagen: Sie brauchen keine Topmanager, damit ein Ausschuß funktioniert. Sie können Mitglieder aller Ebenen einsetzen, solange sie bei ihren jeweiligen Vorgesetzten glaubwürdig sind.

4. Dulden Sie keine Entschuldigungen für Abwesenheit

Wenn ein Ausschuß wirklich wichtig ist, sollten Sie es nicht dulden, daß jemand die Sitzungen nicht besucht. Es ist besser, eine Sitzung aufzuschieben, als sie abzuhalten, obwohl ein oder zwei Interessenvertreter fehlen. Es wird später immer jemanden geben, der Ihnen vorwirft, eine Entscheidung in seiner Abwesenheit vorangetrieben zu haben.

5. Erschüttern Sie den Status quo möglichst schnell

Im allgemeinen gilt die Regel: Wenn ein Ausschuß in den ersten zwei oder drei Monaten nichts Wesentliches erreicht hat, was man schriftlich festhalten kann, dann ist er gescheitert.

Die erste Entscheidung eines Ausschusses ist seine wichtigste. Es geht darum, daß er ein Zeichen setzt – ob er es ernst meint oder sein Interesse an der Lösung des Problems nur vortäuscht. Sorgen Sie also dafür, daß die erste Entscheidung das System erschüttert.

Kapitel 7
Kosten senken

Wie überzeugt man andere von der
»Neuen Sparsamkeit«?

Der Inhaber eines kleinen, aber um so erfolgreicheren Vertriebsunternehmens klagte mir einmal nach einem meiner Vorträge sein Leid darüber, wie schwer es sei, Kostensenkungsmaßnahmen durchzusetzen. In der Vergangenheit, als die Konjunktur auf Hochtouren lief, hatte sich niemand Gedanken über die Ausgaben gemacht. Die Gewinne schossen in den Himmel. Geld war kein Thema. Heute dagegen mußte die Firma auf jeden Pfennig sehen.

»Es ist nicht einfach, meine Leute dazu zu bewegen, den Gürtel enger zu schnallen«, sagte er. »Sie wollen die neue Sparpolitik einfach nicht begreifen. Jeder glaubt, daß sie für alle anderen gelte, nur nicht für ihn selbst.«

Mit diesem Problem stand der Unternehmer nicht alleine da. Es ist immer schwierig, gewohnte Geschäftspraktiken zu ändern, insbesondere dann, wenn es sich um unangenehme Veränderungen handelt. Mein Gesprächspartner stand vor der Aufgabe, die Kosten zu senken, ohne seine Leute zu demoralisieren.

Eigentlich bin ich nicht der richtige Mann, bei dem man sich in dieser Hinsicht Mitgefühl erhoffen könnte – denn ich war schon immer ein Kostenfanatiker. Ich war nie der Ansicht, daß Mitarbeiter sich ihre Luxusansprüche auf Firmenkosten subventionieren lassen sollten, und fahnde deshalb immer nach unnötigen oder unangemessenen Ausgaben. Und ich nehme es nicht kommentarlos hin, wenn ich auf solche Sünden stoße. Die folgenden vier Vorschläge können Managern helfen, ihre Beschäftigten an die »neue Sparsamkeit« zu gewöhnen.

1. Selektive Kontrolle

Unser Unternehmen ist schon längst viel zu groß, als daß ich noch jede Ausgabe in unseren 67 Büros auf der ganzen Welt kontrollieren könnte. Aber ich kann Schwerpunkte setzen. Ich kann unsere Finanzexperten beauftragen, bestimmte Ausgabenbereiche zu prüfen, und wenn sie auf krasse Fälle von Verschwendung stoßen, können wir die notwendigen Maßnahmen ergreifen. Ich persönlich konzentriere mich am liebsten auf die kleinen Ausgaben, die so unbedeutend erscheinen, daß niemand mit einer Kontrolle rechnet. Diese Methode bringt die Mitarbeiter ins Grübeln und läßt sie zum Schluß kommen, daß wir ganz gewiß die großen Ausgaben im Auge haben, wenn wir uns schon mit den kleinen abgeben.

Von einer bestimmten Unternehmensgröße an können Sie als Chef nicht mehr jede Ausgabe persönlich kontrollieren. Aber Ihre Leute dürfen sich dessen nie ganz sicher sein.

2. Horrorgeschichten

Ich erzähle gerne Horrorgeschichten zur Verdeutlichung meiner Botschaft. Wenn ich in einem Meeting verkünde: »Wir kontrollieren unsere Ausgaben nicht sorgfältig genug«, ist das keine sehr beeindruckende Aussage. Jeder wird gähnen und denken: »Oh nein, nicht schon wieder.« Damit erreiche ich also nichts.

Aber wenn ich konkrete Beispiele für die Verschwendung von Firmengeldern anführen kann, sieht die Sache schon anders aus.

Wir bitten beispielsweise alle unsere amerikanischen Manager, die nach Europa fliegen, ihre Telefonanrufe von Europa in die USA über USA Direct zu tätigen. Dazu brauchen sie lediglich sieben zusätzliche Ziffern zu wählen, und die Firma spart eine Menge Geld. Weil wir wissen wollten, ob unsere Bitte erfüllt wurde, prüften wir einmal die Telefonabrechnungen unserer Tennismanager bei einem Turnier in Europa. Wir stellten fest, daß die Rechnung um 800 Dollar niedriger ausgefallen wäre, wenn sie USA Direct gewählt hätten. Ich wies darauf in einem Meeting hin. Damit drückte ich mehrere Dinge gleichzeitig aus. Ich wies nicht nur auf den konkreten Betrag hin, der verschwendet worden war, sondern machte auch deutlich, daß wir alle Kostenbereiche beobachten. Diese Botschaft erreichte nicht nur die Teilnehmer des Meetings, sondern wurde mit Sicherheit auch an deren Untergebene weitergegeben. Und alle wußten, daß nicht nur USA Direct gemeint war.

3. Noch mehr Horrorgeschichten

Ich gehe sehr großzügig mit derartigen Horrorgeschichten um. Wenn ich zehn Beispielfälle kenne, führe ich sie alle an. Ich mache beim dritten Beispiel keineswegs schon Schluß, weil ich vielleicht glaube, daß meine Botschaft nun angekommen ist. Ich möchte unbedingt deutlich machen, daß ich keine Erbsenzählerei betreibe, sondern es mit meiner Auffassung der Unternehmensführung wirklich ernst meine.

4. Das Pferd nicht vom Schwanz aufzäumen

Ich ziehe es auch vor, das Pferd nicht vom Schwanz aufzuzäumen. Wenn bei einem Juniormanager Unregelmäßigkeiten in einem Ausgabenbereich festgestellt werden, dann bestrafe ich ihn nicht persönlich dafür. Vielmehr wende ich mich an seinen Vorgesetzten, der seine Zustimmung zu den fraglichen Praktiken erteilt hat. Auch damit erreiche ich zweierlei: Der Manager stellt den Fehler vor seinen Mitarbeitern klar, und er wird sich mehr als bisher darum bemühen, sie auf die Firmenlinie einzuschwören.

Wenn Sie der Verschwendung in Ihrem Unternehmen ein Ende setzen möchten, müssen Sie zuerst genau herausfinden, wo zu viel Geld ausgegeben wird. Prüfen Sie deshalb sämtliche Ausgabenposten und sammeln Sie möglichst viele »Horrorgeschichten«. Dann zeigen Sie Ihren Mitarbeitern, wie sie es besser machen können.

Wenn Sie möchten, daß Ihre »neue Sparpolitik« ernstgenommen wird, müssen Sie ganz oben anfangen. Kürzen Sie als erstes *Ihre* Ausgaben. Ein Kostensenkungsprogramm, das auf der untersten Ebene ansetzt, wird nicht funktionieren. Ein Programm, das ganz oben anfängt, wird nicht scheitern.

Vier Anmerkungen zur Notwendigkeit von Entlassungen

Als Unternehmer darf man keine Angst vor schnellem Wachstum haben. Zwar birgt ein rasantes Wachstum viele Gefahren – insbesondere im Hinblick auf das Personal, Ihre Finanzen und Ihre Fähigkeit, den Überblick zu behalten –, doch sind echte Unternehmer und Unternehmerinnen in der Regel bereit, dieses Risiko einzugehen. Sie packen Chancen beim Schopf und machen sich erst später Gedanken darüber, wie sie sie am besten verdauen.

Aber auch vor der umgekehrten Entwicklung sollten Unternehmer keine Angst haben. In Krisensituationen müssen sie bereit sein, Einschnitte vorzunehmen – und sich über die damit zusammenhängenden Fragen später Gedanken machen.

Leider ist der Personalabbau kein Bereich, in dem Unternehmer sich durch besonders kluges und entschlossenes Handeln auszeichnen. Sie handeln zu halbherzig oder zu spät. Sie schneiden Muskeln heraus, kein Fett. Sie wehren sich dagegen, »heilige Kühe« zu opfern. In vielen Fällen sind sie sogar völlig unfähig, überhaupt irgendwelche Einschnitte vorzunehmen.

Das ist nicht überraschend. Der Schneid, mit dem Sie sich in eine Existenzgründung stürzen, ist nicht identisch mit dem Mut, den Sie brauchen, um auch in Krisenzeiten im Geschäft zu bleiben. (Manche Leute sind gut in der Offensive, aber erbärmlich schlecht in der Defensive.) Der Adrenalinstoß, den man beim Aufbau eines Unternehmens erhält, ist unendlich angenehmer als der Schmerz, wenn man es verkleinern muß. Deshalb machen manche Manager beim Personalabbau alles falsch. Im folgenden beschreibe ich vier Ratschläge, die Sie beherzigen sollten, wenn Sie Einschnitte in Ihrem Unternehmen vornehmen müssen.

1. Der zweite Schnitt ist der tiefste

Die erste Kostensenkungsrunde ist meist die einfachste (sobald sich die Beschäftigten an die Idee gewöhnt haben). Wenn das Management die Ausgaben und die Personalkosten um zehn Prozent reduzieren möchte, können die Beschäftigten damit normalerweise gut umgehen. In den meisten Unternehmen gibt es genügend überflüssige Ausgaben, um eine solche Maßnahme zu rechtfertigen.

Die zweite Runde gestaltet sich dagegen schwieriger, weil nun die Führungsebenen anfangen, sich zu widersetzen. Es handelt sich um eine interessante Dynamik. Die meisten Führungskräfte glauben, daß alle Probleme mit der ersten Runde behoben worden sind. Sie wollen keine weitere Budgetkürzungen und Entlassungen – hauptsächlich aus Egoismus. Sie denken: »Wenn ich jetzt so viele Leute verliere, weiß ich nicht, was ich machen soll, wenn die Geschäfte wieder besser gehen.« Dies führt zu einer Lähmung des Kostensenkungsprogramms, weil die Führungskräfte befürchten, auf dem einmal zurückgefahrenen Niveau bleiben zu müssen.

Für dieses Problem gibt es keine einfache Lösung. Es ist aber ein guter Anfang, wenn Sie Ihren Leuten erklären, daß die Schrumpfkur nicht von Dauer ist.

2. Abbau und Expansion zur gleichen Zeit

In jeder lebendigen Firma finden gleichzeitig Abbau- und Wachstumsprozesse statt. Wenn zwei Geschäftsbereiche trotz schwacher Konjunktur wachsen, während viele andere Bereiche Probleme haben, dürfen Sie die Kürzungen nicht unterschiedslos in allen Bereichen vornehmen. Damit würden Sie lediglich Ihre Machtbasis aushöhlen.

Trotzdem kann ich es gut nachvollziehen, wenn manche Unternehmen genau diesen Fehler begehen. Wenn Sie die Budgets der Leiter von sechs krisengeschüttelten Abteilungen um 20 Prozent kürzen, dann werden diese fragen, warum nicht auch die anderen beiden Manager, die blühende Abteilungen leiten, den Gürtel enger schnallen müssen. Um des Friedens willen würden sicherlich nicht wenige Unternehmenschefs in einer solchen Situation auch die Kosten in den florierenden Abteilungen senken wollen.

Das ist natürlich Wahnsinn. Sie müssen in den schwachen Bereichen durchgreifen und gleichzeitig die starken Bereiche fördern und unterstützen.

Wenn Sie diese Vorgehensweise als eine Umverteilung von Unternehmensressourcen deklarieren, dann könnte sich dies sogar als eine moralische Unterstützung erweisen. Kürzungen und Entlassungen wecken Ängste und gefährden die Moral. Über diese Maßnahmen redet man immer, während die Personaleinstellungen und Erfolge in den anderen Bereichen untergehen. Sorgen Sie dafür, daß es umgekehrt ist.

3. Drohungen sind wirksam

Entlassungen werden deshalb so ungern durchgesetzt, weil man damit andere Menschen verletzt. Wenn Sie Ihre Führungskräfte bitten, ihr Weiterbildungsbudget zu kürzen oder die Anschaffung neuer Computer aufzuschieben, können sie damit normalerweise leben. Aber wenn sie Leute entlassen sollen, hat dies eine ganz andere Qualität.

Dies liegt nicht nur daran, daß es den meisten Menschen so unangenehm ist, Beschäftigte zu entlassen. Entlassungen lassen oft auch Zweifel am Urteilsvermögen eines Managers entstehen. Denn im allgemeinen glauben Manager an die Fähigkeiten ihrer Mitarbeiter. Warum sonst hätten sie sie eingestellt und befördert? Bei einer Entlassung müssen dieselben Manager zugeben, daß diejenigen Leute, die sie jahrelang gelobt haben, plötzlich entbehrlich sind. Dies ist also auch ein Schlag gegen ihre Fähigkeiten als Führungskräfte.

Letztlich bedeutet dies, daß sie gar nicht geeignet sind zu entscheiden, wer entlassen wird und wer bleibt. Sie glauben immer, daß ihre eigenen Mitarbeiter unverzichtbar und nur diejenigen der anderen Abteilungen entbehrlich seien.

Es wäre faszinierend, den Leiter von Abteilung A damit zu beauftragen, das Personal von Abteilung B zu reduzieren, und umgekehrt. Aber das ist natürlich nicht realisierbar. Meine Empfehlung lautet, den Managern in dieser Hinsicht gewisse Freiräume zu lassen und damit die Bedrohung zu verringern. Ich setze eine finanzielle Vorgabe fest und überlasse es dann ihnen, diese in eigener Regie zu erfüllen. Aber gleichzeitig sage ich immer: »Wenn Sie die Kürzungen nicht vornehmen, werde ich es tun.« Ich habe festgestellt, daß Manager sehr schnell reagieren, wenn man ihnen damit droht, etwas zu tun, was sie eigentlich selbst tun sollten.

4. Kostensenkungen nützen dem Unternehmen

Dieses ist der interessanteste Aspekt aller Kostensenkungsprogramme. Nach meiner Erfahrung bestehen etwa 80 Prozent der Aktivitäten, die ein Unternehmen im Rahmen eines Kostensenkungsprogramms durchführt, aus Maßnahmen, die ohnehin notwendig waren.

Ein Blick in den Wirtschaftsteil einer beliebigen Zeitung bestätigt dies. In unzähligen Artikeln wird beschrieben, wie ein Unternehmen 2000 Beschäftigte entließ, ohne daß dies irgendwelche Katastrophen zur Folge hatte, oder wie eine Vertriebsorganisation um 300 Kräfte verringert wurde und das Unternehmen trotzdem stetig weiterwuchs. Wenn eine große Aktiengesellschaft massive Entlassungen ankündigt, reagieren die Investoren in der Regel mit einem Seufzer der Erleichterung: »Das wurde aber auch Zeit!« – und der Aktienkurs steigt.

Das ist das eigentliche Geheimnis der Schrumpfkuren: Sie zwingen Sie dazu, sich Kosten anzusehen, um die Sie sich schon längst hätten kümmern müssen.

Kostensenkung ist ein kontinuierlicher Prozeß

Das Bemerkenswerte am Aufbau eines Unternehmens ist, daß Sie sich niemals zurücklehnen dürfen, egal, wie groß oder erfolgreich Sie sich fühlen. Sie müssen ständig neue Kunden finden, neue Produkte schaffen, neue Märkte erobern und neue Talente in Ihr Unternehmen bringen – alles mit dem Ziel, die Einnahmen zu steigern.

Dasselbe Prinzip gilt auch für die Ausgabenseite: Sie müssen ständig neue Wege finden, um die Kosten zu senken.

Ich war früher relativ nachlässig, was unsere Betriebskosten anging. Ich setzte nicht einmal Budgets für die einzelnen Linien- und Stabsabteilungen fest. Ich nahm einfach an, daß unsere Mitarbeiter verantwortungsbewußt genug seien und nur das ausgeben würden, was für ihre Arbeit notwendig sei. Am Jahresende wurde gerechnet, und solange die Einnahmen die Ausgaben überstiegen – so dachte ich –, war alles in Ordnung.

Aber als das Unternehmen größer wurde, stellte ich fest, daß die Ausgaben die gefährliche Tendenz hatten, schneller als die Einnahmen zu wachsen. Ich weiß nicht genau, warum das so ist. Vielleicht konzentrierten wir uns zu sehr auf das Ziel der Umsatzsteigerung, so daß wir nicht mehr an die Kosten dachten. In den vergangenen Jahren änderte sich jedoch unsere Einstellung im Hinblick auf die Kosten. Wir betrachten nun jede Betriebsausgabe auf jeder Unternehmensebene mit einem grundsätzlichen Mißtrauen. Wir glauben, daß wir mit ein wenig Phantasie jede Ausgabe reduzieren können. Im folgenden beschreibe ich einige meiner bevorzugten Sparziele, auf die man sich auch in jedem anderen Unternehmen konzentrieren kann.

1. Der Faxstempel

Der Leiter unseres Büros in Minneapolis wies einmal darauf hin, daß mit den meisten Deckblättern unserer Faxmitteilungen Papier und Telefonkosten verschwendet würden. Die Deckblätter enthielten nur selten eine wirklich wichtige Mitteilung. Deshalb entwarfen wir einen Faxstempel, der das Deckblatt überflüssig macht und mit dem die erste Seite eines jeden per Fax übermittelten Dokuments versehen wird. Es müssen nur noch die entsprechenden Daten eingetragen werden (Empfänger, Datum, Faxnummer, Anzahl der Seiten). Dieser Vorschlag führte alleine im ersten Jahr zu Einsparungen von 40 000 Dollar.

2. Vorsicht bei runden Zahlen

Immer wenn ich eine Rechnung sehe, die mehr Nullen als andere Ziffern enthält, ob über 500 oder 50 000 Dollar, werde ich mißtrauisch. Neulich fand in Großbritannien ein Meeting für unsere europäischen Führungskräfte statt, und unsere Telefongebühren beliefen sich auf genau 1500 britische Pfund. In einem solchen Fall gehen bei mir alle Alarmlichter an. Irgend etwas stimmte nicht. Es war einfach zu unwahrscheinlich, daß die Telefongebühren ganz genau 1500 Pfund betrugen. Der Betrag mußte gerundet worden sein. Also baten wir die Verantwortlichen darum, die Telefongespräche einzeln aufzulisten – und siehe da, sie hatten tatsächlich einige Gebühren dazugemogelt, um einen runden Betrag zu erhalten.

Ich will damit nicht sagen, daß jede Rechnung mit einem runden Betrag falsch ist und daß Sie jeden Aussteller einer solchen Rechnung als Betrüger behandeln sollten. Aber in 90 Prozent der Fälle, in denen wir eine derartige Rechnung überprüfen, kommen wir zum Ergebnis, daß wir übervorteilt werden sollten.

3. Flugreisen im voraus buchen

Wer viel reist, weiß, daß man mit frühzeitig gebuchten Flugtickets viel Geld sparen kann. Aber manchmal ist es schwierig, dies den Mitarbeitern zu vermitteln.

Aus diesem Grund gilt bei uns die Regel, daß alle Flüge mindestens drei Tage im voraus gebucht werden müssen. Das bedeutet natürlich nicht, daß jemand in einem dringenden Fall nicht fliegen dürfte. Wir wissen, daß es Reisen gibt, die man wirklich nicht planen kann. Allerdings muß in den Fällen, in denen ein Ticket innerhalb weniger als drei Tage vor dem Flug zum regulären Preis gekauft wird, ein Vorgesetzter die Reise genehmigen.

Die meisten Menschen planen ihre Reisen und wissen schon Wochen im voraus, wann sie reisen. Und die Fluggesellschaften belohnen sie dafür. Es wäre dumm, wenn wir auf diesen Vorteil verzichten würden.

4. Keine Privatgespräche auf Firmenkosten

Nachdem es mittlerweile möglich ist, die monatliche Telefonrechnung eines jeden Mitarbeiters detailliert aufzuschlüsseln, erwarten wir von unseren Führungskräften, daß sie der Firma jedes private Ferngespräch erstatten, das sie am Arbeitsplatz geführt haben. Diese Regel ist nicht so drakonisch, wie sie scheint. Wir ergreifen keine Maßnahmen zu ihrer Durchsetzung, sondern verlassen uns auf das Ehrgefühl der Betroffenen. Aber ich fühle mich dadurch bestätigt, daß ein Großteil der Gespräche bezahlt wird (der durchschnittliche Scheck beläuft sich auf 15 Dollar). Das bedeutet, daß die Führungskräfte das Geld des Unternehmens ausgeben, als wäre es ihr eigenes.

5. Kurierdienste über Nacht nur mit Genehmigung

Die Auslieferung einer Sendung über Nacht soll nicht die Regel, sondern die Ausnahme sein. Die Kosten für Kurierdienste sind oft ein Zeichen für galoppierende Kosten in einem Unternehmen.

Die meisten Mitarbeiter überschätzen die Dringlichkeit der Dokumente, die sie versenden wollen, und beauftragen einen Kurierdienst mit der Auslieferung über Nacht, obwohl der normale Postweg völlig ausreichend wäre. Wir möchten, daß sie über diese Entscheidung bewußter nachdenken.

Deshalb muß jede Lieferung über Nacht genehmigt werden. Das führt dazu, daß die Mitarbeiter gründlicher darüber nachdenken, ob ihr Paket wirklich am nächsten Vormittag an Ort und Stelle sein muß. Die jährlichen Einsparungen, die wir damit erzielt haben, sind ganz erstaunlich.

6. Der Empfänger bezahlt für die Geschwindigkeit

Wenn jemand ein Paket über Nacht oder per Bote ausgeliefert haben möchte, bitten wir den Betreffenden darum, die Kosten zu tragen. Es ist erstaunlich, wie oft die andere Seite zustimmt – oder es sich noch einmal überlegt, ob die Sendung wirklich so dringend ist.

7. Fördern Sie den Wettbewerb unter Ihren Lieferanten

Bevor Sie ein Auto kaufen, sehen Sie sich bei verschiedenen Händlern um und vergleichen die Preise. Die meisten Leute sind weniger preisbewußt, wenn sie Einkäufe für das Unternehmen tätigen. Sie vergeben ihre Aufträge aus Bequemlichkeit Jahr für Jahr an dieselben Anbieter. Die jährliche zehnprozentige Teuerung betrachten sie schicksalsergeben als Preis dafür, mit einem freundlichen, vertrauten Gesicht zu verhandeln. Sie machen sich keine Gedanken darüber, daß es mittlerweile vielleicht einen neuen Lieferanten gibt, der Ihren sogenannten Freund unterbieten würde, um sie als Kunden zu gewinnen.

Um gegen diese Trägheit anzugehen, verlangen wir drei Konkurrenzangebote für jeden Auftrag über 500 Dollar. Dieses einfache Verfahren hat unsere langfristigen Lieferantenbeziehungen völlig verändert. In der Mehrzahl der Fälle kaufen wir immer noch bei denselben Lieferanten – aber zu beträchtlich attraktiveren Preisen. Es stellte sich heraus, daß wir auf die vertrauten Gesichter nicht verzichten mußten. Wir erfuhren aber, wie wichtig es ihnen war, weiter mit uns im Geschäft zu bleiben.

Kapitel 8

Faire Mitarbeiterbeurteilung

Die Milchmädchenrechnung

Als ich einmal vor der Vertriebsabteilung einer Versicherungsgesellschaft an der Westküste einen Vortrag halten sollte, wurde ich vorher gewarnt, daß das Unternehmen sich gerade in einer Krise befinde. Mein Publikum bestand aus 800 Vertriebsleitern und Verkäufern. Zwischen Managern und Verkäufern hatte sich eine Kluft entwickelt, weil viele der auf Provisionsbasis arbeitenden Verkäufer mehr verdienten als ihre Chefs. Das führte dazu, daß die Verkäufer die Vertriebsleiter nicht mehr respektierten. Das Lamento klingt vertraut: »Wenn Sie so schlau sind, warum verdiene ich dann mehr als Sie?« Die Zusammenarbeit zwischen den beiden Gruppen gestaltete sich immer schwieriger.

In dieser Situation hielten mich meine Auftraggeber von der Versicherungsgesellschaft für einen geeigneten Vermittler, da sie mir reichhaltige Erfahrungen mit jungen, eigenwilligen Sportlern zugute hielten, die jährlich Millionen Dollar verdienten. Sie glaubten, daß ich die richtigen Worte für die Vertriebstruppe finden würde und sie dazu bewegen könnte, die hierarchische Ordnung wieder zu respektieren und den Konflikt zu beenden.

Ich wunderte mich darüber, daß dieses Problem überhaupt entstanden war. Es gibt zahllose Situationen im Geschäftsleben wie im Privatleben, in denen zwei Menschen ein unterschiedlich hohes

Einkommen haben, ohne daß dies der Beziehung schaden würde. Es bedeutet auch nicht, daß der schlechter Verdienende sich seinem reicheren Gegenpart zwangsläufig unterordnen müßte.

Ein Manager mit einem Jahreseinkommen von zwei Millionen Dollar, der eine Lungenentzündung bekommt, würde auch nicht auf die Idee kommen, sich den Anordnungen seines Arztes zu widersetzen, weil dieser nur 200 000 Dollar im Jahr verdient. Denn der Arzt weiß mehr als er – und kann ihm helfen.

In der Tat ist es im Geschäftsleben sogar gang und gäbe, daß schlechter verdienende Manager für weit besser verdienende Stars arbeiten.

So verdient der Herausgeber einer Tageszeitung möglicherweise nur einen Bruchteil dessen, was sein berühmter Kolumnist, der seine Beiträge in mehreren Zeitungen gleichzeitig veröffentlicht, einheimst. Aber dieser Unterschied wirkt sich nicht auf die Qualität der Zusammenarbeit aus. Der Herausgeber erteilt weiterhin seine Anweisungen und entscheidet, welche Artikel auf dem Titelblatt erscheinen und welche ins Innere verschwinden. Will der Kolumnist seine Rolle weiterhin spielen, ist er gut beraten, auf den Herausgeber zu hören.

Ebenso ist es mit einem Filmregisseur, der beträchtlich weniger als seine beiden Hauptstars verdient. Trotz des geringeren Gehalts wird ein talentierter Regisseur die Arbeit am Set stets unter seiner Kontrolle haben – und seine Stars glauben machen, daß es in ihrem besten Interesse sei, ihm zu gehorchen.

Bestimmt gibt es Versicherungsmakler, die mehr verdienen als die Chefs ihres Unternehmens, Autohändler, die mehr verdienen als die Manager beim Autohersteller, oder Nachrichtenmoderatoren, die mehr als die Chefs der Sender verdienen, für die sie arbeiten. Aber in all diesen Fällen leiten sie aus dem höheren Gehalt nicht notwendigerweise mehr Wissen oder Autorität ab. Im Zusammenhang mit Gehältern wird oft eine Milchmädchenrechnung aufgemacht, als würde die Höhe des Gehalts in direktem Verhältnis zur Macht und zum Einfluß in einem Unternehmen stehen. In vielen Fällen ist das nicht so.

In unserem Unternehmen kann ich mich an keine einzige Situation erinnern, in der ein Sportler, der fünf Millionen Dollar verdient, seinen Reichtum als Freibrief dazu verstanden hätte, den Manager auszubooten, der ihn in seinen geschäftlichen Angelegenheiten beriet. Der Sportler und der Manager wissen gleichermaßen, daß jeder ein besonderes Talent hat, daß sie einander brauchen, und daß jeder das tun sollte, was er am besten kann.

Wenn die Einkommensunterschiede zwischen Berater und Star (oder Arbeitnehmer und Arbeitgeber) überhaupt ein Problem verursachen, dann ist es meist sogar umgekehrt gelagert als in meinem Fall mit der Versicherungsgesellschaft. Der Berater bringt dann nämlich seinem reichen Klienten Mißgunst entgegen, vor allem, wenn er sich selbst für klüger hält und glaubt, sein Beitrag würde nicht genug gewürdigt. Auch dieses Lamento ist vertraut: »Wer ist denn dieser 19jährige Grünschnabel, der 5 Millionen Dollar im Jahr mit einem Werbevertrag verdient, den ich ihm besorgt habe!«

Als Chef eines Unternehmens, in dem es viele Berater und viele Stars gibt (und in dem dieses Problem zum Glück nicht oft auftritt), versuche ich immer, jedem Hauch von Neid mit dem Argument zu begegnen, daß ein junger Sportler nur für eine sehr begrenzte Zeit über die so beneideten Verdienstmöglichkeiten verfügt. Ein Profi-Footballspieler bleibt durchschnittlich 3,7 Jahre in der NFL. Ein Tenniswunderkind ist vielleicht schon völlig ausgebrannt oder durch Verletzungen nicht mehr spielfähig, noch bevor es seinen 21. Geburtstag feiert. Nicht anders ergeht es den Basketballspielern, Skifahrern, Eiskunstläufern und Leichtathleten. Sie haben nur wenige Jahre Zeit, um ihr Talent zu nutzen und ihre Millionen zu verdienen. Danach sind sie erledigt. Der Manager dagegen kann seine Fähigkeiten weiter ausbauen und Erfahrungen sammeln. Er kann sein Einkommen mit neuen Klienten verdreifachen, während der Sportler eine neue Karriere beginnen muß.

In meinem Vortrag konnte ich deshalb den Verkäufern nicht viele Ermahnungen mit auf den Weg geben. Wenn sie hohe Provisionen erhielten, dann erfüllten sie nur ihre Pflicht – und die lautete, zu verkaufen.

Ich konzentrierte mich auf das Topmanagement und die Vertriebsleiter, denn ich hielt sie – und nicht die Verkäufer – für die Wurzel des Problems. Sie schürten den Konflikt, weil sie den hart arbeitenden Verkäufern ihren Erfolg nicht gönnten.

Ich erinnerte sie daran, daß das Pendel durchaus auch in die andere Richtung schwingen konnte, wenn nämlich die nächste Rezession käme und die Verkäufer nicht mehr so viele Policen verkaufen könnten. Dann würde die Autorität der Manager sicherlich wieder anerkannt.

Aber bis dahin lautete ihre Aufgabe, die Verkäufer davon zu überzeugen als Team zusammenzuarbeiten. Sie mußten sie zur Einsicht bringen, daß langfristig alle Seiten profitierten, wenn sie ihre Rolle akzeptierten.

Diese Beziehung kann am besten mit der Beziehung zwischen dem Coach und seinen Spielern in einem Profibasketballteam verglichen werden. Ein NBA-Coach verdient im Durchschnitt ungefähr so viel wie das untere Drittel seines 12-Mann-Teams. Sein Gehalt beträgt nur einen Bruchteil dessen, was die sechs Topspieler kassieren. Das ist in der Öffentlichkeit bekannt. Außerdem sind die Spieler selbst die größten Egomanen im Sport. Das ist nicht überraschend, da jeder einzelne es seit seiner Schulzeit gewohnt war, *der* Star seines Teams zu sein und mit Bewunderung überschüttet zu werden.

Der Coach steht nun vor der Aufgabe, aus diesem bunten Haufen gutbezahlter, egozentrischer Talente ein Team mit einzigartigem Zusammenhalt zu bilden. Wie macht er das?

Zunächst erinnert er sie daran, wie vergänglich ihr sportlisches Talent ist. Als Team haben sie drei, vier, vielleicht fünf Jahre vor sich, in denen sie die Chance haben, ihr Bestes zu geben. Weiterhin erinnert er sie daran, daß nur sehr wenige NBA-Teams einen Meistertitel zwei Mal erringen können, weil es eben so schwierig ist, die Chemie im Team über lange Zeit hinweg stabil zu halten. Das Team verfügt also über eine zeitlich sehr begrenzte Chance. Diejenigen Trainer, die ihre Spieler mit diesen Argumenten überzeugen können, haben keine Autoritätsprobleme, weil sie weniger verdienen. Keiner ihrer Spieler spielt nur wegen seines Einkommens. Sie spielen, um zu gewinnen.

Was spricht gegen Provisionen?

Ich hatte das Glück, bereits relativ früh in meiner Laufbahn ein gutes Einkommen zu erzielen. Deshalb kann ich es auch akzeptieren, wenn schon einige unserer jüngeren Manager in die oberen Regionen unseres Gehaltssystems vorstoßen.

Für mich spielt das Alter bei Gehaltsverhandlungen keine Rolle. Wenn ein talentierter und hochmotivierter 27jähriger Manager mehr leistet als ein Manager von Mitte Vierzig, dann soll er auch mehr verdienen. Ich neide niemandem seinen Erfolg, nur weil er jung ist.

Ich bezahle Frauen nicht schlechter als Männer, weil sie Frauen sind.

Ich bezahle verheiratete Manager nicht besser als ledige, weil sie eine Familie ernähren oder eine Hypothek abstottern müssen.

Ich möchte gerne glauben, daß unser Unternehmen die meisten überkommenen Vorurteile überwunden hat, die sich auch heute noch oft in der Gehaltsabrechnung spiegeln.

Allerdings habe ich eine Eigenheit: Ich bezahle Verkäufer nicht gerne auf Provisionsbasis.

Theoretisch müßte das Prinzip Geld gegen Leistung zwar funktionieren. Die unmittelbare Verknüpfung des Einkommens mit der Produktivität ist die fairste Methode, um Beschäftigte zu belohnen und zu motivieren. Aber meiner Erfahrung nach machen die menschliche Natur und die Unternehmensdynamik fast immer einen Strich durch diese Rechnung.

Im folgenden werden drei alternative Vergütungsmethoden – und meine Vorbehalte dagegen – beschrieben, die sich einem Unternehmer bieten, wenn seine Vertriebsabteilung wächst.

1. Keine Provisionen für Bruttoumsätze

Am gefährlichsten ist ein Provisionssystem vermutlich dann, wenn der Vertriebs- oder Abteilungsleiter am Bruttoumsatz der Abteilung beteiligt wird.

Das Problematische daran ist, daß der Verkäufer mit völlig falschen Motiven an seine Arbeit geht.

Zunächst einmal ist es wahrscheinlich, daß der Vertriebsleiter nur den Bruttoumsatz, nicht aber die Rentabilität im Auge hat. Wenn er vor der Wahl steht, ein Ein-Millionen-Dollar-Geschäft mit einer Gewinnspanne von zehn Prozent abzuschließen oder aber ein 500 000-Dollar-Geschäft mit einer Gewinnspanne von 25 Prozent, wofür entscheidet er sich aller Wahrscheinlichkeit nach? Und welche Option wäre die bessere für das Unternehmen?

Zweitens führt ein derartiges Provisionssystem unweigerlich zu steigenden Ausgaben. Der Vertriebsleiter wird keine Kosten scheuen, um den Umsatz zu steigern: Er ruft nach mehr Verkäufern. Er verlangt mehr Werbe- und Verkaufsförderungsmaßnahmen. Er beantragt eine kräftige Aufstockung seines Reise- und Spesenbudgets. Er engagiert Berater, die schönere Broschüren entwickeln, mehr Verkaufsvideos produzieren oder einen neuen Infostand für die Messepräsentation vorschlagen.

Drittens schließlich führt dieses System oft zu internem Zwist. In ihren verzweifelten Versuchen, höhere Umsätze auszuweisen, versuchen die Manager die Zahl ihrer Untergebenen zu erhöhen, indem sie Beschäftigte anderer Abteilungen einsetzen. Dies ist ein geschickter Schachzug, weil keine höheren Personalkosten anfallen, denn schließlich werden keine neuen Mitarbeiter eingestellt. Sie werden nur umverteilt. Leider haben die betreffenden Abteilungsleiter dagegen aber in der Regel etwas einzuwenden.

2. Keine Provisionen für Gewinne

Die Provisionen für die Gewinne und nicht für den Umsatz zu bezahlen stellt auch keine bessere Methode dar. Sie schafft nur andere Probleme.

So waren in unserem Unternehmen die meisten erfolgreichen Projekte nur deshalb möglich, weil wir ein Risiko eingingen und bereit waren, im ersten oder in den ersten beiden Jahren Verluste zu schreiben. Wenn wir eine neue Sportveranstaltung ins Leben rufen, verlieren wir im ersten Jahr vielleicht 400 000 Dollar, im zweiten Jahr 100 000 Dollar und erst im dritten Jahr erwirtschaften wir Gewinne. Damit können wir gut leben. Die Erfahrung hat uns gelehrt, daß wir langfristig mit Erfolg belohnt werden, wenn wir gute Arbeit leisten. Nur so kann unser Unternehmen wachsen.

Aber ein Manager, der Provisionen auf die Gewinne erhält, wird ein derartiges Wachstum nicht anstreben, weil es mit seinen unmittelbaren Zielen in Widerspruch steht. Wir haben vor einigen Jahren einmal eine derartige Vereinbarung mit dem Leiter einer Auslandsniederlassung getroffen. Das Ergebnis war, daß er sich weigerte, auch nur das kleinste Risiko einzugehen – denn jedes Verlustgeschäft im ersten Jahr schmälerte sein Einkommen.

Es stellte sich heraus, daß diese Niederlassung nichts zum Unternehmenswachstum beitrug.

Wir wünschten uns jemanden, der sagt: »Wir sollten dieses Reitturnier in Deutschland veranstalten. In den ersten beiden Jahren werden wir zwar Verluste machen, aber fünf Jahre später wird sich unsere Investition verdreifacht haben.« Statt dessen war der Leiter der Auslandsniederlassung nur daran interessiert, zufällige, einmalige und sichere Chancen zu nutzen und die schon rentablen Geschäfte weiterzuführen, die wir schon aufgebaut hatten. Unsere Provisionsvereinbarung vermittelte ihm die falsche Motivation.

3. Das »Einzelgänger«-Syndrom

Eine weitere gefährliche Situation entsteht dann, wenn der Leiter einer Niederlassung am Umsatz beteiligt werden möchte, der in seinem Gebiet oder von seinen Mitarbeitern generiert wurde.

Das Problem mit derartigen Gebietsvereinbarungen ist, daß sie normalerweise rationale Geschäftsleute in wilde Tiere verwandeln, die ihr Terrain mit Zähnen und Klauen verteidigen. Sie zögern, »Außenseiter« aus anderen Unternehmensteilen in ihre Geschäfte einzubeziehen – selbst wenn sie wissen, daß diese Fachleute ihre

Verhandlungsposition stärken könnten. Sie befürchten nämlich, daß ihr Büro das Geschäft nicht mehr in vollem Umfang zugeschrieben bekäme.

Ich nenne dies das »Einzelgänger«-Syndrom. Es befällt jeden, der darauf besteht, alleine zu arbeiten und jeden Sieg als individuelle und nicht als Unternehmensleistung zu begreifen. Es ist besonders stark bei Niederlassungsleitern verbreitet, die in wilde Hektik verfallen, um mit Unternehmen ins Geschäft zu kommen, zu denen ihre Kollegen vielleicht schon hervorragende Kontakte haben. Logischerweise erreichen sie längst nicht so viel oder zumindest müssen sie mehr Zeit dafür aufwenden, wie es der Fall gewesen wäre, wenn sie den geeigneten Kollegen gleich ins Spiel gebracht hätten. Bei diesem Spiel verlieren letztlich alle Beteiligten, vor allem aber das Unternehmen, weil ein einzelner den Ruhm ganz alleine für seine Niederlassung einheimsen wollte.

Stellen Sie die Nebenleistungen Ihres Unternehmens nicht unter den Scheffel

Der Vorsitzende eines Sportverbandes brüstete sich gerne damit, daß er kein Geld für seine Arbeit erhalte. Immer wenn ich ihn traf, wies er darauf hin, daß er völlig ehrenamtlich arbeite, daß er einer Berufung folge und daß er sich daran ganz gewiß nicht bereichere.

Trotzdem flog dieser Gentleman regelmäßig mit der Concorde durch die Welt, schlimmstenfalls mit einer Linienmaschine erster Klasse. Er stieg in den nobelsten Suiten der Luxushotels ab, lud zum Geschäftsessen in die Drei-Sterne-Restaurants des Michelin ein, begrüßte die gekrönten Häupter dieser Welt auf den Ehrenplätzen in den Sportstadien und wurde dafür wiederum auf die besten Plätze bei anderen Ereignissen eingeladen.

Trotzdem war er ehrlich davon überzeugt, daß er keinerlei Vorteile von seinem Ehrenamt hatte.

In Wahrheit leistete er sich einen Lebensstil, der einen Normalsterblichen etwa 400 000 Dollar jährlich gekostet hätte. Wenn er sich einmal ausgerechnet hätte, welches Gehalt erforderlich gewesen wäre, um dieses Geld nach Abzug der Steuern und der Kosten für diesen Lebensstil zu verdienen, dann hätte er sicher aufgehört, sich seiner Selbstlosigkeit zu brüsten.

Ich erwähne dieses Beispiel deshalb, weil ich glaube, daß viele Firmenchefs und Manager in den Gehaltsgesprächen mit ihren Beschäftigten vergessen, die verschiedenen Nebenleistungen und Privilegien zu berücksichtigen, die die Arbeit in ihrem Unternehmen angenehm machen.

Derartige Nebenleistungen gibt es natürlich in allen Varianten. Ich meine dabei nicht die offensichtlichen Pivilegien, wie etwa einen Firmenwagen, besondere Finanzanlagekonditionen, Versicherungsprämien oder sogar Country-Club-Mitgliedschaften. Sie alle stellen einen klar definierten Geldwert dar und werden daher auch selten in der Gehaltsverhandlung übersehen.

Aber wie sieht es mit anderen Annehmlichkeiten aus wie dem Flug in der Business-Class, der Nutzung der Firmenvilla in Portugal, der Verfügbarkeit von Dauerkarten auf den besten Plätzen im Giants Stadium oder den Vielflieger-Vergünstigungen? All diese Dinge werden vom Unternehmen bezahlt und nützen niemand anderem als dem Beschäftigten.

Leider werden die meisten dieser Annehmlichkeiten in den Gehaltsgesprächen schlicht vergessen. Der Mitarbeiter wird sich hüten, die Tickets für die US Open, die Erste-Klasse-Reisen und die 215 000 Vielfliegermeilen zu erwähnen (mit denen er zwei Familienurlaube finanzierte). Und die Verantwortlichen im Unternehmen kommen meist nicht auf die Idee, diese Zusatzleistungen zu identifizieren oder ihren Wert zu berechnen.

Anders ausgedrückt: Nachdem sich der Aufwand für Reisekosten und Spesen im vergangenen Jahrzehnt fast verdoppelt hat, können es sich Unternehmen nicht mehr leisten, den versteckten Wert ihrer Nebenleistungen und Privilegien zu ignorieren. Das Unternehmen bezahlt sie, während die Mitarbeiter davon profitieren. Das Unternehmen sollte also zumindest das Verdienst dafür zugeschrieben bekommen.

Als Chef sind Sie vielleicht niemals in der Lage, all die Vielfliegermeilen Ihrer Mitarbeiter zu verrechnen (in Unternehmen mit 30 oder mehr Beschäftigten ist das praktisch unmöglich), aber was hindert Sie daran, auf den Wert dieser Vergünstigungen zumindest hinzuweisen? Sie werden Ihre Topmanager vielleicht nie überzeugen können, ihre Ansprüche herunterzuschrauben (zumindest nicht, ohne damit ihre Moral zu dämpfen), doch Ihre Großzügigkeit sollte zumindest ansatzweise in ihrem Gehalt berücksichtigt werden.

In den meisten Unternehmen ist es nicht schwierig, dies umzusetzen. Sie benötigen dazu lediglich eine Aufstellung der Vergünstigungen und Privilegien, die das Unternehmen im Lauf eines Jahres gewährt und bezahlt. Wenn ein Mitarbeiter sich selbst gegenüber ehrlich ist, wird er eine solche Liste führen. Und wenn das Unternehmen eine kluge Gehaltspolitik verfolgt, wird es ebenfalls eine solche Liste führen.

Die Fallen im jährlichen Beurteilungsgespräch

Irgendwann im Verlauf des Geschäftsjahres muß jeder Manager an die Mitarbeiterbeurteilungen denken – an die notwendige und nicht immer angenehme Aufgabe, die Leistung seiner Beschäftigten zu bewerten, ihr Gehalt entsprechend anzupassen und ihre Ziele für das kommende Jahr festzulegen.

Das ist längst nicht so einfach, wie es klingt. Der Weg zu einer ehrlichen und fairen Mitarbeiterbeurteilung ist mit Fallen gepflastert. Manche werden von den Mitarbeitern gestellt, andere sind im System eingebaut. Als Manager weiß ich das aus erster Hand – denn in viele dieser Fallen bin ich selbst getappt. Im folgenden werden drei Gefahrenbereiche beschrieben, auf die Sie besonders achten sollten, wenn eine neue Runde von Beurteilungsgesprächen ansteht.

1. Richtige Person, falsche Maßstäbe

Nicht jeder Mitarbeiter kann die vom Unternehmen gesetzten Maßstäbe erfüllen. Aber das heißt nicht unbedingt, daß er schlechte Arbeit leistet. Manchmal sind einfach nur die Maßstäbe falsch.

Die folgende Begebenheit hat sich zum Glück nicht in unserem Unternehmen ereignet.

Vor einigen Jahren hielt es der Chef einer großen Finanzgesellschaft für notwendig, dem Leiter einer seiner rentabelsten Niederlassungen im jährlichen Beurteilungsgespräch eine Lehre zu erteilen. Er fror das Gehalt des Managers ein und strich seinen Bonus, wobei er genau wußte, daß dieser Schritt zum Rücktritt des Managers führen würde.

Der Chef der Gesellschaft hatte seine Gründe. In seinen Augen war der Manager undiszipliniert und damit eine unberechenbare Größe im Unternehmen. Er war nie in seinem Büro anzutreffen, er legte den monatlichen Umsatzbericht regelmäßig zu spät vor, und mindestens zweimal im Jahr verpaßte er die vierteljährlichen Meetings in der New Yorker Zentrale, weil er seinen Verkäufern bei der Beschwichtigung irgendwelcher verärgerten Kunden zur Seite stehen mußte. In den Augen des Chefs war er nicht nur ein schlechter Manager, sondern er ließ sich auch selbst nicht managen.

Wie erwartet, nahm der Manager seinen Hut. Womit sein Vorgesetzter aber nicht gerechnet hatte, war, daß die ganze Niederlassung mit ihm ging. Das bis dahin florierende Büro schrieb bald rote Zahlen und mußte nach sechs Monaten geschlossen werden. Genau die Eigenschaften, die den Chef zu seiner harschen Beurteilung veranlaßt hatten, machten ihn in den Augen seiner Mitarbeiter zu einem Helden: Er saß nicht im Büro herum, sondern war stets vor Ort, um zu verkaufen; Menschen waren ihm wichtiger als Bürokratie; und er versäumte lieber ein Meeting mit seinen Vorgesetzten, als einen Mitarbeiter in einer Notlage im Stich zu lassen.

Ich kann gut nachvollziehen, wie es zu dieser Entwicklung kam. Wenn alle Manager eines Unternehmens ihre Budgets stets mit gewissenhafter Pünktlichkeit vorlegen, dunkle Anzüge mit weißen Hemden tragen oder regelmäßig 70 Wochenstunden arbeiten, wird ein Außenseiter, der von dieser Linie abweicht, zwangsläufig schlecht beurteilt, weil er diesen Maßstäben nicht entspricht.

Wenn fähige Mitarbeiter nicht nach Ihren Regeln spielen, dann sollten Sie vielleicht zuerst die Regeln überprüfen, bevor Sie sie disziplinieren.

2. Hüten Sie sich vor Torschlußpanik

Manche Mitarbeiter sind in den letzten drei Monaten des Jahres am produktivsten – in der Zeit vor dem Beurteilungsgespräch. Ich bin mir nicht sicher, ob sie das bewußt so planen oder ob sie einfach nur bemerken, daß sie ihre Ziele nicht erreichen, und sich dann in verzweifelte Aktivitäten stürzen. Aber ich weiß genau, daß viele Vorgesetzte diese Torschlußpanik unangemessen belohnen.

Ein fairer Vorgesetzter berücksichtigt die Leistungen des gesamten Jahres und nicht nur die des letzten Quartals, so spektakulär sie auch sein mögen. Bevor Sie jemandem auf die Schulter klopfen, weil er ein Geschäft im vierten Quartal endlich abgeschlossen hat, sollten Sie ihn vielleicht fragen, was er in den ersten neun Monaten des Jahres getan hat. Wenn umgekehrt jemand in den ersten neun Monaten bewundernswerte Arbeit geleistet hat, sollten Sie ihn nicht bestrafen, wenn er zum Jahresende eine Flaute hat.

3. Wer macht Überstunden und wer will nur sein Gesicht zeigen?

Mit dem Begriff »Face time« ist diejenige Zeit gemeint, die ein Mitarbeiter am Arbeitsplatz nur zu dem Zweck verbringt, sein Gesicht zu zeigen. Ein solcher Mitarbeiter erscheint etwa jeden Morgen pünktlich um 7 Uhr und verbringt die nächsten beiden Stunden damit, sein Frühstück zu bestellen, die Zeitung zu lesen und Freunde anzurufen. Ein anderer Mitarbeiter geht nie vor halb acht

Uhr abends nach Hause, verbringt aber die letzten Stunden des Arbeitstages plaudernd im Büro eines Kollegen oder am Telefon, um seine Feierabendaktivitäten zu organisieren.

Um eine gewisse Disziplin zu wahren und unnötiges internes Chaos zu vermeiden, muß jedes Unternehmen eine Kernarbeitszeit festlegen. Von den meisten Beschäftigten wird beispielsweise erwartet, daß sie um 9 Uhr eingetrudelt sind und dann bis 17 Uhr oder 17.30 Uhr bleiben. Ein guter Manager sagt dies allen Mitarbeitern an ihrem ersten Arbeitstag. Wenn sich ein Mitarbeiter nicht daran hält und ständig zu spät kommt oder abends früher geht, darf er sich nicht wundern, wenn sich dies in seiner Beurteilung oder seiner Gehaltsentwicklung niederschlägt.

Nichtsdestoweniger glaube ich nicht, daß Überstunden an sich ein Grund zu undifferenziertem Lob sind.

Wenn Sie nicht gerade eine Investmentbank leiten oder Seniorpartner in einer Anwaltskanzlei sind – was in der Regel bedeutet, daß ein Vierzehnstundentag Bestandteil der Unternehmenskultur und Voraussetzung für die Aufnahme in den Partnerkreis ist –, sollten Ihre Beschäftigten nur so lange arbeiten, wie es notwendig ist, um ihre Aufgaben zu erfüllen. Beurteilen Sie ihre Leistung, nicht die Dauer ihrer Arbeitszeit.

Als allgemeine Regel gilt, daß das Prahlen mit Überstunden für viele Beschäftigte, die sonst keine Ergebnisse vorweisen können, die letzte Zuflucht ist. Gute Manager kennen den Unterschied zwischen Überstunden und »Face time« – und sie belohnen letztere nicht.

Wie bringen Sie mehr Spannung in Ihre Beurteilungsgespräche?

Wenn Sie eine Umfrage durchführen würden, müßten Sie sich vermutlich eingestehen, daß die meisten Ihrer Führungskräfte das jährliche Beurteilungsgespräch mit ihren Mitarbeitern bestenfalls als notwendiges Übel und schlimmstenfalls als absolute Tortur betrachten.

Für die meisten Führungskräfte ist ein Beurteilungsgespräch letztlich immer eine Konfrontation: Auf der einen Seite versucht der Beschäftigte seine Leistung der vergangenen zwölf Monate so positiv wie möglich darzustellen. Auf der andere Seite muß der Manager darlegen, wo er mit ihm übereinstimmt und wo nicht. Ein Dialog, der theoretisch die Beziehung zwischen Manager und Mitarbeiter verbessern sollte, bewirkt letztlich oft das Gegenteil.

Vielleicht ist dies ein Grund dafür, warum sich in vielen Unternehmen die Beurteilungsgespräche in blutleere Routinegespräche verwandelt haben. Wir alle wissen, wie ein solches Gespräch vonstatten geht: Chef zieht Mitarbeiterakte hervor. Chef überfliegt Management-by-Objectives-Memo. Chef bittet Mitarbeiter um Kommentare. Mitarbeiter (der besagtes Memo im Vorjahr geschrieben hat) zählt seine Erfolge auf. Beide tauschen einen Händedruck, einigen sich auf neue Ziele, vereinbaren eine Gehaltserhöhung und wiederholen die Prozedur im darauffolgenden Jahr.

Dies ist wohl für keine der beiden Seiten eine Erfahrung, die zur Festigung der Beziehung beiträgt. Trotzdem hat dieses Gespräch wahrscheinlich einen größeren Einfluß auf die Zufriedenheit des Mitarbeiters und eine gesunde Unternehmensentwicklung als jedes andere Gespräch. (Wenn Sie mir nicht glauben, dann denken Sie einmal darüber nach, wieviel Zeit Sie damit verbracht haben, über das letzte Beurteilungsgespräch mit *Ihrem* Chef nachzudenken.)

Was können Manager nun tun, um das Beurteilungsgespräch von einer geistlosen Angelegenheit in ein angeregtes Gespräch zu verwandeln? Zunächst einmal können sie provozierende Fragen stellen. Sie können auf Antworten drängen, um zu erfahren, was wirklich im Kopf des Mitarbeiters vorgeht. Im folgenden schlage ich Ihnen sechs Fragen vor, die Ihre Mitarbeiter wahrscheinlich nicht von Ihnen erwarten, aber sicherlich sehr gerne beantworten.

- *Welche Kollegen oder Untergebenen sind Ihnen am wichtigsten?* Und was können wir dazu beitragen, damit dies so bleibt? Diese Frage bringt jedem Vorgesetzten, der langfristige Ziele verfolgt und ein dauerhaftes Team aufbauen will, Informationen von unschätzbarem Wert. Ich kann mir keine bessere Methode vorstellen um herauszufinden, wer Ihrem Unternehmen wirklich treu bleiben wird und wer seine Stelle nur als Etappe betrachtet.

- *In welchen Bereichen fürchten Sie die Konkurrenz am meisten?* Die Beschäftigten bringen der Konkurrenz oft eine weniger arrogante, dafür respektvollere Einstellung als ihre Chefs entgegen. Da sie ihr Ego beim Vergleich mit der Konkurrenz nicht angetastet sehen, fassen sie nicht jede Stärke der Wettbewerber automatisch als Zeichen ihrer eigenen Schwäche auf. Als Manager werden Sie überrascht sein, wenn Sie erfahren, wo die Konkurrenz Ihnen überlegen ist.

- *Warum braucht das Unternehmen Sie?* Mit dieser Frage erfahren Sie, wie sehr die Meinung des Mitarbeiters von Ihrer eigenen abweicht.

- *Welche Mißerfolge hatten Sie in den vergangenen zwölf Monaten?* Wenn der Mitarbeiter weiß, daß er für seine Ehrlichkeit nicht bestraft wird, kann diese Frage wie ein Wahrheitsserum wirken. Es gibt kaum eine bessere Methode, um selbst feinste Sprünge in der Rüstung Ihres Unternehmens zu erkennen.

- *Inwieweit befinden sich die Unternehmensziele im Widerspruch zu Ihren persönlichen Zielen?* Wächst das Unternehmen zu schnell, wird es zu groß und zu anonym, geht das Gemeinschaftsgefühl verloren, wird mehr Arbeitseinsatz erwartet, als der Beschäftigte zu leisten bereit ist …? Es ist sehr nützlich, den Mitarbeitern die Möglichkeit zu geben, ihre Sichtweise möglicher Konflikte dazulegen. Allerdings laden Sie sich nur zusätzliche Probleme auf, wenn Sie versprechen, diese Konflikte in der nahen Zukunft zu lösen, obwohl Sie gleichzeitig wissen, daß Sie das gar nicht können. Mit einem solchen Versprechen können Sie sich vielleicht elegant aus dem Beurteilungsgespräch verabschieden, aber langfristig wird es Ihrer Beziehung zu Ihren Mitarbeitern enorm schaden.

- *In welchen Bereichen benötigen Sie im kommenden Jahr meine uneingeschränkte Unterstützung?* Dieses ist die letzte Frage. Selbst der schweigsamste Mitarbeiter hat Vorschläge, was Sie für ihn tun können. Wenn ein Mitarbeiter bis dahin zurückhaltend und wenig mitteilsam war, wird er sich nach dieser Frage in der Regel öffnen – weil es dann um ihn geht.

Kapitel 9

Techniken für Fortgeschrittene

Woran erkennt man eine sparsame Firma?

Vor kurzem vereinbarte einer unserer Verkäufer einen Besprechungstermin mit einer großen Produktionsfirma an der Westküste. Als er einige Tage vorher in der Zentrale des Unternehmens anrief, um sich nach dem Weg vom Flughafen zu erkundigen, sagte ihm ein Assistent: »Machen Sie sich darüber keine Gedanken. Wir schicken Ihnen einen Hubschrauber, der Sie abholt.«

Als ich dies hörte, war ich beeindruckt. Schließlich erhalten unsere Leute nicht jeden Tag eine solch königliche Behandlung. Mein erster Gedanke war: »Diesem Unternehmen muß es ja blendend gehen.« Aber dann kamen mir Zweifel: Was für eine Firma zahlt 800 Dollar pro Stunde für einen Helikopter, nur um einen Verkäufer abzuholen? Wenn ich ein Kunde gewesen wäre, hätte ich dieses Entgegenkommen ja noch verstehen können. Aber unser Mann war ein Verkäufer, kein Käufer. *Er* wollte ins Geschäft kommen.

Ich machte mir jedenfalls im Geiste eine Notiz über diese unangemessene Großzügigkeit. Einige Wochen später las ich in der Zeitung, daß die Firma einen riesigen Quartalsverlust auswies und der CEO entlassen worden war, hauptsächlich wegen der unkontrolliert wachsenden Ausgaben.

Ich will an diesem Beispiel weder meine hellseherischen Fähigkeiten demonstrieren noch behaupten, daß dieser Hubschrauber die Firma in die roten Zahlen brachte. Aber wer ein halbwegs ausgeprägtes Kostenbewußtsein besitzt, muß den Hubschrauber als Symbol dafür deuten, daß in dieser Firma etwas nicht stimmte und daß sie mit Sparsamkeit und Kosteneffizienz wenig am Hut hatte.

Meiner Meinung nach senden alle Firmen mehr oder minder deutliche Signale darüber aus, wie ausgeprägt ihr Kostenbewußtsein ist. Wenn Sie diese Signale deuten können, erhalten Sie frühzeitig wertvolle Hinweise darauf, ob die Geschäftsbeziehung mit der Firma gut oder schlecht verlaufen wird. Die folgende, sehr persönlich gefärbte Liste von Signalen aus dem Geschäftsalltag zeigt, welche Punkte ich in diesem Zusammenhang für wichtig halte:

1. Lieferung über Nacht

Bei mir regt sich sofort Mißtrauen, wenn eine Firma ihre Pakete grundsätzlich per Express am nächsten Vormittag ausliefern läßt, selbst wenn es gar nicht dringend ist. Ich frage mich dann immer, in welchen anderen Bereichen eine derartige Verschwendung getrieben wird.

Umgekehrt imponiert es mir, wenn ich den Mitarbeiter einer anderen Firma bitte, mir ein Paket per Express zu schicken, und dieser sich dann nach der Kundennummer bei meinem Kurierdienst erkundigt. Das heißt, daß ich die Kosten für die schnelle Zustellung selbst tragen muß. Daraus schließe ich, daß es sich um ein sparsames Unternehmen handelt, in dem man sich Gedanken um die Kosten macht.

2. Telefongespräche

Ich hatte einmal Gelegenheit, die Telemarketingabteilung einer sehr erfolgreichen Bank in Delaware zu besuchen. An der Wand hing ein riesiges Plakat mit einem Glückwunsch an die Beschäftigten, weil sie im vorangegangenen Monat 99,2 Prozent aller eingehenden Telefonanrufe innerhalb von zwei Klingelzeichen annahmen – das war Firmenrekord!

Ich kann mir keine schnellere Methode zur Beurteilung der Effizienz eines Unternehmens vorstellen als die, zu zählen, nach wie vielen Klingelzeichen man einen Ansprechpartner hat.

Wie ich schon sagte, handelte es sich um eine sehr erfolgreiche Bank.

3. Der Parkplatz

Ich erhielt von dieser Bank in Delaware ein positives Signal, noch bevor ich überhaupt das Gebäude betreten hatte. Es handelte sich um die Parkplatzregelung: Die Topmanager hatten nämlich auf dem riesigen Gelände die schlechtesten Parkplätze, da sie am weitesten vom Eingang entfernt waren. Die Beschäftigten der unteren Ebenen benutzten dagegen die besten Plätze. Diese Umkehrung der traditionellen Führungsprivilegien war natürlich nicht zufällig: Sie zwang die Topmanager, den Pendelbus vom Parkplatz zu benutzen und sich damit täglich unter die Mitarbeiter zu mischen.

Dies war ein wichtiger Hinweis darauf, daß ich es mit einem außergewöhnlichen Unternehmen zu tun hatte.

4. Telefonsprachsysteme

Viele Leute sehen Telefonsprachsysteme als Zeichen der Effizienz. Ich gehöre nicht zu ihnen. Mir ist es lieber, wenn ich sofort mit einem Menschen Kontakt habe. Für mich ist ein solches System ein Hinweis darauf, daß ein Unternehmen den Kontakt zu den Kunden verliert und zu großen Wert auf High-Tech legt. Ich weiß, daß ich mich mit dieser Meinung in der Minderheit befinde, aber ich glaube, daß derartige Systeme ein Symbol für die Dominanz der Technik über die Menschen sind. Wir setzen sie zwar auch in manchen Bereichen unseres Unternehmens ein, aber ich halte sie trotzdem für eine schlechte Technologie. Wenn ich in ein solches

System gerate und mich erst durch sämtliche Hinweise und Informationen durcharbeiten muß, bevor ich endlich ein menschliches Wesen erreiche, verliere ich oft das Interesse.

5. Reaktionszeit

Ich beurteile ein Unternehmen auch gerne danach, wie schnell es auf meine Briefe reagiert oder ob es überhaupt reagiert. Die Reaktionszeit ist ein sehr aussagekräftiges Signal.

Ich wundere mich immer wieder über Leute, die sich nicht die Mühe machen, meine Briefe zu beantworten. Sie mögen ihre Gründe dafür haben. Vielleicht ist es ihnen unangenehm, einen Vorschlag von mir abzulehnen, oder sie möchten mich nicht kränken, oder sie sind einfach nicht interessiert. Aber es gibt keine Entschuldigung dafür, auf ein Schreiben überhaupt nicht zu reagieren. Sie könnten mir beispielsweise mitteilen:

- Vielen Dank für Ihren Brief, aber wir sind nicht interessiert.
- Ich habe die Angelegenheit an Herrn XY weitergeleitet.
- Ich werde in drei Wochen noch einmal von mir hören lassen.
- Zur Zeit besteht kein Bedarf.
- Wir sind an einem Gespräch mit Ihnen interessiert.
- Können wir Ihren Vorschlag das nächste Mal, wenn Sie in der Stadt sind, besprechen?

Dies ist nur eine Auswahl möglicher Antworten. Trotzdem scheuen viele Menschen davor zurück, ein Routineschreiben zu verfassen, für das sie nur ein paar Sekunden benötigen. Daraus ziehe ich wenig schmeichelhafte Rückschlüsse auf ihre Geschäftsmethoden.

An diesen fünf Beispielen, wie Manager mit banalen Fragen des Geschäftsalltags umgehen – und was sonst sind Kurierunternehmen, Parkplätze, Telefonklingelzeichen, Telefonsprachsysteme und Routinekorrespondenz –, läßt sich ablesen, wie hochentwickelt ihre Führungstechniken sind. An ihnen zeigt sich, ob die Führungskräfte einfallsreiche Lösungen für Probleme haben, die viele von uns täglich übersehen oder für unwichtig halten. Ich nenne diese Techniken deshalb hochentwickelt, weil sie nur von denen angewandt werden, die es zur Meisterschaft im Management von Menschen, Geld und Arbeit gebracht haben.

Dies gilt auch für die folgenden Geheimnisse klugen Managements.

Gehen Sie mit dem Unternehmensvermögen wie mit Ihrem Privatvermögen um!

Ich wurde einmal von einer Finanzzeitschrift befragt, die herausfinden wollte, wie »Zivilisten« wie ich (im Gegensatz zu Investmentprofis) ihr Geld investieren. Ich antwortete mit Vorschlägen und Empfehlungen, die ich für sehr beeindruckend hielt. Aber als der Artikel erschien, stellte ich fest, daß meine »Investmentphilosophie« eine bemerkenswerte Ähnlichkeit zu meinem Führungsstil aufwies – und daß meine Regeln zur Verwaltung meines Privatvermögens auch auf jedes wachsende Unternehmen zutrafen.

1. Setzen Sie auf den Jockey, nicht auf das Pferd

In meiner Branche habe ich viele Kontakte zu den Managern von Aktiengesellschaften. Wenn ich vom CEO eines Unternehmens beeindruckt bin, kaufe ich Aktien seiner Firma – auch wenn ich mich in der Branche nicht auskenne. Die Methode, auf den Jockey und nicht auf das Pferd zu setzen, hat mir in der Mehrzahl der Fälle Glück gebracht. Ich verstehe nichts von Ölraffinerien, dem Vertrieb von Seife oder dem Versicherungsgeschäft, und trotzdem setze ich mein Geld auf diese Unternehmen, wenn ich ihre CEOs kennengelernt habe. Erstklassiges Management bringt in der Regel erstklassige Ergebnisse.

Dasselbe gilt auch für unser Unternehmen. Ich habe schon oft talentierte Mitarbeiter aus ihren Nischen, in denen sie es sich bequem gemacht hatten, herausgeholt und ihnen Aufgaben zugewiesen, die oberflächlich gesehen nichts mit ihrer Ausbildung oder ihrer Erfahrung zu tun hatten. Mein Hintergedanke dabei war der, daß sie meine Erwartungen erfüllen würden, wenn sie genug Talent hätten. Wenn sich Profitchancen boten, würden sie auch Wege finden, sie zu nutzen.

2. Wer ist auf dem absteigendenden Ast?

Ich habe mich immer für Firmen interessiert, die aufgrund schlechter Neuigkeiten in der Gunst des Publikums fallen. Das heißt, daß ich Aktien kaufe, die in Panik verfallene Investoren losschlagen. Wenn man ein paar wesentliche Grundsätze berücksichtigt, bieten sich im schlimmsten Chaos lohnende Chancen und Schnäppchen. Deshalb habe ich Texaco-Aktien gekauft, nachdem der Konzern einen 4-Milliarden-Dollar-Prozeß gegen Pennzoil verloren hatte, und Aktien von Johnson & Johnson nach der Tylenolaffäre. Ich konnte mir nicht vorstellen, daß diese Unternehmen von der Bildfläche verschwinden würden. (Aber mein Urteil ist nicht unfehlbar. Ich habe auch Pan Am-Aktien gekauft, als ich dachte, daß sie ihren Tiefstand erreicht hätten, und bald darauf kam die Meldung vom Konkurs.)

Diese Methode funktioniert auch bei der Einstellung talentierter Mitarbeiter. Wenn ich höre, daß ein Konkurrent Probleme hat, zögere ich nicht, den Rahm von seiner Führungsebene abzuschöpfen. Einige unserer besten Leute sind zufriedene und dankbare »Flüchtlinge« aus Krisensituationen.

Dasselbe gilt auch für den Erwerb von Firmen. Wenn Sie wissen, daß eine Konkurrenzfirma sich auf Talfahrt befindet, bekommen Sie oft die wertvollsten Bereiche zu Schlußverkaufspreisen.

3. Denken Sie langfristig

Es ist nicht ungewöhnlich, daß ich Aktien zwei Jahrzehnte oder länger behalte. Ich lasse mich durch gelegentliche Einbrüche in den Quartalsergebnissen oder vorübergehende Kursschwankungen nicht beunruhigen. Ich interessiere mich mehr dafür, wo das Unternehmen in drei, fünf oder zehn Jahren stehen wird. Wenn ich mit dem Topmanagement zufrieden bin, wird diese Geduld in der Regel belohnt.

Dieselbe Geduld versuche ich auch an den Tag zu legen, wenn unser Unternehmen neue Geschäftsfelder erschließt. Wenn wir ein neues Tennisturnier planen, wissen wir, daß wir im ersten Jahr Verluste machen und im zweiten Jahr bestenfalls den Break-even-Punkt erreichen. Über die roten Zahlen am Anfang eines Projekts mache ich mir keine Gedanken, sondern ich richte meinen Blick auf das vierte oder fünfte Jahr. Wenn wir unsere Arbeit gut machen, wenn das Turnier bei den Topspielern akzeptiert wird und somit die Eintrittskarten für das Publikum attraktiver werden, sprudeln auch die Gewinne.

4. Investieren Sie in Bereiche, die Sie kennen

Als Computerfreak würde ich wahrscheinlich in High-Tech-Aktien und als Banker in Banken investieren. Aber ich kenne diese Branchen nicht und habe auch keinerlei Ehrgeiz, in dieser Beziehung Wissen vorzutäuschen. Deshalb lasse ich die Finger von diesen Anlagen (außer wenn Regel 1 Anwendung findet). Da ich mich im Sportgeschäft gut auskenne, sind Sport- und Freizeitunternehmen mit einem sehr hohen Anteil in meinem Portfolio vertreten. Was die anderen Anlagen angeht, verlasse ich mich auf den Rat von Investmentprofis, wenn ich keine persönlichen Kontakte in einer Branche oder zum Management eines Unternehmens habe.

Aus dieser Regel ergeben sich zwei Grundsätze. Erstens: Bei den Bereichen zu bleiben, die man kennt, bedeutet zuzugeben, daß man andere Bereiche nicht kennt. Ich habe beispielsweise keine Ahnung von Computern und High-Tech. Von Mobiltelefonen und elektrischen Rasierapparaten abgesehen, interessiere ich mich nicht für technische Geräte und Spielereien. Aber ich weiß, daß unsere Firma in High-Tech-Ausrüstung investieren muß, um zu wachsen.

Damit sind wir beim zweiten Grundsatz: Wenn Sie etwas nicht wissen, suchen Sie sich Leute, die sich auskennen. So weiß ich nicht, womit sich unsere Computerfachleute den Tag vertreiben, aber ich vertraue darauf, daß sie unsere Ressourcen sinnvoll einsetzen. Wenn ich die richtigen Leute eingestellt habe, brauche ich auch gar nicht mehr zu wissen.

5. Finden Sie heraus, wo die Risiken liegen

Jede Investition birgt Risiken. Diese Erkenntnis ist schon der erste Schritt, um Ihr Risiko zu minimieren.

Ich habe vor einigen Jahren mit dem Kauf von Aktien eines Versicherungsunternehmens geliebäugelt, hauptsächlich deshalb, weil ich den CEO kannte und bewunderte. Ich fragte ihn einmal, welches die größten Risiken in seiner Branche seien. Er erwiderte: »Es gibt viele Risiken. Die Versicherten können plötzlich viele Unfälle haben und damit unsere Kosten hochtreiben. Durch neue Gesetze könnte ein Grenzwert für die Prämienhöhe vorgeschrieben werden, wodurch unsere Gewinnspannen sinken. Die Konkurrenz könnte einen Preiskrieg beginnen. Aber wissen Sie, Mark, diese sogenannten Risiken finde ich nicht wirklich gefährlich – weil wir sie kennen und Notfallpläne ausgearbeitet haben. Das größte Risiko ist das, auf das wir nicht gefaßt sind. Irgendwo lauert die Katastrophe, an die wir in unseren schwärzesten Szenarien nicht gedacht haben.«

Ich halte dies für eine sehr sinnvolle Betrachtungsweise. Es ist viel gefährlicher, zu glauben, daß man alle Antworten hat, als sich einzugestehen, daß man sie nicht hat.

Als Manager habe ich versucht, mir diese Sichtweise immer dann anzueignen, wenn ich über die Investition in ein neues Projekt entscheiden muß. Ich genehmige ein Projekt viel bereitwilliger, wenn der verantwortliche Mitarbeiter zugeben kann, daß sein Konzept Risiken birgt, obwohl er alle Hausaufgaben gemacht hat. Zumindest weiß ich dann, daß er ein Realist ist, der sich der Tatsache bewußt ist, daß auch die besten Pläne scheitern können. Dagegen haben es die anderen, die mir ihr Konzept als »todsichere Sache« anpreisen, viel schwerer, weil sie das Wesen des Risikos nicht verstanden haben.

Spitzenpositionen kann man nicht pachten

Viele Leute glauben, daß ein Manager seine wahre Berufung eigentlich erst dann erfüllt, wenn er eine Krise meistert. Ich kann gut nachvollziehen, warum diese Meinung so verbreitet ist. Es hat etwas Großartiges und Dramatisches, wenn ein Manager sich ruhig und gelassen dem Sturm entgegenstellt und heroisch seine Befehle erteilt, um der Katastrophe zu entkommen.

Ich kann mich zu dieser Sichtweise nicht durchringen. Mir ist es viel wichtiger, daß ein Manager eine Krise schon Monate oder Jahre im voraus kommen sieht — und weiß, wie er seine Leute so führt, daß die Krise niemals zum Ausbruch kommt. Wie das Sprichwort schon sagt: Vorsicht ist besser als Nachsicht. Man sollte diejenigen Manager, die Probleme verhindern, viel mehr loben als diejenigen, die sie beseitigen.

In jedem Unternehmen besteht die Gefahr der Selbstgefälligkeit, wenn es wächst und gedeiht. Der Erfolg wird für selbstverständlich gehalten. Noch schlimmer: Die Unternehmensangehörigen widersetzen sich erbittert jeder Art von Veränderung: »Was gut funktioniert, brauchen wir auch nicht zu ändern«, so lautet ihr Motto – mit fatalen Folgen.

Auch dieser Sichtweise kann ich mich nicht anschließen. Ich habe im Lauf der Jahre erfahren, daß auch der größte Erfolg schon drei, vier Jahre später der Vergangenheit angehören kann. Nichts bleibt, wie es ist, darauf können Sie wetten. Sie können sich keinen Stillstand leisten. In der heutigen Welt des immer schnelleren Wandels und der unvorhersehbaren Moden sollte das Motto vielleicht eher lauten: »Was gut funktioniert, sollten wir schleunigst auseinandernehmen.«

Diese Notwendigkeit mag manchen, aber noch längst nicht

genug Managern einleuchten. Allzu viele sind zufrieden damit, aus den aktuellen Geschäftsdaten Prognosen für die kommenden fünf oder zehn Jahre abzuleiten und eine vielleicht bescheidene, aber gleichmäßig ansteigende Wachstumskurve zu unterstellen. Wenn Sie heute irgendwelche Geräte für eine Million Dollar verkaufen, ist es nicht unvernünftig, zu erwarten, daß Ihr Umsatz sich in einigen Jahren verdoppelt. Leider vergessen Sie dabei zu berücksichtigen, daß möglicherweise ein Konkurrent ein besseres Gerät bauen wird (so daß die Nachfrage nach Ihrem Produkt sinkt), daß ein Konkurrent die Preise senkt (so daß Ihre Gewinne sinken) oder daß er ein Produkt entwickelt, das Ihr Gerät ersetzt (so daß Ihr Geschäft insgesamt zum Erliegen kommt). Sobald Sie eine Kurve ununterbrochenen Wachstums prognostizieren, können Sie sicher sein, daß es jemanden gibt, der gerade nach Methoden sucht, um Ihnen einen Strich durch die Rechnung zu machen.

Die Tatsache, daß ich in der Sportbranche tätig bin, hat es mir vermutlich einfacher gemacht, diese Erkenntnis zu gewinnen. Keine Branche verändert sich schneller oder ist unvorhersehbarer als der Sport. Die Sieger von heute können sich über Nacht in unbedeutende Figuren verwandeln. Trotzdem muß ich unsere Mitarbeiter ständig daran erinnern, daß Veränderungen die einzige Konstante im Geschäftsleben sind, und sie vor den folgenden Trugschlüssen warnen, die blind und selbstgefällig machen.

1. Spitzenpositionen kann man pachten

Wenn die Geschäfte großartig laufen, fällt es den meisten Leuten schwer, sich vorzustellen, daß wieder schlechtere Zeiten kommen könnten. Sie glauben, daß ihr Erfolg sich unendlich fortsetzt. Genau in diesen Augenblicken weise ich meine Mitarbeiter gerne darauf hin, daß niemand seine Spitzenposition pachten kann.

Vor vier Jahren waren laut Sony-Liste Nick Faldo, Greg Norman, Nick Price und Bernhard Langer die vier Top-Golfspieler der Welt. Wir vertraten alle vier. Es wäre sehr angenehm gewesen, die Verantwortlichen in unserer Golfdivision im Glanz dieser glücklichen Umstände baden zu lassen oder sie in der Annahme zu unterstützen, daß dieser Zustand für immer so anhalten würde. Die Dinge verändern sich. Heute managen wir nur zwei der vier Top-Golfspieler. Deshalb bleue ich unseren Leuten immer wieder ein, daß wir es uns nicht leisten können, zu glauben, daß das Feld der Anführer automatisch uns gehört. Wir müssen unsere Geschäfte so führen, als würde sich das Anführerfeld über Nacht verändern – was ja auch der Fall ist.

Wenn Sie glauben, daß Ihre Mitarbeiter dieser Art von Selbstgefälligkeit zum Opfer fallen, dann sollten Sie einmal die folgende Übung durchführen: Gehen Sie fünf oder zehn Jahre in der Firmengeschichte zurück und sehen Sie, wer Ihre wichtigsten Konkurrenten waren, wer die höchsten Marktanteile hatte, und wer die besten Leute innerhalb des Unternehmens waren. Es ist sehr wahrscheinlich, daß nichts mehr so ist, wie es einmal war. Warum sollte sich dann in einigen Jahren nichts verändert haben?

2. Gute Arbeit wird anerkannt

Ein weiterer Trugschluß basiert auf dem merkwürdigen Gedanken, daß ein Klient Sie mit Freuden weiterhin beschäftigen wird, wenn Sie einmal außerordentlich gute Arbeit für ihn geleistet haben. Das stimmt nicht. Ich habe die Erfahrung gemacht, daß die Klienten irgendwann anfangen zu glauben, sie könnten diese Arbeit auch selbst erledigen.

Zu den großen Vorteilen unseres Unternehmens gehören seine internationalen Kontakte. Wir unterhalten 67 Büros in 26 Ländern. Diese internationale Reichweite fehlt den meisten nationalen Sportorganisationen – ob Teams, Ligen oder Verbände. Aus diesem Grund könnte es sein, daß eine Liga uns beauftragt, die weltweiten Übertragungsrechte an ihren Spielen zu verkaufen. Die Manager der Liga haben keine Ahnung, was sie tun müssen, um ihre Spiele ins europäische oder asiatische Fernsehen zu bekommen. Aber wir wissen es. Wir beginnen mit einem bescheidenen Geschäft mit einem ausländischen Sender. Nach ein, zwei Jahren, wenn das

Publikumsinteresse wächst, steigen auch die Gebühren für die Rechte. Die Gebühren, die wir in Rechnung stellen, steigen dann ebenfalls. Wenn wir unsere Arbeit weiterhin gut machen, ist es nicht auszuschließen, daß wir nach sieben oder acht Jahren unserem Klienten geholfen haben, ein bedeutendes Geschäftsfeld aufzubauen. Man könnte nun erwarten, daß der Klient dankbar wäre, daß wir seine Einnahmen für internationale Senderechte von Null auf einige Millionen gebracht haben – und uns für immer weiterbeschäftigen möchte.

Aber oft entwickeln sich die Dinge ganz anders. Der Klient sieht irgendwann nicht mehr das Geld, das er dank unserer Arbeit verdient, sondern er stößt sich an den Gebühren, die wir für unsere Bemühungen in Rechnung stellen. Ironischerweise erreicht er diesen Zeitpunkt meist dann, wenn seine Einnahmen in Regionen vorstoßen, die er sich niemals erträumt hätte, und man davon ausgehen könnte, daß er absolut zufrieden wäre. Aber genau dann glaubt der Klient, daß er unsere Arbeit auch intern erledigen könnte, indem er einen Mitarbeiter zu einem Bruchteil unserer Gebühren einstellt. Warum auch nicht? Der Klient ist durch alle Türen gegangen, die wir ihm aufgestoßen haben. Er hat gesehen, wie man die Preise gestaltet und Verträge schließt. Welche Kenntnisse erfordert es schon, einen Vertrag zu verlängern? Wozu brauchen wir McCormack?

Ich habe diese Entwicklung oft genug erlebt. Man baut den Leuten eine Mausefalle, und irgendwann glauben sie, daß sie die Mäuse selbst fangen können. Allerdings wollen viele unserer Mitarbeiter dies nicht glauben. Sie vertrauen darauf, daß man für exzellente Arbeit auch exzellent belohnt wird. Sie freuen sich über die Erfolge, die sie für ihre Klienten erreichen, und vergessen, daß ihre Mühe manchmal unterschätzt wird. Statt einem »Dankeschön« hören sie dann: »Was haben Sie eigentlich in letzter Zeit für mich getan?«

Aus diesem Grund halte ich unsere Mitarbeiter ständig dazu an, mit den Klienten im Gespräch zu bleiben und die Beziehung um Elemente zu erweitern, ohne die sie nicht mehr leben können. Gute Arbeit zu leisten ist kein Schutz. Und großartige Arbeit zu leisten kann sogar Krisen heraufbeschwören.

3. Der Mythos vom »bequemen Vorsprung«

Der vielleicht gefährlichste Trugschluß ist der, daß man sich zurücklehnen könnte, wenn man das Feld anführt. Nehmen wir an, daß
Ihre Firma einen Marktanteil von 40 Prozent hält und Ihr größter
Rivale nur auf 10 Prozent verweisen kann. Es ist ganz normal, wenn
Ihre Mitarbeiter mit diesem Vorsprung höchst zufrieden sind und
jeden Neuling auf dem Markt mit mitleidiger Verachtung betrachten. Aber sie vergessen dabei, daß schon drei oder vier dieser kleinen
Konkurrenten reichen, um Ihr Geschäft an verschiedenen Flanken
zu attackieren, um Sie abzulenken, Ihnen Marktanteile abzuneh-
men und Ihren Erfolg zu bremsen. Sie schneiden sich ins eigene
Fleisch, wenn Sie Marktneulinge unterschätzen.

Dieses Argument wird immer gerne mit den Beispielen von IBM,
Sears oder den amerikanischen Stahlkonzernen untermauert. Sie
alle wurden von kleinen Konkurrenten wie von einer Schar Mücken
heimgesucht und ernsthaft in Gefahr gebracht, weil deren Wachstum auf ihre Kosten erfolgte. Ich führe in diesem Zusammenhang
lieber die Geschichte von Hobart Manley an, einem der führenden
Golfamateure in den Vereinigten Staaten. Manley spielte bei den
US-Amateurmeisterschaften in Minnesota gegen einen 15jährigen
Jungen aus der Gegend, der sich für das Turnier qualifiziert hatte
und in Begleitung seiner Eltern und Nachbarn erschien. Manley
führte mit einem Vorsprung von vier Schlägen, als der Junge plötzlich vor den Augen seiner Eltern und Fans zu heulen anfing. Manley
dachte: »Ich vernichte dieses Kind ja vor den Augen seiner Familie
...«, und der Junge fing an, ihm leid zu tun. Von da an spielte er sehr
schlecht, und er verlor das Match schließlich.

Manley erzählte seinem ehemaligen Coach, einem bekannten
Golfprofi, von diesem Vorfall. Der Profi sagte: »Genau dahin muß
man den Gegner doch bringen – zum Heulen! Und wenn es so weit
ist, müssen Sie Ihren Fuß draufstellen und ihn in den Staub drük-
ken!«

Das mag brutal klingen, aber so ist nun einmal die Realität.
Einen bequemen Vorsprung gibt es nicht. Manager, die in ihrer
Firma keine ständige Alarmbereitschaft aufrechterhalten, geraten

oft schneller in den Strudel der Katastrophe, als sie sich vorstellen können.

Wie man eine Niederlassung in Europa eröffnet

Der gescheiteste Schachzug, den unsere Firma je gemacht hat, war unser frühzeitiges internationales Engagement. Wir erkannten, daß man die unersättliche Sportbegeisterung der Amerikaner exportieren konnte. Das galt vor allem für unsere Kernbereiche Golf und Tennis, die im Gegensatz zu den uramerikanischen Sportarten wie Baseball oder Football in jedem Winkel des Erdballs gespielt werden. Der Markt für unsere Golf- und Tennisspieler war also schon da. Wir mußten die Firmen und Manager in Großbritannien, Japan, Australien, Südamerika und Westeuropa nicht erst von diesen Sportarten überzeugen.

Aber es war trotzdem kein Kinderspiel, ein internationales Netz aufzubauen. Eine Auslandsniederlassung zu gründen bedeutet nicht nur, ein Büro zu mieten, ein Schild vor die Tür zu hängen und zu sagen: »Von jetzt an können Sie Geschäfte mit uns machen.« Vielmehr gehört dies zu den schwierigsten Aufgaben, vor denen ein Unternehmer stehen kann – und im Lauf der Jahre habe ich beobachtet, wie Dutzende von amerikanischen Firmen, einschließlich all unserer Konkurrenten, dabei auf die Nase gefallen sind.

Wenn Sie in Betracht ziehen, auch im Ausland Geschäfte zu machen (und das sollten Sie), werden Ihnen die folgenden Lektionen – die uns viel Zeit gekostet haben und für die wir oft viel Lehrgeld bezahlen mußten – eine Menge Ärger und Verluste ersparen.

1. Stellen Sie zuerst einen Verkäufer ein

Unabhängig davon, ob Sie Ihr Büro in London, Paris, Tokio, Stockholm, Mailand oder sonstwo eröffnen, ist die wichtigste Entscheidung die, wen Sie zuerst einstellen. Diese Person wird das

Büro leiten. Wenn Sie hier die falsche Entscheidung treffen, werden Sie keine Gelegenheit haben, noch eine zweite Einstellung vorzunehmen.

Der erste Mitarbeiter sollte immer ein Verkäufer sein, egal in welcher Branche Sie tätig sind. Das Büro muß sich so bald wie möglich selbst finanzieren, und deshalb brauchen Sie Umsätze und Cash Flow. Ohne Cash Flow haben Sie keine Auslandsniederlassung, sondern nur eine Adresse im Ausland.

2. Stellen Sie Einheimische ein

Viele Unternehmen erliegen der Versuchung, den Weg des »häßlichen Amerikaners« zu gehen – also einen kompetenten amerikanischen Mitarbeiter auszuwählen, ihn ins Ausland abzukommandieren und zu sagen: »Jetzt bau das Geschäft auf.«

Wir sind diesen Weg nie gegangen. Wir haben immer Inländer als Niederlassungsmanager eingestellt. Briten führen unsere Büros in London, ein Schwede leitet unser Stockholmer Büro, ein Franzose unser Büro in Paris, ein Ungar das Büro in Budapest und so weiter. Der Grund dafür leuchtet schnell ein: Es ist leichter, einen Schweden oder Franzosen mit unseren Methoden und unserer Firmenphilosophie vertraut zu machen, als einem unserer amerikanischen Beschäftigten beizubringen, wie man in Schweden oder Frankreich Geschäfte macht. Ein Amerikaner wird die Sprache und Kultur des jeweiligen Landes nie so gut kennen wie ein Einheimischer. Er kennt die Trends in den verschiedenen Sportarten nicht. Er hat keine Basis, keine Kontakte und keinen Ruf. Er muß in jeder Hinsicht bei Null anfangen.

Mir ist klar, daß auch eine gewisse Bequemlichkeit eine Rolle spielt, wenn amerikanische Unternehmen ihre Landsleute ins Ausland schicken. Sie habe die gleiche Art und Weise zu gehen, zu reden, sich anzuziehen und zu denken. Sie fühlen sich wohl unter ihresgleichen. Aber diese Vorgehensweise ist sehr gefährlich und engstirnig. Ich kann jedem Unternehmen nur dringend davon abraten. Wenn Sie ausländische Talente in Ihre Firma aufnehmen, bringen diese oft völlig neue Sichtweisen ein. Ein Unternehmen kann sich nicht international nennen, wenn darin nicht verschiedene Sprachen gesprochen werden.

3. Fangen Sie nicht mit zu vielen Vollzeitbeschäftigten an

Sobald Sie einen einheimischen Manager eingestellt haben, der verkaufen kann, müssen Sie ihm verwaltungsmäßige und finanzielle Unterstützung zur Seite stellen – Buchhalter, Finanzexperten und Rechtsanwälte.

Unsere Erfahrungen bei der Gründung verschiedener Auslandsbüros haben gezeigt, daß man diesen Support schon ziemlich frühzeitig benötigt. Ein Verkäufer will verkaufen und hat keine Lust, sich mit Verträgen, Rechtsfragen und Finanzangelegenheiten herumzuschlagen. Deshalb müssen Sie ihm von dem Augenblick an, in dem er anfängt Geschäfte abzuschließen, exzellente Unterstützung zur Seite stellen.

Dabei ist es nicht notwendig, Rechtsanwälte und Buchhalter in Vollzeit anzustellen. Gerade zu Beginn sind Sie besser beraten, wenn Sie diese Fachleute nur auf Projektbasis engagieren.

Viele Firmen machen den Fehler, schon vom ersten Tag an alle Funktionen voll zu besetzen – bevor sie auch nur einen Pfennig umgesetzt haben. So erregte vor einigen Jahren einer unserer Konkurrenten großes Aufsehen, als er eine Auslandsniederlassung mit fünf Managern eröffnete (von denen, nebenbei bemerkt, keiner aus dem betreffenden Land stammte). Wenn man bedenkt, daß der Erfolg des Büros noch in den Sternen stand, waren das sehr hohe Gemeinkosten. Es wurde auch nie ein sechster Manager eingestellt.

Im Idealfall sollte auch der zweite Vollzeitbeschäftigte ein Verkäufer sein. Dann kommt ein dritter Verkäufer dazu. Wenn Sie drei bis fünf Leute in einem Büro beschäftigen, brauchen Sie einen Vollzeitbuchhalter.

4. Vorsicht vor der ersten Hürde

Als wir beschlossen, von unserem Londoner Büro aus nach Europa zu expandieren – und das Londoner Büro betrachtete es schon als »international«, in Frankreich, Deutschland und Italien Geschäfte zu machen –, schickten wir zunächst unsere Leute aus London in diese Länder, um unsere Chancen zu sondieren. Wir wollten erst dann eine eigene Niederlassung gründen, wenn das Geschäftsvolumen eine solche Investition rechtfertigte. Mitte der siebziger Jahre beispielsweise setzten wir in Italien 50 000 Dollar um, ohne dort ein Büro zu haben. Unsere Leute aus London flogen nur gelegentlich hin. Aber es hätte 100 000 Dollar gekostet, ein kleines Büro in Mailand zu mieten und einen Italiener einzustellen.

Irgendwann kommt aber der Zeitpunkt, an dem man sich entscheiden muß, ob man zu diesem Schritt bereit ist. Sie können nicht noch weitere Chancen in Italien wahrnehmen, wenn dort nicht täglich jemand präsent ist. Aber die Eröffnung einer Niederlassung in Italien bedeutet, daß in Italien nicht mehr 50 000 Dollar Gewinn, sondern 50 000 Dollar Verlust gemacht werden. Sind Sie bereit, diesen Verlust in der Hoffnung hinzunehmen, daß in den folgenden Jahren Gewinne eingefahren werden?

Es handelt sich um eine klassische Hürde für Unternehmer, nämlich von einem relativ bescheidenen, leicht verdienten Gewinn zu einem Sprung anzusetzen, der ins Ungewisse führt. Glücklicherweise haben wir den Sport und das Sportmarketing immer als Wachstumsbranche betrachtet – und wir waren bereit, diese Hürde zu überwinden.

Übersehen Sie diese Hürde nicht, wenn Sie ins Ausland expandieren. Es wird immer Augenblicke geben, in denen Sie sich fragen: »Warum soll ich eine Auslandsniederlassung gründen? Ich kann das Geschäft doch von hier aus erledigen und einen schönen Gewinn damit erzielen.« Wie Sie diese Frage beantworten, bestimmt oft über das weitere Wachstum Ihres Unternehmens.

5. Vermeiden Sie Joint Ventures

Eine Auslandsniederlassung durch ein Joint Venture oder eine Allianz mit einem schon etablierten Partner oder Unternehmen in diesem Land zu begründen, ist eine verbreitete Methode. Aber ich würde davon abraten.

Als wir damals den Entschluß gefaßt hatten, von London aus in andere europäische Länder zu expandieren, war es wegen des geringen Geschäftsvolumens nicht ratsam, gleich ein Büro zu mieten und Personal einzustellen. Deshalb ernannten wir in jedem Land »Vertreter«. Wir hatten eine deutsche Werbeagentur, einen italienischen Schuhfabrikanten und einen französischen Rechtsanwalt, die für uns arbeiteten.

Derartige Joint Ventures werfen in der Regel mindestens zwei Probleme auf.

Erstens: Wenn Ihr Partner etwas von Ihrer Branche versteht, ist er ständig in Versuchung, die wirklich lohnenden Chancen in seine Firma zu dirigieren und die weniger guten im Joint Venture mit Ihnen abzuwickeln. Oder er behandelt Ihre Aktivitäten als Nebensache, um die er sich am Freitagnachmittag zwischen 15 und 17 Uhr kümmert, nachdem er die eigentliche Arbeit für die Woche erledigt hat. Die für Sie wichtigen Geschäfte führen folglich ein Schattendasein und werden nie richtig blühen.

Zweitens: Wenn Ihr Partner nichts von Ihrer Branche versteht, aber über die nötige Schlauheit verfügt, gehen Sie das Risiko ein, ihm zu viel beizubringen. Während Sie gemeinsam Geld verdienen, lernt er alles über Ihr Geschäft. Er etabliert sich auf Ihre Kosten und wartet vielleicht nur auf eine günstige Gelegenheit, um ein Konkurrenzunternehmen zu gründen.

Mit diesen beiden Problemen bekamen wir es bei unseren ersten Schritten in Europa zu tun. Innerhalb eines Jahres feuerten wir sämtliche Vertreter und stellten Einheimische ein, die verkaufen konnten.

6. In jedem Stereotyp steckt ein Körnchen Wahrheit

Ich weiß zwar, wie gefährlich es sein kann, nationale Stereotypen heraufzubeschwören, aber sie bergen auch ein Körnchen Wahrheit. Italiener sind emotional. Franzosen sind intellektuell. Schweden sind stur. Deutsche sind genau. Es ist wichtig, diese nationalen Eigenheiten zu berücksichtigen, wenn Sie anfangen, in Europa Geschäfte zu machen. Diese Besonderheiten können nämlich die Art und Weise dramatisch beeinflussen, wie Sie Ihre Arbeit tun.

Nehmen wir beispielsweise das Sponsoring von Sportveranstaltungen durch Unternehmen. Zu den größten Vorteilen für das Unternehmen gehört das Element der Gastfreundschaft: Der Sponsor hat die Gelegenheit, Freunde, Gäste und Kunden zu der Vereinstaltung einzuladen und sie in der VIP-Lounge in einem Zelt, Pavillon oder ähnlichem zu bewirten.

Als wir vor fünf Jahren anfingen, Sponsoren für eines unserer Tennisturniere in Deutschland zu suchen, stellten wir mit großem Erstaunen fest, daß die deutschen Unternehmen kein Interesse an dieser Art der Gastfreundschaft hatten. Es war für sie eine völlig fremde Idee.

Zunächst einmal befürchteten die Deutschen, daß man eine derartige Einladung als Bestechungsversuch mißverstehen würde. Außerdem waren sie nicht besonders erpicht darauf, an einem Wochentag eine Sportveranstaltung zu besuchen, weil sie ja dann einen Tag im Büro versäumten, und das bereitete ihnen ein schlechtes Gewissen. Aber der entscheidende Widerstand war unserer Meinung nach auf den deutschen Charakter zurückzuführen. Zwei deutsche Manager, die tagein, tagaus im selben Büro sitzen, nennen einander Herr Schmidt und Herr Marx. Wenn sie gemeinsam Ferien machen, nennen sie sich Günter und Rainer. Nach der Rückkehr ins Büro sind sie allerdings wieder Herr Schmidt und Herr Marx füreinander.

Die Deutschen konnten der Idee, Gäste einzuladen und ihnen eine angenehme Atmosphäre zum besseren Kennenlernen zu bieten – also Geschäft und Vergnügen zu vermischen –, nichts abgewinnen.

Folglich bestand ein Großteil unserer Arbeit in Deutschland zunächst darin, den Unternehmen zu zeigen, welche Rolle die Gastfreundschaft bei einer Veranstaltung spielt und welche Vorteile sie daraus ziehen konnten.

Diese Mühe brauchten wir uns in Italien nicht zu machen. Für manche italienischen Sponsoren ist die Gastfreundschaft noch wichtiger als die Fernsehübertragung oder die Präsentation des Firmenlogos am Veranstaltungsort. Die Italiener sind begeistert von der Aussicht, einen Tag außerhalb des Büros zu verbringen. Sie legen großen Wert auf gutes Essen und Trinken und ein geschmackvolles Ambiente. Sie fühlen sich sehr wohl dabei, inmitten einer Schar von Freunden, Bekannten und Geschäftspartnern über dies und jenes und natürlich auch über Geschäfte zu reden. Wenn wir also in Italien Sponsoren suchen, können wir gar nicht genug über die Gastfreundschaft reden.

Weitere derartige Beispiele ließen sich für jedes europäischen Land finden. Jedes Land ist anders. In England sind die Zelte der Sponsoren donnerstags und freitags brechend voll, während der Andrang am Samstag und Sonntag spürbar nachläßt. Das liegt daran, daß die Briten zwar nichts dagegen haben, einen Tag fern vom Arbeitsplatz zu verbringen, aber das Wochenende gehört der Familie.

In Frankreich sind die Sponsorenveranstaltungen fast schon Modenschauen. Es ist wichtig, zu sehen und gesehen zu werden – also planen und verkaufen wir das Ereignis auch entsprechend.

In Schweden dagegen sollte man darauf achten, nicht *allzu* viel Luxus zu bieten. Die Gäste kritisieren Sponsoren, deren Zelte zu aufwendig dekoriert und deren Buffets zu opulent sind. Manchmal muß man fast schon gewisse Ansprüche zurückschrauben, um den Geschmack der Schweden zu treffen.

Was tun, wenn die Geschäfte schlecht gehen?

Einer der besten Ratschläge, den ich je erhielt, handelt davon, wie man sich in einer Rezession verhält. Unser Unternehmen IMG ist in den siebziger Jahren schnell expandiert (vielleicht ein wenig zu schnell). Damals rutschte die amerikanische Wirtschaft gerade in eine Rezession. Die meisten Firmen kürzten ihre Marketingbudgets, und das Sportmarketing (das, wie Sie sich vorstellen können, nicht in allen Unternehmen Top-Priorität hat) gehörte zu den ersten Bereichen, in denen der Rotstift angesetzt wurde. Diese Sparmaßnahmen trafen unser Unternehmen hart, und zwar innerhalb sehr kurzer Zeit.

Unsere Umsatzprognosen zeigten nicht mehr nach oben, sondern nach unten. Alles deutete darauf hin, daß wir einige Projekte einstellen und unsere Expansionspläne auf Eis legen mußten.

Damals richtete mich der kluge Rat eines Managers auf, der unser Unternehmen gut kannte.

»Rezessionen sind ein notwendiges Korrekturmittel«, sagte er. »Die Schwachen werden aussortiert. Das kann eine große Chance für Sie sein. Die besten Unternehmen entwickeln sich in einer Rezession nämlich weiter.«

Im Lauf der Jahre hat unser Unternehmen noch einige weitere Rezessionen überstanden, und ich habe die Worte dieses Managers schätzen gelernt. Ich habe auch gelernt, entsprechend zu handeln.

Im folgenden werden sechs Strategien beschrieben, die Sie in einer Rezession befolgen sollten.

1. Konzentrieren Sie sich wieder auf Ihr Kerngeschäft

Eine boomende Konjunktur kann Ihnen leicht den Blick auf Ihr Kerngeschäft vernebeln. Ich habe diese Erfahrung auch in unserem Unternehmen gemacht, als wir in guten Zeiten in manchen unerwarteten Bereichen viel Geld verdienten. Als wir beispielsweise phänomenale Gewinne aus dem Verkauf von T-Shirts bei Sportveranstaltungen erzielten, konnte ich es gut verstehen, daß einige unserer Leute plötzlich die T-Shirt-Industrie sehr attraktiv fanden. Da erschien auch der Vorschlag nicht mehr abwegig, uns an einem T-Shirt-Hersteller zu beteiligen. Schlechte Zeiten sind jedoch ein großartiges Heilmittel gegen derlei Irrwege. Schlechte Zeiten lehren uns, bei dem zu bleiben, war wir am besten können. Sie bringen uns auf den Boden der Realität zurück. Sie erinnern uns daran, daß unser Kerngeschäft die Vertretung von Sportlern ist, nicht der Einzelhandel oder die Modebranche.

2. Steigern Sie Ihre Marktanteile

Wenn Sie Marktführer sind, können Sie Ihren Marktanteil in mageren Zeiten besser ausbauen als in Zeiten der Hochkonjunktur. Eine boomende Wirtschaft bietet jedem ein Plätzchen. Neue Wettbewerber stoßen in die Branche. Ehrgeizige Mitarbeiter gründen eigene Unternehmen und nehmen vielleicht einen oder zwei Kunden mit. Wenn Sie nicht aufpassen, schnappen Ihnen solche neu gegründeten Firmen im Nu Marktanteile weg.

Rezessionen sind eine perfekte Gelegenheit, um zurückzuschlagen. Die besten Unternehmen schneiden in einer schwierigen Wirtschaftslage immer besser ab als Konkurrenten, denen nur Randbedeutung zukommt. Sie verfügend über genügend Ressourcen, um erforderlichenfalls die Preise zu senken, ihr hohes Qualitätsniveau zu halten oder sogar noch bessere Dienstleistungen anzubieten. All das macht der Konkurrenz das Leben schwer.

3. Setzen Sie dringend notwendige Sparmaßnahmen um

In guten Zeiten findet man schnell Geschmack an kleinen Annehmlichkeiten. Egal wie diszipliniert Ihr Unternehmen sein mag, wenn das Geschäft brummt, lassen sich Ihre Leute eben gerne von manchen Privilegien verführen. Für manche Topmanager werden Flüge erster Klasse, Hotelsuiten, Mietwagen oder neue Büromöbel schnell zu Routineausgaben. Und diese Ansprüche pflegen sich auch auf die anderen Führungsebenen zu übertragen.

Es ist schwer, sich in guten Zeiten in Disziplin und Zurückhaltung zu üben. Es schadet der Moral und ist schwierig zu rechtfertigen. Rezessionen sind deshalb der beste Zeitpunkt dafür, dringend notwendige Sparmaßnahmen durchzuführen – denn dann kann Ihnen niemand mehr ein triftiges Gegenargument vorlegen.

4. Finden Sie die schwächsten Glieder im Unternehmen

Eine Rezession läßt oft auf brutale Weise zutage treten, welches die schwächsten Glieder unter Ihren Mitarbeitern sind. Die echten Talente werden in der Krise eher noch kreativer und erfindungsreicher, während die anderen, die sich mitziehen lassen, nur klagen, daß »die Kunden nicht mehr so viel wie früher ausgeben«. Wenn Sie je über Personaleinsparungsmaßnahmen nachgedacht haben, erkennen Sie in einer Rezession am deutlichsten, wo Sie ansetzen müssen.

5. Entwickeln Sie Cash-flow-Disziplin

Rezessionen sollten Sie auch als Gelegenheit dazu nutzen, Ihre Finanzen besser in den Griff zu bekommen. In diesem Fall meine ich speziell den Cash Flow und offene Forderungen. Wenn die Geschäfte gut gehen, achtet man vielleicht nicht nachdrücklich genug auf die Einhaltung von Zahlungszielen. Überall herrscht eitel Freude und Sonnenschein, und man weiß ja, daß das Geld irgendwann schon kommen wird.

Wenn Ihre Verkäufer sich nur auf die Abschlüsse konzentrieren und es für unter ihrer Würde halten, Außenstände einzutreiben, kann es sein, daß sie in einer Rezession noch viel lernen müssen.

6. Tun Sie einen mutigen Schritt

Wenn Sie es sich leisten können, ist eine Rezession manchmal der perfekte Zeitpunkt für einen mutigen strategischen Schritt – etwa den Erwerb einer Firma, die Eröffnung einer neuen Filiale oder die Gründung einer neuen Abteilung. Damit setzen Sie nicht nur die Konkurrenz in Erstaunen, sondern Sie können meist auch noch einen Schnäppchenpreis herausschlagen, weil der Markt am Boden liegt.

Schlechte Nachrichten per Fax, gute Nachrichten per Post

Die meisten Manager reagieren auf schlechte Nachrichten wie auf Kritik: Sie verdrängen sie oder spielen sie herunter. Selten gehen sie mit der angemessenen Reaktion darauf ein. Noch seltener verlangen sie ausdrücklich danach.

Zum Beweis dieser Behauptung sollten Sie den vorangegangenen Absatz noch einmal lesen. Der Absatz selbst stellt eine Kritik dar. Wie haben Sie spontan darauf reagiert? Haben Sie gedacht, daß die Aussage an sich richtig war, aber nicht auf Sie zutraf? (Dann haben Sie die Kritik verdrängt.) Oder fanden Sie die Kritik absurd und fehl am Platz? (Dann haben Sie sie heruntergespielt.) Oder haben Sie zugestimmt und darüber nachgedacht, wie Sie selbst mit Kritik umgehen? (Das heißt, daß Sie die Aussage akzeptiert haben.) Aber wann haben Sie Ihre Kollegen oder Mitarbeiterinnen das letzte Mal ausdrücklich um ehrliche Kritik gebeten?

Mit schlechten Nachrichten ist es nicht anders wie mit Kritik, denn sie implizieren, daß wir als Manager irgendwie versagt haben.

Der erste Impuls der meisten Manager, die schlechte Nachrichten erhalten, ist Verdrängung. Das ist zum Teil auch ein Überlebensmechanismus. Ich weiß von mir selbst, daß ich instinktiv versuche, den Schlag abzuschwächen, wenn mir jemand eine schlechte

Neuigkeit mitteilt – etwa über den miserablen Ticketverkauf für eine Sportveranstaltung am Wochenende, den Absprung eines Klienten oder einen großen Sponsor, der sich aus einem Turnier zurückzieht. Ich vollführe alle möglichen geistigen Verrenkungen, um mich selbst davon zu überzeugen, daß die Nachricht nicht so schlimm ist, wie sie sich anhört:

- »Es ist das erste Jahr dieser Veranstaltung. Da werden immer relativ wenige Tickets verkauft.«
- »Wir wollten diesen Klienten eigentlich gar nicht, und wir haben immer noch die beste Klientenliste in der Branche.«
- »Wir werden einen anderen Sponsoren finden.«

Diese Reaktionen stellen eine Verdrängung dar (was nicht zwangsläufig schlecht ist). Ich jedenfalls brauche ein gewisses Maß an Verdrängung, um mir meine Motivation zu bewahren.

Andererseits gibt es Manager, die einzig und allein zu dem Zweck verdrängen, um sich der schlechten Nachricht nicht stellen zu müssen. Ich nahm neulich in einer anderen Firma an einer Besprechung teil und hörte zu, wie ein Mitarbeiter über seine Quartalsumsätze berichtete, die weit hinter den Erwartungen zurückgeblieben waren. Anstatt auf dieses Ergebnis einzugehen, ließ der Chef des Mitarbeiters die Zahlen ohne Kommentar im Raum stehen. Ich kenne den genauen Grund dafür nicht. Vielleicht befürchtete er, daß eine Diskussion der miserablen Umsätze auch ein schlechtes Licht auf seine Führungsqualitäten geworfen hätte. Vielleicht wollte er den Mitarbeiter nicht bloßstellen. Vielleicht hatte er auch gar nicht bemerkt, daß die Umsatzzahlen eine schlechte Neuigkeit darstellten (die ultimative Verdrängung!). Aber schlechte Nachrichten ohne jeden Kommentar im Raum stehen zu lassen zeugt von schwachem Management. Wie auch immer Sie auf Hiobsbotschaften reagieren – nehmen Sie sie zumindest zur Kenntnis. Wenn Sie das nicht tun, werden Ihre Leute guten und schlechten Neuigkeiten bald nicht mehr zu unterscheiden wissen.

Ich glaube, daß man die wahren Qualitäten eines Managers oft daran erkennt, wie er mit wirklich katastrophalen Nachrichten umgeht. Gerät er in Panik oder reift er an seinen Anforderungen? Denkt er nur an sich selbst oder auch an alle anderen?

Meine Faustregel lautet: Je schlimmer die Katastrophe, desto mehr Gelassenheit muß ich zeigen. Im Lauf der Jahre haben wir des öfteren Personal, Geld und Ruf für Projekte verschleudert, die sich im nachhinein als reiner Wahnsinn erwiesen (wir stürzten uns beispielsweise einmal in das Abenteuer, ein Broadway-Musical zu produzieren). Zu Beginn wußten wir natürlich nicht, wie aussichtslos unser Unterfangen war. Niemand veranstaltet absichtlich ein Fiasko. Aber als die schlechten Nachrichten sich überstürzten und die Verluste schwindelerregende Höhen erreichten, konnte ich nur darüber lachen. Es war die einzig gesunde Reaktion.

Zum einen wollte ich unseren Leuten nicht zeigen, wie besorgt ich war. Mitarbeiter orientieren sich immer an ihrem Chef. Wenn ich am Boden zerstört bin, sind sie es auch. Und deprimierte Mitarbeiter geben selten ihr Bestes.

Zweitens *sind* manche Katastrophen tatsächlich komisch. Wenn sich sämtliche Verantwortlichen in einem Projekt zu 100 Prozent getäuscht haben, dann können sie alle gemeinsam über sich selbst lachen.

Drittens: Es ist wichtig, die richtige Perspektive zu bewahren. Risiken gehören nun einmal zum Geschäft. Von unseren Pannen hängen keine Menschenleben ab. Nach einem Desaster sollten wir uns also einfach auf die nächste Aufgabe konzentrieren.

Die entscheidende Gemeinsamkeit zwischen Kritik und Hiobsbotschaften ist jedoch die, daß man sie explizit einfordern muß – und das lieber früher als später. Schlechte Nachrichten, die zu spät oder nur häppchenweise ans Tageslicht kommen, werden dadurch nur noch schlimmer.

Johann Rupert, der Chef des Richemont-Konzerns, dem Marken wie Alfred Dunhill, Cartier und Rothmans gehören, erzählte mir, daß seine Mitarbeiter Anweisung haben, ihm schlechte Nachrichten per Fax, also sofort, und gute Nachrichten per gewöhnlicher Post zu übermitteln.

Rupert hält dies für die beste Methode, die Beschäftigten davon abzuhalten, mit jeder guten Neuigkeit zu ihm zu laufen. Wenn alles nach Plan (oder sogar noch besser) läuft, hat er keinen dringenden Informationsbedarf. Auf gute Nachrichten braucht er in der Regel nicht sofort zu reagieren. Auf schlechte Nachrichten dagegen schon.

Aber als kluger Manager weiß Rupert auch, daß man ihm nur die guten Nachrichten gerne sofort unterbreitet. Bei den schlechten Nachrichten hat es niemand eilig. Aber jede Stunde Verzögerung kann kostspielig sein.

Dies ist der Grund für seine Anweisung, ihm schlechte Nachrichten sofort zukommen zu lassen. Er weiß, daß die meisten Mitarbeiter mit den schlechten Nachrichten lieber noch ein bißchen abwarten, wenn sie die Möglichkeit dazu haben. Ruperts Instruktion »Schlechte Nachrichten per Fax, gute Nachrichten per Post« beraubt sie jedoch dieser Möglichkeit.

Ich kann jeden Manager nur dazu ermutigen, ein System einzuführen, das eine vergleichbare Wirkung erzielt.

Überraschungsbesuche

In meiner Schulzeit hatte ich immer ein zwiespältiges Gefühl, wenn der Lehrer verkündete, daß wir in der kommenden Woche eine wichtige Arbeit schreiben würden.

Einerseits war ich froh über die Warnung. Damit hatten meine Klassenkameraden und ich genügend Zeit, um uns darauf vorzubereiten.

Aber trotzdem schien mir, daß die unangekündigten Tests, die gelegentlich stattfanden, ein weit effektiveres Mittel waren, um herauszufinden, ob wir den Stoff wirklich beherrschten.

Die besten Lehrer und Lehrerinnen wußten das natürlich. Deshalb beurteilten sie uns anhand einer Kombination aus angekündigten und nicht angekündigten Tests. Sie sorgten also dafür, daß wir stets auf der Hut waren. Wir konnten es uns nicht leisten, mit den Lektüreaufgaben zurückzufallen oder unvorbereitet in den Unterricht zu kommen – weil wir nie wußten, was uns erwartete.

Ich glaube, daß jeder Manager von den Motivationsstrategien aus der Schulzeit etwas lernen kann.

Ich sehe in den regelmäßig stattfindenden Meetings (ob wöchentlich, monatlich oder vierteljährlich) das Gegenstück zu den angekündigten Klassenarbeiten.

Das ist keineswegs negativ gemeint. Der Vorteil eines von langer Hand geplanten Meetings besteht darin, daß die Teilnehmenden Gelegenheit haben, sich darauf vorzubereiten. Sie müssen sich an einen festen Termin halten. Sie erledigen noch Dinge, die sie sonst hätten schludern lassen. Somit steigt die Wahrscheinlichkeit, daß in einer Besprechung die gewünschten Ergebnisse erreicht werden.

Aber es gibt auch Nachteile: Manche Mitarbeiter konzentrieren sich mehr darauf, in der Besprechung eine gute Figur zu machen, als darauf, ihre Arbeit zu erledigen. Sie laufen bei den Vorbereitungen der Besprechung zu Hochform auf: Sie schreiben ausführliche Berichte darüber, was sie getan haben, und formulieren Entschuldigungen für die Aufgaben, die sie nicht erledigt haben. Aber kaum ist das Meeting beendet, ist auch ihr Elan verflogen (bis das nächste Meeting wieder vor der Tür steht).

Es ist, als hätte die Besprechung nie stattgefunden. Wie der Schüler, der für eine wichtige Prüfung paukt und sofort alles Gelernte wieder vergißt, sobald er dem Lehrer seine Arbeit ausgehändigt hat, kann auch dieser Mitarbeiter Punkte beim Chef sammeln. Aber dem Unternehmen ist damit kein Dienst erwiesen.

Deshalb halte ich viel von sogenannten »unverhofften Fragen«. Diese können im Rahmen einer kurzfristig angesetzten Besprechung, eines Überraschungsbesuchs oder eines beiläufigen Gesprächs auf dem Flur gestellt werden. Als Manager erfahren Sie viel über die Sünden und Versäumnisse Ihrer Mitarbeiter, wenn Sie zu einem ganz unerwarteten Zeitpunkt gezielte Fragen stellen.

Das hat nichts damit zu tun, sie in einen Hinterhalt zu locken. Ich sehe diese »unverhofften Fragen« nicht als Methode, um die Beschäftigten zu terrorisieren und in ständige Alarmbereitschaft zu versetzen. Im Idealfall bemerken sie nicht einmal, daß sie gerade geprüft werden.

Vor kurzem wollte eine national erscheinende Zeitschrift, die an einem Bericht über unsere Firma arbeitete, ein Foto von mir und einigen Managern in unserem New Yorker Konferenzraum aufnehmen. Also setzten sich einige von uns an den Besprechungstisch. Meine Aufgabe war es, so zu tun, als sei ich in ein ernstes Gespräch mit jemandem vertieft. Ich wandte mich an einen Manager, der gerade aus Osteuropa zurückgekehrt war (wo wir einige große Projekte durchführen), und erkundigte mich nach seinen Eindrücken über das politische Klima dort. Es war zuerst nur Small Talk, aber ich entnahm seinen Bemerkungen, daß er sich in diesem Thema auskannte. Da dieser zweiminütige spontane Austausch völlig unvorhergesehen stattfand, trug er mehr dazu bei, mich über die Zukunft dieses Unternehmensbereichs in Sicherheit zu wiegen, als ein ausgefeiltes zweistündiges Meeting es jemals vermocht hätte. Der Manager bestand mit Bravour – und er hatte keine Ahnung, daß er eine Prüfung absolviert hatte.

Natürlich gibt es auch aggressivere Formen dieser »unverhofften Fragen«. Manchmal kommen Sie nicht darum herum, diese anzuwenden, etwa wenn Sie den Verdacht haben, daß man Ihnen nicht die Wahrheit sagt.

Dies kann manchmal zu verblüffenden Ergebnissen führen.

Ich kenne einen Unternehmer, der seine Firma praktisch vor dem Bankrott bewahrte, indem er ihr einen unvorbereiteten Besuch abstattete.

Es handelt sich um einen sehr erfolgreichen Wirtschaftsboss, der vor einem Jahr eine europäische Unterhaltungsfirma von einer Holdinggesellschaft zurückkaufte, die sich übernommen hatte. Als er die Firma mehrere Jahre zuvor verkauft hatte, war es ein blühendes Unternehmen gewesen, und er hatte einen hervorragenden Preis dafür erzielt. Aber in seiner zweiten Runde als Inhaber stellte er fest, daß es seine Schlagkraft verloren hatte. Die Gewinne waren geschrumpft, das Wachstum hatte sich abgeschwächt, und viele Geschäfte gingen an Konkurrenten, die früher keine Rolle gespielt hatten.

Der Boss versammelte seine Topmanager in Los Angeles, um zu überlegen, wie sie der Firma neuen Schwung verleihen könnten. Er brauchte nicht lange, um zu erkennen, daß bei diesem Meeting nichts herauskäme. Keiner der Anwesenden wußte eine Antwort.

»Nun gut, Ladies und Gentlemen«, sagte er, »dann wollen wir uns die Sache aus nächster Nähe ansehen.«

Gesagt, getan. Er bestieg mit seinen Leuten ein Flugzeug nach Europa und stand um 7 Uhr früh in der Empfangshalle der Unternehmenszentrale. Als erstes verschaffte er sich eine Liste aller Beschäftigten. Mit seinen Begleitern saß er den ganzen Tag in der Halle und notierte, wann die Beschäftigten zur Arbeit erschienen und wann sie wieder gingen. Die Büroangestellten trudelten zwischen halb zehn und zehn Uhr ein, also mindestens 60 Minuten nach Beginn der Geschäftszeiten. Viele Manager trudelten gegen 11 Uhr ein und gingen um sechzehn Uhr wieder.

Am nächsten Tag entließ der Chef die Hälfte der Beschäftigten. Sein unangekündigter Besuch hatte gezeigt, was in diesem Unternehmen nicht stimmte. Ich zweifle sehr daran, ob er dieselben Erkenntnisse gewonnen hätte, wenn sein Besuch angekündigt gewesen wäre.

Superstars spielen nach eigenen Regeln

Das Ziel eines Managers ist es, gute Leute einzustellen und ihnen zu helfen, zu Topleistungsträgern im Unternehmen zu werden. Aber aufstrebende Superstars können Ihnen auch einige Kopfschmerzen bereiten. Einerseits haben Sie Topleute, die für Sie arbeiten. Andererseits wollen die Superstars, sobald sie sich ihres Status‹ einmal sicher sind, häufig nach eigenen Regeln spielen.

Im Sport können Sie das ständig beoachten.

Ein Boxchampion verfügt in einem Endkampf normalerweise über einen leichten Vorteil bei den Ringrichtern. Der Herausforderer muß ihn KO schlagen oder eindeutig besiegen, um ihm den Titel abnehmen zu können.

Als Walter Payton Mitte der achtziger Jahre schon auf eine großartige Karriere als Running Back der Chicago Bears zurückblicken konnte, schien es mir, als würde ihn die gesamte NFL mit Ehrerbietung und Ehrfurcht behandeln. Die Spieler entschuldigten sich fast, wenn sie ihn angriffen.

Dasselbe galt für Björn Borg. Er war ein großartiger Spieler, der nie die Nerven verlor oder eine Entscheidung auf dem Platz in Frage stellte. Wenn er je eine Entscheidung anfechten würde, so dachte ich, könnte er mit seiner Statur und seinem Ruf als Gentleman sicherlich einfach zum Schiedsrichter gehen, und dieser würde seine Entscheidung sofort zurücknehmen.

Vor einigen Jahren wurde in einem Bestseller die Saison 1990/1991 der Chicago Bulls beschrieben. Das Buch hieß *The Jordan Rules* und handelte eigentlich von der Sonderbehandlung, die die Liga, die Trainer, die Schiedsrichter, die Spieler, die Medien und die Teambesitzer dem Megastar Michael Jordan zukommen ließen. Ich weiß nicht, ob ich es genossen hätte, so wie Phil Jackson, Trainer der Bulls, Jordans Chef zu sein und gleichzeitig in seinem Erfolg von ihm abhängig zu sein. Es muß eine Gratwanderung gewesen sein.

Mit den Superstars ist es also eine zweischneidige Sache. Einerseits will man auf den Wettbewerbsvorsprung nicht verzichten, den sie einem verschaffen. Aber je besser sie werden, desto schwieriger sind sie zu führen, und desto mehr Anstrengungen sind erforderlich, um ihre Kollegen bei der Stange zu halten.

Manche Manager behandeln ihre Superstars nach der »800-Pfund-Gorilla«-Regel (abgeleitet von dem Witz: »Wo sitzt ein 800-Pfund-Gorilla? Wo immer er möchte.«). Sie erlauben ihnen praktisch alles, was sie möchten. Wenn der Superstar eine neue Chance sieht, braucht er nicht die üblichen Wege zu gehen, um Unterstützung für sein Projekt zu finden. Das Topmanagement gibt ihm ohne zu zögern grünes Licht. Diese Methode funktioniert meist so lange, wie der Superstar seinen Platz kennt. Aber man läuft eigentlich immer Gefahr, ein Monster heranzuziehen. Irgendwann wird der Gorilla so groß, daß er sich auf Sie setzt.

Manche Manager gehen den umgekehrten Weg und erzielen damit ebenso katastrophale Ergebnisse. Anstatt ihren Superstars freie Bahn zu geben, ignorieren sie sie oder ersticken ihre Initia-

tive. Der Managementguru Peter Drucker schreibt, daß man damit
»Probleme füttert und Chancen aushungert«. Jahrelang hat Druk-
ker seine neuen Klienten gebeten, ihre Topleistungsträger zu be-
nennen. Dann fragt er sie: »Welche Aufgaben haben sie?« Fast
ohne Ausnahme, so Drucker, werden die Topleute mit Problemen
betraut. Meist sollen sie alte Geschäftsfelder retten, die schneller
als erwartet untergehen, in der Hoffnung, daß sie durch die magi-
sche Berührung mit dem Superstar wieder gesunden. Dann fragt
Drucker: »Wer kümmert sich um die Chancen?« Die Chancen
überläßt man in der Regel sich selbst.

Ich habe kein universales Zaubermittel für den Umgang mit
Superstars. Unternehmen und Topleistungsträger sind so unterschiedlich, daß jede Verallgemeinerung sinnlos wäre. Aber ich weiß
folgendes: Wenn Sie Ihre Topstars dauerhaft zufriedenstellen wollen, sollten Sie sie an vorderster Front der neuen Bereiche in Ihrer
Branche plazieren. Schicken Sie sie nicht in Krisenbereiche, die
ohnehin kaum noch Chancen haben, wieder zur Blüte zu gelangen.
Das wird Ihren Superstars ebenso wie Ihrem Unternehmen nützen.

Ein weiteres heikles Führungsproblem entsteht dann, wenn Ihre
Nicht-Superstars glauben, ebenfalls nach den Regeln des Superstars spielen zu dürfen. Aber die Realität sieht so aus: Erst wenn sie
etwas geleistet haben, erhalten sie auch mehr Freiräume. Es ist
interessant, wie häufig die Leute ihre Leistungen falsch beurteilen
oder überschätzen und sich dann ein Verhalten anmaßen, das völlig unangemessen ist.

Wenn ich mit einem bekannten Milliardär ein Treffen in meinem
New Yorker Büro vereinbaren würde und er in Shorts und mit einer
Kugel Eiscreme in der Hand hereinspaziert käme, könnte ich das für
merkwürdig halten. Aber ich würde diesen Gedanken für mich
behalten. Er ist ein Milliardär. Er hat sich mit seinen bisherigen Leistungen genug Glaubwürdigkeit verschafft, um sich dies erlauben
zu können. Wenn jedoch einer unserer Nachwuchsmanager denselben Auftritt wagen würde, würde ich ernsthaft an ihm zweifeln.

Als wir vor einigen Jahren mit den Veranstaltern des America's
Cup zusammenarbeiteten, nahm einer unserer Topmanager an
einer Besprechung mit den Direktoren des San Diego Yacht Club

teil. Er trug Jeans und Tennisschuhe, weil er annahm, daß man sich in Kalifornien eben so leger kleidete. Alle Direktoren erschienen in Anzug und Krawatte. Wenn er Dennis Conner, der Champion des America's Cup, gewesen wäre, hätte er sich diesen Auftritt noch leisten können. Aber er war es nicht und hinterließ folglich einen schlechten Eindruck.

Falsche Annahmen werden besonders im Bereich der Vergünstigungen und Privilegien problematisch. Ihre Topleute haben sich irgendwann bestimmte Privilegien verdient – Reisen erster Klasse, Luxussuiten, Country-Club-Mitgliedschaft, das Eckbüro, die eigene Sekretärin etc. Sie haben dafür viel Zeit und Mühe aufgewandt. Aber viele Leute überschätzen ihre Verdienste und erheben Anspruch auf dieselben Privilegien, ohne dies durch ihre Ergebnisse rechtfertigen zu können. Meist führt dies dazu, daß sie die Unternehmensressourcen auf eine Art und Weise verbrauchen, die völlig im Widerspruch zu ihrer Position steht.

Auch die Bedeutung der eigenen Meinung wird oft falsch eingeschätzt. Viele Mitarbeiter überschätzen die Wichtigkeit ihrer Meinungen oder haben kein Gespür dafür, ob man sie überhaupt hören will. Vor kurzem hatte ich ein internes Meeting mit einigen Managern der oberen und nachgeordneten Ebenen, um eine bevorstehende Veranstaltung zu besprechen. Die Diskussion gewann an Schärfe, als die Topmanager darüber stritten, wer an der Veranstaltung teilnehmen sollte und wer nicht. Daran war nichts verkehrt. Es handelte sich um Manager, die seit Jahren mit mir zusammenarbeiteten. Ich erwartete von ihnen, daß sie mir frank und frei ihre Meinung sagten. Irgendwann beschloß einer der Juniormanager, sich ebenfalls zu Wort zu melden, und fing an, uns seine Meinung zu erläutern. Er ahmte seine Vorgesetzten nach, obwohl er zu diesem Thema gar nichts beitragen konnte. Schließlich wandte ich mich an ihn und sagte: »Dieses Jahr hören Sie noch zu. Nächstes Jahr können Sie reden.«

Manchmal ist dies die einzig wirksame Methode, um mit Leuten umzugehen, die meinen, nach den Regeln der Superstars spielen zu können. Aber sie sollten zuerst einmal beweisen, daß sie diese Privilegien verdienen. Bis dahin müssen sie noch warten.

Kapitel 10
Wie hoch ist Ihr Führungs-IQ?

Nun wollen wir testen, was Sie bisher gelernt haben. Die folgenden Szenarien könnten selbst erfahrenen Managern den Schweiß auf die Stirn treiben.

Das Glas ist halb voll, nicht halb leer

Frage: *Ihre Abteilung mußte gerade eine herbe Enttäuschung hinnehmen, weil sie zwei wichtige Kunden verloren hat. Das hat nicht nur Ihre Gewinne gedrückt (und Sie den ersten Platz unter den Linienabteilungen gekostet), sondern auch der Moral einen schweren Dämpfer versetzt. Mehrere Mitarbeiter in zentralen Positionen haben Ihnen ihre Kündigung angeboten (aber Sie haben abgelehnt). Wie bauen Sie das Selbstvertrauen der Abteilung nach einem solchen Rückschlag wieder auf?*

Antwort: Jeder Führer verfügt über eine Art geistiges Programm, das in Gang gesetzt wird, wenn er Niederlagen, Zurückweisungen und Verluste erlebt. All diesen Programmen ist in der Regel ein Element gemeinsam, nämlich eine gesunde Dosis Verdrängung. Wenn der Weggang eines Kunden Ihr Personal lähmt, sollten Sie sich ein wenig mehr in der Kunst der Verdrängung üben.

Damit meine ich nicht, daß Sie so tun sollten, als hätte die Enttäuschung niemals stattgefunden. Schließlich weiß jeder, daß die beiden Kunden gegangen sind. Es ist ja auch an Ihrer Umsatzkurve deutlich ablesbar.

Aber es ist völlig unrealistisch, sich vorzuwerfen, daß dies niemals hätte passieren dürfen. Welches Unternehmen behält schließlich 100 Prozent seiner Kunden bis in alle Ewigkeit? Mit anderen Worten: Sie müssen einen Weg finden, um *abzustreiten* – vor sich selbst und den anderen –, daß der Verlust eine mehr als alltägliche Bedeutung hat. Der Weggang der Kunden bedeutet nicht, daß Sie inkompetent sind oder es nicht verdienen, im Geschäft zu bleiben. Vielmehr gehört ein solcher Vorgang nun einmal zum Business.

Mir selbst ist diese Art der Verdrängung nie schwergefallen. Immer wenn sich ein Klient von uns getrennt hat, habe ich alle meine Kräfte dafür eingesetzt, um ihn so bald wie möglich durch einen neuen Klienten zu ersetzen. Natürlich gibt es dafür auch einen plausiblen Grund: In einer Branche wie der unseren, in der persönliche Dienstleistungen erbracht werden und in der man sich gar nicht immer um neue Klienten kümmern kann, setzt der Verlust eines Klienten Zeit und Personal frei, um genau dies zu tun. Außerdem gibt es auch einen psychologischen Grund: Sie trauern dem verlorenen Kunden wahrscheinlich nicht so sehr nach, wenn Sie gezwungen sind, sich auf die Gewinnung neuer Kunden zu konzentrieren.

Mit anderen Worten: Ich zähle meine Siege, nicht meine Niederlagen. Ich kann Ihnen nur raten, dasselbe zu tun.

Voraussetzung dafür ist natürlich, daß Sie überhaupt Siege vorzuweisen haben, denn sonst können Sie auch keine zählen. Deshalb sollte Ihr erster Schritt darin bestehen, eine konzertierte Aktion ins Leben zu rufen, um die beiden wertvollen verlorenen Kunden zu ersetzen. In einem zweiten Schritt sollten Sie sich um die interne Schadensbegrenzung kümmern. Sie ernten wahrscheinlich nur Häme, wenn Sie nach außen hin behaupten: »Diese Kunden sind nicht gegangen, sondern wir haben sie hinausgeworfen.« Aber wenn Sie diese Botschaft auf etwas gewandtere Weise präsentieren, dürften Sie innerhalb des Unternehmens auf offene

Ohren stoßen. Ihre Leute müssen hören, daß das Glas halb voll ist, nicht halb leer.

Mauern niederreißen

Frage: *Sie haben vor drei Monaten einen neuen Job angetreten und seitdem 45 Mitarbeiter in Ihrer Abteilung, in der 90 Personen beschäftigt sind, ausgewechselt. Dies war einer der Gründe dafür, warum man Sie eingestellt hat: Sie sollten frisches Blut in die Abteilung bringen. Nun stellen Sie jedoch fest, daß sich das Verhältnis zu denen, die geblieben sind, ziemlich problematisch gestaltet. Zwar sind sie kompetent, aber viele unterscheiden sich so sehr von den neu eingestellten Beschäftigten, daß es scheint, als hätten Sie die Abteilung unbeabsichtigt in eine alte und eine neue Garde eingeteilt. Wie reißen Sie die Mauer zwischen den beiden Lagern nieder?*

Antwort: Man kann Veränderungen in Unternehmen nicht per Dekret verfügen, und man darf auch nicht auf schnelle Erfolge über Nacht hoffen. Ein grundlegender Wandel läßt sich nicht mit einer großen Geste bewirken (auch wenn es sich wie in Ihrem Fall um einen Großputz handelt, der die halbe Abteilung weggespült hat). Die dauerhaftesten Veränderungen vollziehen sich wie in Wellen und erfordern eine sorgfältige Planung und ein exaktes Timing.

Wenn Sie sich schon von der Hälfte des Personals getrennt haben, haben Sie die erste Welle bereits hinter sich. Nun müssen Sie sich klar darüber werden, wie es mit denen weitergehen soll, die Sie behalten haben.

Der einfachste Weg, um die »Veteranen« dazu zu bewegen, sich von den alten Denkweisen zu lösen, besteht darin, ihnen neue Aufgaben zu geben. Sie werden so damit beschäftigt sein, sich mit den Anforderungen des neuen Jobs vertraut zu machen, daß sie gar nicht dazu kommen zu sagen: »So haben wir das immer hier gemacht.«

Vor einigen Jahren wandte einer meiner Freunde diese Methode an. Er war eingestellt worden, um eine der großen Tageszeitungen der Stadt von Grund auf zu erneuern, und stellte fest, daß man ihm einen lahmen, mit den eigenen Grabenkriegen beschäftigten Haufen von Redakteuren und Reportern hinterlassen hatte. Auch nach der ersten Entlassungswelle und den ersten Neueinstellungen bestand seine Besatzung immer noch weitgehend aus der »alten Garde«. Diese Redakteure waren talentiert, aber er hatte sie nicht behalten, damit sie ihre Arbeit genauso wie bisher erledigten. Deshalb wies er den meisten völlig neue Aufgaben zu. Die Redakteure aus dem politischen Teil gingen in die Wirtschaftsredaktion. Redakteure für das Stadtgeschehen wechselten an die Schreibtische für nationale Nachrichten. Wo immer möglich, wurden die Veteranen gezwungen, neben und mit den neuen Mitarbeitern zu arbeiten. Allerdings ging er damit das Risiko ein, daß die Neuen sich die schlechten Gewohnheiten der alten Garde aneigneten. Aber es stellte sich heraus, daß dies nicht der Fall war.

Natürlich kam es meinem Freund zugute, daß er diese an sich radikalen Veränderungen so behutsam und langsam vollzog, daß nur sehr wenige Leute bemerkten, was er eigentlich tat.

Wenn Sie zwei Fraktionen zusammenbringen wollen, sollten Sie in einem ersten Schritt den Veteranen neue Aufgaben zuweisen. Auf diese Weise treffen sie auf andere Kollegen, und es bleibt gar nicht aus, daß sie dabei alte Gewohnheiten über Bord werfen und ihre Einstellungen ändern.

Wenn die Mannschaft das Schiff verläßt

Frage: *Drei Ihrer vielversprechendsten Manager haben neulich das Schiff verlassen, um bei einem Erzrivalen anzuheuern. Das Ganze fing mit einem Manager an, der dann auch die anderen beiden weglockte. Wie verhindern Sie, daß die Konkurrenz nicht mehr in Ihrem Revier wildert? Noch wichtiger: Was können Sie tun, um zu verhindern, daß ein Abtrünniger noch weitere Mitarbeiter mitnimmt?*

Antwort: In unserem Unternehmen behaupte ich gerne, daß wir noch niemanden verloren haben, den wir nicht verlieren wollten. Das stimmt zu einem großen Teil. Natürlich haben uns Ex-Mitarbeiter auch schon erhebliche Kopfschmerzen bereitet, aber auf der oberen Managementebene waren unsere Reihen unglaublich stabil.

Natürlich haben auch wir die branchenüblichen Methoden angewandt, um uns gegen Abwerbungen zu wehren – wie etwa die Aufnahme von Wettbewerbsklauseln in die Arbeitsverträge, oder ein Entlohnungssystem, nach dem ein Teil der Vergütung über mehrere Jahre gestaffelt nur dann ausgezahlt wird, wenn der Betreffende noch bei uns ist. Aber ich zweifle, ob dies der ausschlaggebende Grund dafür ist, warum unsere Leute an Bord bleiben.

Die Wettbewerbsklausel verhindert bestenfalls, daß der Beschäftigte als Feind geht, denn dann riskiert er rechtliche Schritte. Und ein gestaffeltes Vergütungssystem verteuert das Weggehen nur – entweder für den scheidenden Manager oder für sein neues Unternehmen, wenn er schlau genug war, um eine Ausgleichszahlung für das entgangene Gehalt auszuhandeln. (Immerhin lindert es den Schmerz ein kleines bißchen, wenn Sie wissen, daß Ihr Konkurrent einem ehemaligen Manager Geld bezahlt, das Sie ihm einmal schuldeten). Aber im Grunde kann man niemanden gegen seinen Willen behalten. Wenn jemand wirklich gehen will, ist es am besten, ihm den Segen dazu zu geben.

Ist die Entscheidung einmal gefallen, sollten Sie alles tun, damit der Scheidende seine Ex-Heimat nicht plündert. Hier entsteht eigentlich der größte Schaden. Sie können eine ganze Abteilung verlieren, wenn die Beschäftigten hinter einem charismatischen Führer herziehen. Die beste Taktik ist die Vorbeugung: Verknüpfen Sie einen möglichst hohen Teil der Vergütung – Prämien, Vergünstigungen, Nebenleistungen etc. – an das Versprechen, daß sie im Falle ihres Weggehens keine Mitarbeiter abwerben. Sie können niemanden am Gehen hindern, aber Sie können dafür sorgen, daß ihnen nicht noch mehr folgen.

In Minuten rechnen, nicht in Stunden

Frage: *Ihre Arbeit leidet darunter, daß Sie ständig gestört werden. Wenn das Telefon nicht klingelt, dann steht ein Mitarbeiter vor der Tür und fragt: »Haben Sie eine Minute Zeit?« Wie beschränken Sie die Störungen auf ein Mindestmaß?*

Antwort: Überlegen Sie als erstes: Wenn Mitarbeiter Sie um eine Minute Zeit bitten, sagen Sie dann jemals »Nein?«

Das Problem mit den Störungen besteht nicht so sehr darin, daß Sie in Ihrer Konzentration gestört werden, Ihr Terminplan durcheinandergerät oder Ihre Prioritäten in Vergessenheit geraten (obwohl das schon schlimm genug ist). Das eigentliche Problem ist es, daß diese Störungen sich verselbständigen. Wenn Sie sich von dem einen Mitarbeiter unterbrechen lassen, glauben alle anderen, daß sie ebenfalls das Recht dazu hätten. Menschen, die nicht gestört werden, dulden eben keine Störungen.

Interessant in diesem Zusammenhang ist, daß Störungen eher zunehmen als abnehmen, wenn man die Karriereleiter hinaufklettert.

So könnte man doch annehmen, daß der Chef eines Unternehmens diejenige Person im Unternehmen ist, die man am wenigsten stören kann. Er hat die längste Tagesordnung, den vollgestopftesten Terminkalender, die wenigsten freien Minuten und den höchsten Druck. Er hat keine Zeit für Störungen.

Aber das stimmt nicht. Die besten Unternehmenschefs wissen, daß es zu ihren wichtigsten Aufgaben gehört, sich auch um die kleinen Ablenkungen und Belästigungen in ihrem sorgsam strukturierten Arbeitstag zu kümmern. Sie lernen frühzeitig in ihrer Karriere, Störungen in ihren Tagesablauf einzuplanen. Sie lernen zu sagen: »Ich komme darauf zurück« – und es auch zu tun.

Ich habe an einem normalen Arbeitstag zwei Abschnitte für diesen Zweck vorgesehen – normalerweise von 11 Uhr bis zum Mittagessen und von 17 bis 18 Uhr. Ich bündele alle Unterbrechungen – Telefonanrufe, die ich nicht angenommen habe, »dringende« Probleme von Mitarbeitern – und erledige sie in diesen beiden

Stunden. Ich reagiere auf Störungen vielleicht so, wie es mir am besten paßt, aber niemand kann mir vorwerfen, daß ich überhaupt nicht reagiere.

Die Entscheidung zwischen zwei ebenbürtigen Kandidaten

Frage: *Zwei Ihrer besten Mitarbeiter bewerben sich um eine neue Führungsposition. Sie verdienen beide die Beförderung, aber nur einer kann sie bekommen. Nun sind Sie dran. Wie machen Sie Ihre Entscheidung dem »Verlierer« so schmackhaft, daß er nicht das Gefühl hat, verloren zu haben?*

Antwort: Es wäre großartig, wenn Sie die relevanten Daten der Kandidaten in einen Computer eingeben könnten, damit dieser eine objektive, rationale und quantifizierbare Entscheidung ausspuckt. Aber das ist leider nicht möglich. Gefühl und Intuition bestimmen Ihre Entscheidung mit. Genau deshalb hat der Verlierer das bittere Gefühl, daß seine Karriere von einer Entscheidung abhängt, die so *willkürlich* ist.

Dieses Problem kann minimiert werden, wenn man einige klare Kriterien für eine Beförderung hat. Je mehr Kriterien Sie haben, desto weniger willkürlich scheint die Entscheidung. Im folgenden werden vier Kriterien beschrieben, die häufig angewandt werden, wenn man sich zwischen Kandidaten entscheiden muß.

1. Auf welchen Kandidaten können Sie am wenigsten verzichten? Dies ist die klassische Abwägung zwischen Risiko und Nutzen. Sie befördern einen Mitarbeiter deshalb nicht, weil man in seiner Abteilung einfach nicht auf ihn verzichten kann. Das ist keine brillante Lösung, sondern Sie betreiben lediglich eine kurzfristige Schadensbegrenzung. Nicht der beste Kandidat wird befördert, sondern derjenige, der für Sie in seiner aktuellen Position am nützlichsten ist (und dort vielleicht auch bleiben sollte) – oder auch derjenige, der am ehesten bereit ist, sich von Ihnen zu trennen, falls Sie ihn nicht befördern. Sie reagieren eigentlich auf eine reale oder eingebildete Gefahr. Das ist keine gute Grundlage für die Entscheidungsfindung, und damit haben Sie auch kein gutes Argument, um den Verlierer zu besänftigen. Oder möchten Sie gerne hören, daß Sie entbehrlich sind und Ihr Konkurrent nicht?

2. Wer hat die besseren Voraussetzungen? Dieses ist das objektivste (und damit am wenigsten willkürliche) Kriterium. Sie befördern Ihren Topverkäufer, Ihren kreativsten Designer oder Ihren besten Akquisiteur, als Belohnung für die bisherigen Leistungen. Dabei gehen Sie davon aus, daß die Kandidaten im neuen Job ebenso gute Leistungen bringen. Aber nicht jeder Arbeitsplatz erfordert dieselben Voraussetzungen. Wir alle kennen hervorragende Verkäufer, Designer und Akquisiteure, die versagt haben, als man sie mit Führungspositionen betraut hat. Sie (und das Unternehmen) wären besser bedient gewesen, wenn sie in ihren alten Positionen geblieben wären. Dies ist das sicherste und logischste Kriterium für eine Beförderung. Es ist schwierig, dagegen etwas vorzubringen. Es schont den Verlierer im Rennen um die Beförderung. Aber es ist auch der Grund dafür, warum das Peter-Prinzip erfunden wurde.

3. Wer stößt am wenigsten Menschen vor den Kopf? Damit wird die Beförderung in einen Beliebtheitswettbewerb verwandelt. Sie fragen die Mitarbeiter, wen sie auf der neuen Position sehen möchten. Das große Problem dabei besteht natürlich darin, daß Sie damit Ihrer Verantwortung nicht gerecht werden. Ich glaube nicht, daß der Verlierer die Entscheidung akzeptieren oder Sie dafür respektieren wird, daß Sie die Stimmen auszählen.

4. Wer ist Ihrer Meinung nach geeignet? An dieser Stelle verwandelt sich die Entscheidungsfindung von der Wissenschaft in eine Kunst. Sie nehmen ein Bündel schwer quantifizierbarer Kriterien, mischen sie gut und spielen Ihre besten Karten aus. Das ist eigentlich sehr willkürlich, aber Sie können das Verfahren ein wenig fairer gestalten, indem Sie die Kandidaten vor sich aufmarschieren lassen. Wenn Sie jedem die Gelegenheit geben, für sich zu sprechen, sinkt die Wahrscheinlichkeit, daß sie Ihnen die Schuld geben. Die Verlierer können die Schuld nur bei sich selbst suchen.

Seien Sie Ihren Freunden nahe, aber Ihren Feinden noch näher

Frage: *Sie leiten ein schnell wachsendes Unternehmen und sind nur dem Chairman of the Board und zwei ausländischen Investoren rechenschaftspflichtig. Ein junger Mitarbeiter, den Sie vor vier Monaten eingestellt haben, hat vor kurzem einen Brief an den Chairman geschickt, in dem er Ihnen Führungsschwächen vorwirft. Der Chairman ist ein guter Freund von Ihnen. Er zeigt Ihnen den Brief und sagt Ihnen, Sie sollten damit tun, was Sie für richtig halten. Daraufhin konfrontieren Sie den Mitarbeiter mit dem Brief. Er spielt die Angelegenheit herunter und erklärt, daß er den Brief im Zorn geschrieben habe, nachdem er sich über den Verlauf einer Besprechung geärgert habe. Damit ist aber nicht erklärt, daß er den Brief mit Kollegen diskutiert hat, bevor er ihn an den Chairman schickte. Sie möchten diesen fähigen Mitarbeiter eigentlich so behandeln, als wäre der Vorfall nie geschehen, aber Sie können sich auch nicht damit abfinden, daß er Sie verraten hat. Wie gehen Sie mit einem wertvollen Mitarbeiter um, der Ihr Vertrauen verloren hat?*

Antwort: Sie brauchen nicht Machiavellis *Il Principe* gelesen zu haben, um eine Antwort auf einen solch empörenden Akt des Verrats zu wissen. Meine erste Reaktion wäre die, den Mitarbeiter zu entlassen – nicht wegen Illoyalität, sondern wegen Dummheit. Er demonstriert nämlich eine nicht zu überbietende Ignoranz, wenn er glaubt, daß er Sie umgehen und dem Chairman schreiben könnte, ohne daß Sie jemals Wind davon bekämen. Er kennt die Regel nicht, daß man über einen Kollegen, Kunden oder Klienten niemals etwas sagen und schon gar nicht schreiben sollte, wenn man nicht will, daß er es erfährt – denn es wird ihm unweigerlich zu Ohren kommen. Ein Mitarbeiter, der diese Regel nicht beachtet, demonstriert also eine Naivität, die ich in meinem Unternehmen nicht gerne dulden möchte.

Mein zweiter Reflex wäre der, ihm eine Bewährungszeit zuzugestehen. Sie könnten ihm sagen, daß er einen Fehler gemacht hat und daß es sinnlos ist, so zu tun, als hätte er sich nicht ereignet (denn er hat sich ereignet), und ihm eine Frist setzen, innerhalb deren er Ihr Vertrauen zurückgewinnen kann. In Anbetracht Ihrer Enttäuschung gibt es nichts, was Sie für diesen ansonsten sehr fähigen Mitarbeiter tun können. Warum sollten Sie ihn also nicht dazu bewegen, selbst etwas zu tun?

Mein dritter Reflex – und das wäre wahrlich machiavellistisch – wäre der, ihn in einen Bereich zu versetzen, in dem er eng mit Ihnen zusammenarbeiten muß. Dies entspricht einer sizilianischen Regel: »Sei deinen Freunden nahe, aber deinen Feinden noch näher.« Damit drehen Sie den Spieß um, weil Sie einen potentiellen Feind zwingen, mit Ihnen zusammenzuarbeiten, Ihre Autorität zu akzeptieren und Sie besser kennenzulernen. Er erkennt vielleicht, daß Sie als Manager nicht so unfähig sind, wie er glaubt, und wird Sie mehr respektieren. Es sind schon merkwürdigere Dinge passiert.

Man kann nicht alles delegieren

Frage: *Als President eines Unternehmens mit 200 Beschäftigten haben Sie das Glück, eine phantastische Managementassistentin an Ihrer Seite zu haben. Sie ist so gut, daß Sie sich sogar in Gesprächen mit Ihren Managern häufig durch sie vertreten lassen. Dadurch sparen Sie wertvolle Zeit. Sie haben allerdings nicht damit gerechnet, daß so viele Ressentiments hervorgerufen werden, wie es nun der Fall ist. Offensichtlich nehmen Ihre Manager nicht gerne Anweisungen aus dem Munde Ihrer Assistentin entgegen. Obwohl sie schon länger in der Firma beschäftigt ist und (um die Wahrheit zu sagen)* *sogar mehr verdient als einige Manager, gilt sie als Sekretärin, die folglich nicht befugt ist, ihnen Botschaften »über Leben und Tod« zu überbringen. Wie erreichen Sie, daß sie Ihre Assistentin akzeptieren?*

Antwort: Es hängt davon ab, welche Art von Botschaften Sie durch Ihre Assistentin überbringen lassen. Wenn Sie sie hauptsächlich als Sprachrohr für negative und unangenehme Nachrichten benutzen – und die angenehmen Gespräche selbst übernehmen –, dann haben Sie die Schuld für das schlechte Image der Assistentin sich selbst zuzuschreiben. Ihre Mitarbeiter sehen sie kommen und wissen schon, daß sie mit schlechten Neuigkeiten zu rechnen haben. Ist es da verwunderlich, wenn sie keine Beliebtheitsrekorde aufstellt?

Letztlich erweisen Sie auch sich selbst keinen Gefallen. Wenn sich herumspricht, daß Sie sich vor unangenehmen Gesprächen lieber drücken, wird man Ihnen bald fehlendes Rückgrat und Feigheit vorwerfen.

Wenn es etwas gibt, was Sie wirklich nicht delegieren können, ist es die Überbringung schlechter Nachrichten. Diese müssen Sie schon selbst mitteilen. Auch wenn solche Gespräche sehr unangenehm verlaufen, wird man Sie doch dafür anerkennen, daß Sie sich vor der schwierigen Aufgabe nicht drücken.

Vor einigen Jahren versuchte ich einmal mit allen Mitteln, für einen Kunden einen Termin mit einem Gesprächspartner zu vereinbaren, den er schon immer mal kennenlernen wollte. Als es schließlich klappte, teilte mir die Sekretärin des Kunden telefonisch mit, daß der Kunde mittlerweile an einem solchen Termin nicht mehr interessiert sei. Natürlich ist es nachvollziehbar, daß die Umstände sich geändert hatten und der Kunde keinen Nutzen mehr in einem solchen Gespräch sah. Aber ich hatte keinerlei Verständnis dafür, daß er mir das nicht persönlich sagte, nachdem ich mich so für ihn eingesetzt hatte. Zumindest hätte er mir eine Erklärung geschuldet. Umgekehrt hätte ich keinen Anstoß daran genommen, wenn er mir die Bestätigung des Termins über die Sekretärin hätte mitteilen lassen.

Zwei Botschaften, eine Methode, zwei unterschiedliche Ergebnisse. So könnte man die Thematik der guten und der schlechten Nachrichten zusammenfassen.

Wenn Sie möchten, daß Ihre Assistentin respektiert wird, sollten Sie sie also öfter mit positiven Nachrichten zu Ihren Mitarbeitern schicken. Denken Sie einmal darüber nach. Mit wem hätten Sie es lieber zu tun? Mit der Person, die immer sagt: »Nein, der Chef hat Ihren Vorschlag abgelehnt«, oder mit der Person, die sagt: »Ihr Antrag auf Budgeterhöhung wurde genehmigt«? Glauben Sie mir, sobald Ihre Leute einige positive Mitteilungen von Ihrer Assistentin gehört haben, werden Sie sie bald als positive Kraft im Unternehmen schätzen.

Läuten Sie die Alarmglocken, wenn Sie die Kosten senken

Frage: *Die Ausgaben geraten in einigen Abteilungen außer Kontrolle. Wie kontrollieren Sie die Kosten, ohne die Mitarbeiter gleich in Aufregung zu versetzen?*

Antwort: Sie tun genau das Richtige, wenn Sie Ihre Leute in Aufregung versetzen! Wie sonst sollten sie begreifen, daß es sich um eine Krise handelt?

In fast jedem Unternehmen wechseln sich Phasen des Wachstums und des Abschwungs ab. Während der Wachstumsphase ist alles großartig. Das Unternehmen arbeitet rentabel und kann in die Zukunft investieren. In diesem optimistischen Klima gehen die Manager und Managerinnen großzügig mit Geld um. Sie kaufen neue Bürogeräte, stellen Personal ein und geben mehr Geld für Reisen und Geschäftsessen aus. Meist handelt es sich dabei um einen schleichenden Prozeß. So leistet sich beispielsweise ein Manager neue Büromöbel. Seine Kollegen sehen das und fühlen sich berechtigt, es ihm gleichzutun. Es wird nicht lange dauern, und das ganze Unternehmen ist neu möbliert.

Spätestens jetzt müssen Sie auf die Bremse treten. Und zwar schnell.

Unterteilen Sie alle Ausgaben in »notwendig« und »angenehm«. Streichen Sie letztere rigoros. Sie werden staunen, welchen Erfindungsgeist Ihre Leute entwickeln, sobald Sie die Prioritäten neu geordnet haben.

Was haben Gehälter mit Aktienkursen gemeinsam?

Frage: *In den vergangenen drei Jahren ist Ihr Unternehmen von einer Handvoll Mitarbeitern auf über hundert gewachsen. Das Vergütungssystem ist mittlerweile ein einziges Durcheinander, weil niemand Zeit für eine vernünftige Planung hatte. Bisher haben Sie das Gehalt mit jedem neuen Mitarbeiter immer persönlich ausgehandelt. Manche konnten gute Ergebnisse für sich erzielen, andere ließen sich für weniger Geld einstellen. So kommt es, daß manche nun doppelt so viel verdienen wie ihre Kollegen, ohne daß es nennenswerte Unterschiede in ihren Aufgabenbereichen, ihrer Leistung oder Position gäbe. Ihre Bank glaubt, daß Sie damit direkt in die Katastrophe steuern. Irgendwann werden die »billigen« Mitarbeiter revoltieren – und das könnte teuer werden. Die Bank schlägt ein Gehaltseinstufungssystem vor, das angeblich gerechter sei. Setzen Sie diesen Rat um?*

Antwort: Dies ist eine sehr interessante Frage, weil sie unterstellt, daß die Mitarbeiter mit einem hohen Gehalt überbezahlt und die »billigen« Mitarbeiter unterbezahlt seien und daß es irgendwo in der Mitte eine faire Lösung gäbe.

Wenn also das höchste gezahlte Gehalt 100 000 Dollar und das niedrigste 50 000 Dollar beträgt, müßten all Ihre Probleme gelöst sein, wenn Sie jedem 75 000 Dollar bezahlen würden. Das würde Sie nicht einmal Geld kosten und Sie hätten endlich eine faire Vergütungspolitik.

Leider hat diese Lösung einen kleinen Haken: Sie ist nicht

durchführbar. Niemand läßt sich sein Gehalt kürzen, ohne Konsequenzen zu ziehen.

Ein weiteres Problem – und das ist mein Hauptargument gegen Gehaltseinstufungen – besteht darin, daß Sie es mit Menschen und nicht mit Positionen zu tun haben. Gehaltseinstufungen funktionieren vielleicht in großen statischen Organisationen wie staatlichen Bürokratien, wo man die Leute dafür einstellt und bezahlt, daß sie spezifische Positionen ausfüllen. Die Anpassung des Gehalts basiert auf der Annahme, daß die Beschäftigten auswechselbare Teile sind. Wenn sie außergewöhnlich gute Arbeit leisten, werden sie befördert. Haben sie dann die höchste Position erreicht, bleiben sie dort bis zur Rente oder sie wechseln in die dynamischere Privatwirtschaft. Auf alle Fälle werden in einem solchen System die Fähigkeiten außergewöhnlich talentierter Mitarbeiter nicht voll ausgenutzt.

Aufgrund des rasanten Wachstums gibt es jedoch in Ihrer Firma überhaupt nichts, was statisch wäre. Wenn Sie talentierte Leute einstellen, sollten Sie ihre Augabenbereiche alle sechs bis zwölf Monate verändern. Sie können die einzelnen Positionen gar nicht dauerhaft definieren (oder eingrenzen), und folglich können Sie ihnen auch keine Gehaltseinstufungen zuordnen.

Deshalb stellt ein Gehaltseinstufungssystem für Sie keine gute Lösung dar. Damit würde es bestimmt nicht gerechter zugehen, denn es gibt immer außergewöhnlich gute Mitarbeiter, die mehr leisten als andere.

Hören Sie also nicht auf Ihre Bank. Sie bezahlen Ihre Leute so fair, wie es unter den gegebenen Umständen möglich ist. Es wird immer Mitarbeiter geben, die überbezahlt sind, und andere, die unterbezahlt sind. Aber die überbezahlten Mitarbeiter müssen sich meist auch an höheren Standards messen lassen. Wenn sie den höheren Anforderungen auf lange Sicht nicht gewachsen sind, müssen sie irgendwann ihren Hut nehmen. Umgekehrt werden Sie sicherlich das Gehalt erhöhen, wenn unterbezahlte Manager Sie mit außerordentlichen Leistungen überraschen.

Es handelt sich also um einen kontinuierlichen, sich selbst regelnden Prozeß, wie es ihn beispielsweise auch auf dem Aktienmarkt gibt. Auch dort gibt es immer einige Unternehmen, deren Aktien überbewertet sind, und andere, deren Anteile unterbewertet sind. Das liegt daran, daß es zahlreiche subjektive Kriterien gibt, die in die Festlegung des Aktienkurses eingehen.

Auch in die Festlegung des Gehalts fließen subjektive, nicht meßbare Kriterien ein. Sie bezahlen Ihre Leute wahrscheinlich auf der Grundlage verschiedener Kriterien: Welchen Erfahrungshintergrund haben sie (bisherige Leistungen), was haben sie bisher verdient (Marktwert) und welches Entwicklungspotential (Ertragsprognosen) haben sie? Ihre Situation unterscheidet sich nicht von der eines Investors. Sie haben einige Mitarbeiter »teuer eingekauft« und andere »billig«. Ihre Aufgabe ist es, Ihre Investitionen genau im Auge zu behalten und sich von denen zu lösen, die überteuert sind, und mehr in die zu investieren, die unterbewertet sind. Diese Aufgabe werden Sie bestimmt nicht mit Gehaltseinstufungen lösen.

Das Geheimnis kürzerer Besprechungen

Frage: *Sie verbringen 60 Prozent Ihrer Zeit in internen Besprechungen, teilweise deshalb, weil sie fast immer länger dauern als geplant. Sie finden, daß dies ein zu hoher Prozentsatz ist? Wie verkürzen Sie Ihre Meetings?*

Antwort: Es ist schwierig zu sagen, welcher Anteil angemessen ist. Es hängt von Ihren Aufgabengebieten ab. Ich kenne einige effektive Manager, die fast ihre ganze Zeit in internen Besprechungen verbringen. Es ist Ihre Aufgabe herauszufinden, wichtigen Entwicklungen im Unternehmen auf der Spur zu bleiben, die richtigen Leute in Kontakt zu bringen und Prozesse in Gang zu setzen. Aber wenn Sie vor zwei Jahren 30 Prozent Ihrer Zeit in Besprechungen verbrachten und das Gefühl hatten, in dieser Zeit mehr als heute zu erreichen, wo es schon 60 Prozent sind, dann stimmt etwas nicht.

Wenn Sie Ihre Besprechungen straffen wollen, sollten Sie einen Rat des ehemaligen Außenministers James Baker beherzigen, der 1992 die Leitung der Präsidentschaftskampagne von George Bush übernahm. Zu den ersten Anweisungen Bakers als neuem Stabschef gehörte es, ab sofort *nur noch einen Tagesordnungspunkt pro Meeting* zuzulassen. Die Mitarbeiter nannten dies bald das »Erste Bakersche Gesetz der Kohärenz«. Wenn alle sich auf die Behandlung eines einzigen Problems konzentrieren, ist die Gefahr geringer, daß jeder einzelne sich berufen fühlt, sich durch lange Redebeiträge zu profilieren.

Ihre Nachfolger sollten besser und nicht schlechter sein als Sie

Frage: *Ihr Chef erklärt, daß Sie bisher hauptsächlich deshalb nicht befördert wurden, weil Sie an Ihrem derzeitigen Arbeitsplatz Spitzenleistungen bringen. Leider ist es Ihnen nur ein kleiner Trost, als er sagt:* »*Ich kann es mir nicht leisten, Sie zu verlieren.*« *Wie bewegen Sie den Chef zu einer Sinnesänderung?*

Antwort: Haben Sie schon einen Ersatz für sich gefunden?

Vorgesetzte suchen Lösungen, keine Probleme. Für Ihren Chef stellt Ihre »Beförderung« ein Problem dar, weil Sie ihn dann verlassen. Aber wenn Sie ihm einen geeigneten Nachfolger präsentieren, haben Sie eine Lösung für ihn gefunden. Das ist ein Angebot, dem kein Chef widerstehen kann.

Ein Wort der Vorsicht: Achten Sie darauf, daß Ihr Nachfolger mindestens so gute Arbeit leistet wie Sie selbst. Sie sollten keinen Nachfolger präsentieren, der schlechter ist als Sie, nur um Ihre eigene Leistung nachträglich aufzuwerten. Diesen kleinen Egotrip sollten Sie sich verkneifen, weil er sich oft rächt.

Als meine New Yorker Sekretärin Mitte der achtziger Jahre in einen anderen Unternehmensteil wechseln wollte, stimmte ich zu, bestand aber darauf, daß sie zuerst eine Nachfolgerin fände. In sechs Monaten setzte sie mir drei neue Sekretärinnen ins Vorzimmer, bis mir dämmerte, daß sie gar nicht vorhatte, eine ebenbürtige Nachfolgerin einzustellen. Ob bewußt oder nicht, sie wählte nur mittelmäßige Kräfte aus. Vielleicht dachte sie, daß ich sie dann um so mehr schätzen würde. Aber es war genau umgekehrt.

Legen Sie salomonische Weisheit an den Tag

Frage: *Eine Ihrer Mitarbeiterinnen besteht darauf, daß Sie sich zwischen ihr und einem Kollegen entscheiden, der sie angeblich in der Arbeit behindert. Sie möchten aber gerne beide behalten. Wie lösen Sie einen Streit zwischen zwei Mitarbeitern?*

Antwort: Bevor Sie überhaupt etwas unternehmen, sollten Sie herausfinden, ob der Vorwurf berechtigt ist. Zwingen Sie die Mitarbeiterin, ihre Vorwürfe in Gegenwart des Kollegen zu äußern. Das ist das wirkungsvollste Wahrheitsserum, das es gibt. Schon dieses Mittel alleine führt oft zur Aufweichung festgefahrener Positionen.

Weiterhin müssen Sie darauf achten, sich von ihr nicht in die Rolle des Richters drängen zu lassen – auch dann nicht, wenn sie die Wahrheit sagt. Sie sollten beiden Streithähnen Gelegenheit geben, ihre Sicht der Dinge ungehindert darzulegen, aber Sie brauchen kein Urteil zu sprechen (vor allem dann nicht, wenn Sie damit einen von beiden erledigen würden).

Als Vorgesetzter sollten Sie in einem solchen Fall *Anweisungen* erteilen (also sagen, was zu tun ist) und keine *Meinungen* äußern (also sagen, was Sie denken). Auf diese Weise müßte es Ihnen gelingen, die beiden Kontrahenten zu einer Einigung anzuregen. Bestehen Sie darauf, daß sie baldmöglichst wieder eine Basis der Zusammenarbeit herstellen, und verlassen Sie dann den Raum.

Wenn es sich wirklich lohnt, die beiden zu behalten, dürften sie auch einen Weg finden, um Ihre Anweisungen zu befolgen.

Wer erhält welche Informationen?

Frage: *Sie und Ihr Partner sind unterschiedlicher Meinung darüber, wie offen Sie Informationen im Unternehmen verbreiten sollten. Ihr Partner glaubt, daß man den Beschäftigten möglichst wenig konkrete Daten mitteilen sollte. Er befürchtet, daß die Informationen an die Konkurrenz gelangen und gegen Sie verwendet werden. Sie glauben dagegen, daß eine offene Informationspolitik Mißtrauen bei den Beschäftigten abbaut und ihnen hilft, sich ein solides Urteil zu bilden. Welches ist die richtige Methode?*

Antwort: Es hängt davon ab, in welcher Branche Sie tätig sind. Wenn Sie in einem Produktionsunternehmen arbeiten und über einen großen Wettbewerbsvorteil verfügen, weil Sie einen günstigen Vertrag mit einem Lieferanten in Hong Kong ausgehandelt haben, dann sollten Sie sich schon sehr genau überlegen, wem Sie Details darüber mitteilen. Schließlich könnte ein Konkurrent einfach einen Ihrer Mitarbeiter abwerben und so Ihrem »Geschäftsgeheimnis« auf die Spur kommen. Wenn Sie eine solche Information jedoch auf einen kleinen Kreis von Führungskräften beschränken, ist die Gefahr geringer, daß sie nach außen dringt. Sollte dieser Fall trotzdem eintreten, kommt dies die Konkurrenz immerhin teuer zu stehen, weil sie zuerst einen Topmanager einstellen muß, um in ihren Besitz zu gelangen.

Mit anderen Worten: Ich wäre vorsichtig mit Informationen, die die Konkurrenz gut gebrauchen kann.

Aber andererseits glaube ich auch, daß die meisten Menschen überschätzen, wie wertvoll oder geheim ihre sogenannten Betriebsgeheimnisse sind. In unserer Branche, dem Sportmarketing, gibt es beispielsweise Bereiche, in denen wir sehr viel Spezialwissen und Erfahrungen erworben haben, etwa in der internationalen Vermarktung von Fernsehübertragungsrechten oder bei der Senkung der Betriebskosten durch spezielle Methoden. Aufgrund dieses Wissens wird das Geschäft für uns rentabel. Wir könnten nun unseren Konkurrenten Schritt für Schritt zeigen, wie man eine Sportveranstaltung aufbaut, und in der Tat veranstalten wir häufig

Sportmarketingseminare. Aber das heißt noch lange nicht, daß wir uns damit echte Konkurrenz heranzüchten. Unsere »Betriebsgeheimnisse« sind nutzlos, solange die Konkurrenten nicht in der Lage sind, sie mit unserer Disziplin bei der Einnahmenmaximierung und Kostenminimierung umzusetzen. Meist sind sie dazu nicht in der Lage. Unser Vorsprung liegt nicht in der Information an sich, sondern in der Durchführung.

Ich glaube außerdem, daß der Wert von unternehmensinternen finanziellen Daten oft überschätzt wird. Wenn Ihr Unternehmen an der Börse gehandelt wird, müssen Sie theoretisch sowieso alle Zahlen offenlegen. Die ganze Welt kann Ihren Jahresabschluß lesen. Trotzdem bedeutet das nicht unbedingt, daß Sie nun verletzbarer sind. Vielmehr stellt dies auch eine Befreiung dar. Wenn eine Information frei zugänglich ist, wie einzigartig und wertvoll ist sie dann noch?

In diesem Fall stimme ich demjenigen Partner zu, der eine offene Informationspolitik befürwortet. Wenn das Management wichtige Zahlen vor den Beschäftigten zu verheimlichen versucht, brodelt binnen kurzem die Gerüchteküche – und das schadet dem Geschäft immer.

Wenn Sie den Beschäftigten beispielsweise die Gewinnsituation verheimlichen, vermuten sie bald riesige Reichtümer in der Firma. Sie ziehen unrealistische Schlußfolgerungen darüber, wie viel die Chefs verdienen. Und dann ist es nicht mehr weit bis zur Schlußfolgerung, daß sie selbst auch mehr verdienen sollten und bei ihren Ausgaben, etwa den Spesen, ruhig etwas großzügiger sein könnten. Wenn die Beschäftigten über die finanzielle Lage des Unternehmens informiert werden, bleiben sie dagegen auf dem Boden der Realität.

Verlieren Sie keine Zeit bei Beförderungen

Frage: *Sie haben im vergangenen Monat zwei gute Leute verloren, die der Ansicht waren, nicht schnell genug befördert worden zu sein. Ist es an der Zeit, Ihre Politik zu ändern?*

Antwort: Die Antwort lautet kurz und bündig: ja. Ich habe mich immer an den Grundsatz gehalten, lieber zu früh als zu spät zu befördern. Das Problem, vor dem Sie nun stehen, ist das stärkste Argument, das für diesen Grundsatz spricht. Der große Vorteil einer frühzeitigen Beförderung ist der, daß Sie einen dankbaren (und leicht nervösen) Mitarbeiter gewonnen haben, der sich jetzt noch mehr ins Zeug legt, um Ihr Vertrauen zu rechtfertigen. Lassen Sie sich dagegen zu viel Zeit mit Beförderungen, haben die guten Leute Sie schon längst verlassen.

Führen Sie Kostensenkungsmaßnahmen nicht im Alleingang durch

Frage: *Sie führen eine periodische Kostensenkungsmaßnahme in Ihrem Unternehmen durch. Sollten Sie nun unterschiedslos allen Abteilungen Kürzungen diktieren, oder sollten Sie es den Abteilungsleitern überlassen, den Rotstift selbst anzusetzen?*

Antwort: Meiner Meinung nach handelt es sich hier nicht um eine Entweder-Oder-Frage. Es gibt durchaus einen Mittelweg.

Ich halte es immer für klüger, über Kostensenkungen mit denjenigen Leuten zu reden, die davon betroffen sind. Wenn Sie einem Abteilungsleiter sagen, daß sein Budget um 250 000 Dollar gekürzt werden müsse, dann fallen ihm wahrscheinlich die besseren Ideen dazu ein, wie und wo er diese Kürzungen vornehmen kann. Er weiß, welche Mitarbeiter unverzichtbar sind und welche nicht. Er kann zwischen »Nice-to-have« und »must-have«-Ausgaben unterscheiden.

Mein Rat lautet deshalb: Geben Sie den Abteilungsleitern ein Ziel vor, aber überlassen Sie es ihnen, wie sie es im Detail erfüllen wollen. Dann lassen Sie sie Bericht über ihre Pläne erstatten.

Wenn man Ihnen nur die
halbe Wahrheit sagt

Frage: *Sie werden den Verdacht nicht los, daß Ihre Mitarbeiter Ihnen gegenüber nicht ganz ehrlich sind. Sie halten schlechte Nachrichten zurück, die Sie unbedingt wissen müssen, oder geben ihnen einen unangemessen positiven Anstrich. Wie überzeugen Sie Ihre Beschäftigten davon, daß sie Ihnen gegenüber ungestraft ehrlich sein können?*

Antwort: Natürlich können Sie Ihre Mitarbeiter einfach um Ehrlichkeit bitten. Aber diese Aufforderung ist sinnlos, wenn Sie ihnen nicht auch tagtäglich beweisen, daß Sie die ungeschminkte Wahrheit akzeptieren können.

Viele Manager machen den Fehler, auf schlechte Nachrichten impulsiv zu reagieren – aus Unreife oder Mangel an Selbstbeherrschung, oder weil sie glauben, daß ein deftiger Zornesausbruch den Beschäftigten nicht schaden könne.

Aber sie wären besser beraten, wenn sie sich in Selbstbeherrschung üben würden.

Was mich selbst angeht, so bin ich fast stolz darauf, daß ich bei der Entgegennahme schlechter Nachrichten eine Maske der Heiterkeit aufsetze. Das hat einen beruhigenden Effekt auf den ängstlichen Überbringer der Botschaft und trägt sicherlich dazu bei, daß er mir auch weiterhin die volle Wahrheit sagt. Es ist sicherlich sinnvoller als ein Wutanfall.

Meiner Erfahrung nach sollte man ohne Umschweife vorgehen, wenn man jemandem die Wahrheit entlocken will. Wenn ein Mitarbeiter zögert, mir offen zu gestehen, daß ein Projekt nicht wie geplant läuft, dann sage ich ihm direkt: »Es ist mir egal, wieviel Geld wir verlieren. Sagen Sie mir nur die Wahrheit, damit ich ungefähr weiß, was wir tun müssen, um die Sache zu bereinigen.« Auf diese Weise beruhigt, wird sich jeder Mitarbeiter öffnen und die Wahrheit sagen.

Was tun, wenn andere Ihre Entscheidungen treffen?

Frage: *Sie führen die rentabelste Abteilung des ganzen Unternehmens. Der Inhaber ist sehr zufrieden mit Ihrer Arbeit, aber trotzdem untergräbt er manchmal Ihre Autorität. Neulich stellte er zwei Führungskräfte ein (ein Ehepaar), ohne Ihnen ein Wort zu sagen. Sie haben es erst von der Tochter des Inhabers erfahren, die auch für Sie arbeitet, und zwar einen Tag bevor das Duo an Bord kam. Obwohl Sie die zusätzlichen Arbeitskräfte gut gebrauchen können, sind Sie von dieser Methode nicht begeistert. Außerdem befürchten Sie, daß die beiden Neuen sich nicht Ihnen, sondern dem Inhaber unterstellt fühlen, weil sie von ihm eingestellt wurden. Was tun Sie, um Ihre Autorität zu retten?*

Antwort: Zunächst muß eines klar sein: Der Inhaber hat Mist gebaut.

Er hätte Sie in die Entscheidung einbeziehen müssen – nicht aus Höflichkeit oder aus Rücksicht auf Ihre Gefühle oder weil er Ihre Autorität respektiert, sondern weil dies die einzige Möglichkeit gewesen wäre, um die Voraussetzungen für eine sinnvolle Zusammenarbeit zu schaffen. Untergebene unterstützen meist die Entscheidungen, an denen sie beteiligt wurden, während sie Beschlüsse, von denen sie ausgeschlossen wurden, sabotieren – bewußt oder unbewußt.

Nachdem nun festgestellt wurde, daß Sie im Recht sind, was tun Sie?

Sie können sich beim Chef beschweren, um ihm klarzumachen, daß er einen Fehler begangen hat. (Erwarten Sie nicht, daß er sich ändern wird.)

Sie können seine Entscheidung hintertreiben und dazu beitragen, daß sie scheitert. (Erwarten Sie keine Dankbarkeit von ihm.)

Sie können sich aber auch mit der Entscheidung abfinden und sie zu Ihrer eigenen machen. Da Sie mit der Einstellung an sich einverstanden sind, dürfte das nicht allzu schwierig sein. Nehmen Sie die beiden Neuen sofort unter Ihre Fittiche. Geben Sie ihnen Auf-

gaben. Legen Sie ihre Budgets, Ihre Prioritäten und die Bericht-
erstattungsverfahren fest. Tun Sie dies, bevor Ihr Chef es tut. Vermutlich wird er Ihnen sogar dankbar dafür sein.

Sekretärinnentausch

Frage: *Ihre langjährige Sekretärin klagt, daß sie sich »ausgebrannt«*
fühle. Allerdings sagt sie das nicht, weil sie Ihnen mit der Kündigung
drohen will oder weil sie eine Beförderung anstrebt. Sie ist mit ihrer
Position eigentlich durchaus zufrieden. Wie laden Sie ihre Batterien
wieder auf?

Antwort: Überlegen Sie, ob Ihre Sekretärin ihren Arbeitsplatz
mit dem einer Sekretärin eines Kollegen in einer anderen Abteilung, in einem anderen Büro, einer anderen Stadt oder einem anderen Land tauschen könnte.

Vor einigen Jahren hatte ich die Idee, meine Sekretärinnen in
London und New York für drei Monate zu tauschen. Ich dachte,
daß sie davon profitieren könnten, einmal diejenigen Personen
kennenzulernen, mit denen sie schon seit Jahren über den Atlan-
tik kommunizierten. Jede würde lernen, welche Unterschiede es
im Hinblick auf die Beschäftigten und die Abläufe im anderen
Land gibt. Dadurch konnten sie nützliche Ideen mit nach Hause
nehmen – oder auch an den neuen Arbeitsplatz bringen. Außerdem war dies auch ein nicht zu verachtendes Bonbon von Seiten
der Firma. Immerhin finden es viele Menschen sehr erstrebens-
wert, einmal drei Monate in New York oder in London zu verbringen.

Nun hat natürlich nicht jeder ein Unternehmen, in dem man
Sekretärinnen zwischen New York und London tauschen kann.
Aber schon der kleinste Szenenwechsel – selbst zur Abteilung
nebenan – kann Wunder bewirken und Mitarbeiter oder Mitarbeiterinnen aus ihrer Lethargie reißen.

Führen nach der Abschlagstheorie

Frage: *Sie glauben, daß Sie mit der Einstellung Ihres neuen Assistenten einen Fehler gemacht haben. Aber Sie wollen ihm wenigstens noch ein paar Wochen Zeit geben, damit er Ihnen beweisen kann, daß Ihr Gefühl Sie doch trügt. Welches ist ein angemessener Zeitraum, um einen neuen Mitarbeiter zu »erproben«?*

Antwort: Die Zeit hat damit gar nichts zu tun. Manchmal merken Sie schon nach 24 Stunden, daß jemand nicht in Ihr Unternehmen paßt. (Häufig merkt der Neue das ebenso schnell.) Manchmal dauert es aber auch Jahre bis zu dieser Erkenntnis.

Also müssen Sie versuchen zu beurteilen, warum Ihr neuer Assistent Ihnen nicht gefällt und ob es wahrscheinlich ist, daß er sich in naher Zukunft ändert.

Der Inhaber einer Diskountladenkette sagte einmal: »Wenn ein Mitarbeiter Sie einmal enttäuscht, dann setzen Sie einen Abschlag von zehn Prozent für seine Glaubwürdigkeit an. Wenn er Sie ein zweites Mal enttäuscht, 30 Prozent. Wenn es ein drittes Mal geschieht, dann trennen Sie sich von ihm, so schnell Sie können.«

Diese »Abschlagstheorie« mag vielleicht nicht in jeder Situation zutreffen, aber sie ist eine nützliche Richtlinie, wenn Sie an einem neuen Mitarbeiter zweifeln.

Aus Gründen der Fairness sollten Sie ihm dann aber auch offen mitteilen, daß er sich in einer Art »Probezeit« befindet. Wenn ihn dieses Wissen nicht motiviert, Ihre Anforderungen zu erfüllen, dann werden Sie ihn auch mit keinem anderen Ansporn motivieren können.

Campus Wirtschaftspraxis

Mark H. McCormack
Die Schule des Verhandelns
1997. 178 Seiten · ISBN 3-593-35786-0

Dieses Buch beschreibt die Talente, die ein Verhandlungsführer benötigt, und zeigt, wie aus Verhandlungsbarrieren wieder Brücken werden können. Aus den elementaren Werkzeugen des Verhandelns werden immer fortgeschrittenere Techniken entwickelt, alle leicht nachvollziehbar an Beispielen aus McCormacks eigenem Unternehmen.

Mark H. McCormack
Die Schule des Verkaufens
1997. 177 Seiten · ISBN 3-593-35785-2

Ein wirklich guter Verkäufer denkt nach vorn und möchte den Kunden langfristig an das Unternehmen binden. Mit überzeugenden Argumenten zeigt McCormack, wie das zu realisieren ist, und führt die Mitarbeiter im Verkauf von der ersten Stufe bis zum Verkaufsabschluß.

Mark H. McCormack
Die Schule der Kommunikation
1997. Ca. 200 Seiten · ISBN 3-593-35794-8

McCormack zeigt hier, wie man mit Menschen kommuniziert, damit man erreicht, was man will. Der Leser erfährt, wie man sich in einer Diskussion durchsetzen kann, wie man seinen Standpunkt fest vertritt, ohne andere zu verprellen, und wie man erkennt, was ein Gesprächspartner wirklich meint mit mit dem, was er sagt.

Campus Verlag · Frankfurt / New York